編集代表
中牧弘允
日置弘一郎
竹内惠行

テキスト
経営人類学

Textbook
Anthropology
of Business Administration

東方出版

はじめに

「経営人類学」を標榜する学問領域には主に二つの流れが存在し、本書は1993年度の国立民族学博物館（民博）の共同研究にルーツをもつ。民博は大学の共同利用機関として全国の研究者によびかけ、多くの共同研究を走らせている。そのひとつとして「会社とサラリーマンの文化人類学的研究」がはじまり、中牧弘允が研究代表者をつとめた。「経営人類学」という命名は1995年に有志が神戸の企業博物館を訪問した際に産声をあげた。ただし、その時は知らなかったが、それ以前に千葉大学の村山元英教授を中心に国際経営文化学会を拠点として「経営人類学」という名称が使用されていた。あちらはいわば先輩格であり、「千葉学派」を自称されていたようである。他方、民博の共同研究のほうは「経営人類学派」と外からよばれるときもある。

民博の研究グループには二つの核があった。ひとつは日置弘一郎を中心とする経営学のメンバーであり、そこに若干の経営史の専門家も加わっていた。もうひとつは中牧につながる人類学、民俗学、宗教学の研究者たちである。ふたつの核の周辺には歴史学や社会学、心理学の専門家も多少いたが、経営学と人類学が主力であったので、経営人類学という命名は自然の流れでもあった。

その経営人類学は人類学の下位概念というよりも、経営学と人類学の融合というほうが当たっている。すでに経営人類学をタイトルとする本は6冊出版されており、「会社じんるい学」と題して『大阪新聞』に1年間連載したエッセイ・シリーズも2冊刊行されている。それ以外の派生的関連出版物を加えると25冊を越えるので、実質的にもすこし「学派」の体をなしているかもしれない。しかも、英文や中国語の出版物も含まれているので、国際的なひろがりも有している。

2017年秋、授業で経営人類学の講義をしたいという若いメンバーがあらわれ、それならば研究の四半世紀を画す意味でも、テキストをつくろうという気運が醸成された。そうして呼びかけた編集会議に手弁当で参画してくれた面々が本書の編者を構成している。

編集会議は何度も回を重ね、刊行の目的と意義、目次の構成と執筆担当者、出版の形態、進捗状況等々、さまざまな議論や検討を経て形がととのっていった。目的はこれまでの研究成果を学部生や会社員にわかりやすく解説することに主眼をおき、あわせて経営学と人類学のアマルガム的視点のユニークさを伝えることにも意を注いだ。そのために、経営人類学の基礎知識を習得する序章をもうけ、以下12章にわたって、グローバルとかグローカルと形容される時代の日本の会社員としてわきまえておきたい重要な事柄を抽出し執筆した。その結果として、経営学や文化人類学のプロパーの教科書にはほとんど採択されないようなテーマとトピックがずらりとならぶこととなった。

だが、前宣伝はあまりしないほうがテキストとしてはふさわしいかもしれない。なぜなら、授業や研修で懇切な解説が加えられ、受講者に熟読玩味してもらえれば、それにまさる喜びはないからである。

最後に、枠組のイラストは田主誠氏の版画である。2001年に『大阪新聞』に「会社じんるい学」のコラムを共同執筆で連載した時に使用したものの一部である。

2019年4月

編者を代表して
中牧　弘允
日置弘一郎
竹内　惠行

この本を読む方へ

　この本は、これから社会に入っていく学生たち、既に会社の中で働いている社会人、既存の専門分野に飽き足らず新たな視点で会社について考えたい研究者、そして、会社生活を卒業して自らの人生を振り返ろうとしている退職者など、これらの方がたに向けて書かれている。

　今まで、会社や経営の問題を扱うのは主として「経営学」や「商学」もう少し広げて「社会学」や「経済学」の分野であった。これらの分野では、会社とは利益を追求するための合理的な組織であり、それをどのように効率よく運営するかということに主眼が置かれていた。そこには人間がかかわっているものの、そこでの人間とは会社の目的に基づいて分け与えられた仕事（職務）を果たすために存在し、個人の夢や希望や野心があったとしても、それは会社の目的遂行に有効に働く限りにおいて、関心を抱かれることが多かった。この本は、このような視点とはかなり異なる立場から書かれている。この本における会社とは、もちろん上記のように仕事を効率的におこなう仕組みという側面もあるが、まず、いろいろな願望や個性をもった人びとが集まり、一緒に日常生活を送っている「場」つまり「共同体」として捉えるということである。これをこの本では「社縁共同体」と呼んでいる。この共同体の中で、私たちは会社の職務を果たすとともに、自分自身の目的や夢を追い求める。仕事が嫌なときにはサボることもあるし、会社の掟に縛られることもある。共同体である以上、会社には冠婚葬祭もあり神さまも祀る。このような日常から、会社特有の「文化」が育まれていく。このような会社の「全体」を捉えるための新しい枠組み（新しい眼鏡）を提供しようとするのがこの本のねらいである。したがって、この本は、文化人類学、経営学、社会学、宗教学、経済学などの学際的研究をベースに書かれている。

　この本を読むにあたっては、まず、今までの「会社」や「経営」に関する固定観念（古い眼鏡）をひとまず外してほしい。そして、会社とはこんなにも多様で不思議で面白い存在なのだ、ということを味わってみてほしい。初めて会社のことを学ぶ学生たちは、このような会社ワールドに飛び込んでいく自分たちを生き生きと想像してほしい。会社で働いているサラリーマンの方がたは、日々直面しているさまざまな問題解決の糸口を、本書から探してみてほしい。すでに退職された方がたは、ご自身の会社生活を振り返る枠組みとしてこの本を活用していただきたい。さらに、新たな視点から会社や経営の研究をしたいと考えている方は、この本を通じて別の新たな視点を切り拓いていただければ幸いである。

　最後に、この本を読む際に参考となる点を以下に示しておく。

① 全体の基礎となる序章とトピックス12章、ならびに13のコラムから成り立っているが、序章を読まれた後は、興味のあるところから読んでいただいても構わない。
② 一つの章を読み終わったら、できれば自分自身の身の回りの出来事をじっくりと「観察」し、新たな発見をしてほしい。
③ 各章（節）は、リード、キーワード、本文、側注、参考文献から成り立っているが、より進んだ理解のためには、できればこれらの全てに目を通すことを勧める。
④ 参考文献は、中牧 [123] のように連番を振っているので、参考文献リストの該当数字で容易に見つけられるように工夫している。
⑤ 索引は、その用語を掲載しているページではなく、「章－節」を記載しているので注意してほしい。

執筆者一同

目　次

はじめに …………………………………………………………………… i
この本を読む方へ ………………………………………………………… ii

序章　経営人類学の基礎知識　　　　　　　　　　　　　　　1
　1. 文化共同体としての会社 …………………………………………… 2
　2. 文明と企業 …………………………………………………………… 4
　3. 会社制度 ……………………………………………………………… 6
　4. 関係としての会社 …………………………………………………… 8
　5. 理念と秘密 …………………………………………………………… 10
　コラム ― 人類学の方法論 ……………………………………………… 12

第1章　「会社」とは何か？　　　　　　　　　　　　　　　13
　1. カネ …………………………………………………………………… 14
　2. 公共性 ………………………………………………………………… 16
　3. 宗教性 ………………………………………………………………… 18
　4. 共同性 ………………………………………………………………… 20
　5. 永続性 ………………………………………………………………… 22
　6. 事業承継 ……………………………………………………………… 24
　コラム ―「普通の企業だったら」とビジネスセントリズム ………… 26

第2章　会社に入る　　　　　　　　　　　　　　　　　　　27
　1. 就職活動とキャリアデザイン ……………………………………… 28
　2. ビジネスマナー ……………………………………………………… 30
　3. 人事採用試験 ………………………………………………………… 32
　4. 入社式 ………………………………………………………………… 34
　5. 新入社員研修 ………………………………………………………… 36
　6. 新入社員歓迎会 ……………………………………………………… 38
　コラム ― お祈りメール ………………………………………………… 40

iii

第3章　サラリーマンのハレとケ　　41

    1. 川柳に探る仕事と余暇 …………………………………… 42
    2.「職場」を中小企業から考える …………………………… 44
    3. 社食 ………………………………………………………… 46
    4. 企業スポーツ ……………………………………………… 48
    5. 趣味がとりもつ縁 ………………………………………… 50
    6. コンパとコンペ　宴会文化と接待文化 ………………… 52
    コラム ― 企業内サークル―横や斜めの関係形成の場― …… 54

第4章　人と組織のつながり　　55

    1. 組織とは何だろう ………………………………………… 56
    2. 職場の「上と下」「横と横」「斜め」 ……………………… 58
    3. やる気が「ある」「無い」「沸く」 ………………………… 60
    4. 組織におけるパワー ……………………………………… 62
    5. 会社・職場の「個性」「癖」「掟」 ………………………… 64
    6. 会社・職場の「ウチとソト」 ……………………………… 66
    コラム ― 会社文化の「醸成」―京セラの「コンパ」― …… 68

第5章　会社は何をしているのか？　　69

    1. 会社のしごと ……………………………………………… 70
    2. ものづくり：作る・造る・創る …………………………… 72
    3. あきなう：買う・売る・欲しくなる ……………………… 74
    4. おかねは動く：集める・使う・回す ……………………… 76
    5. 情報の進化：計算する・記録する・伝える ……………… 78
    6. 会社の責任：「市民社会」か「会社世間」か …………… 80
    コラム ― 英国の陶器継承と経営文化 …………………… 82

第6章　異文化（まれびと）との接点　　83

    1. 統計で見る海外進出企業 ………………………………… 84
    2. 日本的経営の現地化 ……………………………………… 86
    3. とつぜん海外赴任を命じられる時代 …………………… 88
    4. 職場のグローバル化 ……………………………………… 90
    5. 海外日系企業で働く現地従業員 ………………………… 92
    6. 外国人が日本ではたらくということ …………………… 94
    コラム ― 企業で活躍する文化人類学者、その背景 …… 96

第7章　日本の経営者像　　97

1. 企業家精神 …………………………………… 98
2. 創業者 ………………………………………… 100
3. リーダーシップ論 …………………………… 102
4. 東アジアのリーダー像 ……………………… 104
5. 三傑論 ………………………………………… 106
6. カリスマの継承 ……………………………… 108
コラム ― ビッグマン ………………………… 110

第8章　「サラリーマンはつらいよ」　　111

1. 会社を勤めあげる …………………………… 112
2. 仕事ができる ………………………………… 114
3. サボリーマンと窓際族 ……………………… 116
4. 企業倫理の臨界 ……………………………… 118
5. 内部告発　不祥事の萌芽から ……………… 120
6. 過労死と新型うつ …………………………… 122
コラム ― トイレ掃除の精神 ………………… 124

第9章　退社、転職、独立　　125

1. 社縁共同体からの次の居場所へ …………… 126
2. 社縁共同体からの離別 ……………………… 128
3. 退社後のアイデンティティ ………………… 130
4. 巣立ちとしての独立 ………………………… 132
5. 定年① 長(おさ)の卒業 …………………… 134
6. 定年② 社員の卒業 ………………………… 136
コラム ― ジャパニーズ・ウイスキー誕生をめぐる物語 …… 138

第10章　会社と会社員を祀(まつ)る　　139

1. 会社員と葬儀 ………………………………… 140
2. 会社墓 ………………………………………… 142
3. 社葬 …………………………………………… 144
4. 企業博物館 …………………………………… 146
5. 創業の聖地 …………………………………… 148
6. 会社と地域の祭祀 …………………………… 150
コラム ― 秘書の役割 ………………………… 152

第 11 章　未来の仕事と会社の行くえ　　　　　　　　　　　153

 1. 機械と人間の歴史 …………………………………………………… 154
 2. 仕事仲間としてのロボット ………………………………………… 156
 3. 機械の中の神と幽霊 ………………………………………………… 158
 4. 神としての人工知能 ………………………………………………… 160
 5. 人工知能と仕事の未来 ……………………………………………… 162
 6. コミュニティ：従来型と電子型 …………………………………… 164
 コラム ― 1930 年代の LSE 人類学科カリキュラム ………………… 166

第 12 章　会社の中の男と女　　　　　　　　　　　　　　　　167

 1. 職業・職務のジェンダー化 ………………………………………… 168
 2. 会社の人事評価と女性 ……………………………………………… 170
 3. 働き方の多様化 ……………………………………………………… 172
 4. 女性のキャリア ……………………………………………………… 174
 5. 仕事と男性性の多様性 ……………………………………………… 176
 6. 会社の中の多様性 …………………………………………………… 178
 コラム ― 旅館女将考 ………………………………………………… 180

参考文献 …………………………………………………………………… 181

索引 ………………………………………………………………………… 197

編者・執筆者一覧 ………………………………………………………… 204

序章
経営人類学の基礎知識

　序章では経営人類学の立ち位置と特徴的な視点を解説する。まず、会社は営利目的の事業体ではあるが、経営人類学では会社を文化共同体として見ることにつとめている。なぜなら会社という組織には「社風」があり、「社縁」とよばれるような関係性を生きているからである。人類の文明史では家庭内生産から外部生産に移行するが、企業はそこにおおきな役割を果たしてきた。企業は法人とよばれる組織体であり、株式会社という制度のもとで経営されている。近年ではグローバル化という事態を迎え、世界情勢や国際経済と深く関わりながら、会社は生き残りをかけて経営されるようになった。そのなかで日本の会社の多くがきわめて重要だと認識しているのは、確固とした経営理念をもち、文化共同体としての永続性をはかることである。そのひとつの鍵は「企業秘密」とよばれるような情報操作であり、それによって会社は事業を維持発展させているのである。

1. 文化共同体としての会社

視点とキーワード

会社は営利を目的とする事業体であるが、会社のありようは家や民族のような**文化共同体**にたとえることができる。文化を共有する集団として会社をとらえることで、「**社風**」とみなされる独特の価値観や「**社縁**」とよばれる地縁・血縁とは異なる社会関係を見出すことができる。

1. 文化共同体

文化の定義は古今東西にわたり千差万別であるが、ここでは価値観にかかわる要素として押さえておきたい。何が大切かについて、儒教では仁、仏教では慈悲、いっぽうキリスト教では愛というように、人生や生活の基本となる価値観が宗教にはそなわっている。家にも先祖をうやまう心や家訓のような心得が存在し、民族にはそれぞれの神話や儀礼があり、生業にもとづく生き方には独特の風習がみられる。会社も同様に、社是・社訓のような掟があり、創業社長と社員のあいだには時に家父長的な関係が結ばれる。

そうした価値観は環境によって制約されるし、時代による変遷もある。会社をとりまく環境は高度成長の時代とバブル崩壊以後とではおおきく変わった。戦後、焼け跡から立ち直った時代には、「企業戦士」とか「モーレツ社員」とよばれることに生きがいを見出し、「公害」をまき散らしながらも会社ぐるみで生産に次ぐ生産に邁進していた。1970年代には「日本株式会社」[1]と揶揄される一方、「日本的経営」[2]がもてはやされ、「ジャパン・アズ・ナンバー・ワン」(ヴォーゲル [358])ともちあげる本がアメリカで出版されたりもした。しかし、1990年代に入るとバブル経済がはじけ、右肩上がりの成長は止まり、「終身雇用」を突き崩す「リストラ」が頻発し、倒産する会社も大手の企業や銀行にまで及んだ。グローバル経済は「日本的経営」をゆさぶり、社外取締役や「企業の社会的責任(CSR)」[3]といった外来の経営手法がもてはやされるようになった。「過労死」が社会問題化し、「ブラック企業」が社会的制裁を受けるようになったのも近年の動きである。

とはいえ、日本の会社には依然として共同体意識が強く働いている。年齢階梯制[4]のような一斉入社は持続しているし、定年退職の慣習も基本的に維持されている。社員寮や社宅といった福利施設、また社内旅行や社内運動会といった娯楽行事は減少しているが、産休や育休、あるいは育児施設などに形を変えて、福利厚生に力をいれ従業員を確保し続けていることに変わりはない。

2. 社風

家に家風があるように会社には社風がある。社風を明確に定義するのはむつかしいが、会社の雰囲気としてなら、たとえばサントリーの「やってみなはれ」という社史の言説からうかがえる。それは失敗を恐れず大胆に挑戦してほしい、という経営者の理念であり、サントリアンと自称する社員をとりまく雰囲気でもある。それはまた社員がサントリーを卒業(退職)する時に「サントリーに

---

(1) 米国商務省編 [356] は政府と企業の協調的相互関係を日本の高度成長をもたらした最大の要因とみなしている。

(2) 日本的経営の代表的論者であるジェームズ・アベグレン(アベグレン [5])は終身雇用、年功序列、企業内組合を最大の特徴として提示した。

(3) Corporate Social Responsibility の訳語(略称)。国際標準化機構(ISO)の定義では社会的責任の中核主題および課題として、組織統治・人権・労働慣行・環境・公正な事業慣行・消費者課題・コミュニティ参画および開発の7つを挙げていて、よくいわれる説明責任や社会貢献活動は含めていない。

(4) 年齢階梯制とは年齢集団が青年(未婚)=軍事、中年(既婚)=政治、老年(長老)=祭儀といった社会的役割を順次うけもつ階梯システムをさす。とくに重要なのは入社式(イニシエーション)であり、長期間にわたる若者宿での共同生活が特徴のひとつである。東アフリカで顕著に見られ、西アフリカでは秘密結社と結びつき、わが国でも漁村の若衆宿や祭りの宮座組織と比較されてきた。

いてよかったな」と思われるような経営につながっている（出口[39]178頁）。

このように創業者の理念が社風に反映される場合もあれば、老舗企業の住友のように「いやしくも浮利にはしり軽進すべからず」と目先の利益に走ることを戒め、世代を越えて堅実な経営を尊重するところもある。

社風と似たことばに風土がある。会社の社風、経営の風土と言う時には、会社をとりまく地域の環境、たとえば商業都市大阪がかもしだす伝統や、政治都市東京のただよわせる雰囲気を意味している（神崎[142]276頁）。

3. 社縁

社縁とはほんらい組や講、流や派などの結社縁を意味していたが（米山[393]20頁）、一般に会社の縁を指すことが多い。つまり会社縁の省略形である。

社縁という概念が学界やマスコミに定着したのは1960年代である。それまで親族集団や地域共同体のつながりを総称する概念として血縁や地縁を当てていたが、高度成長にともない会社の存在感が増したこともあって、社縁の関係に注目が集まるようになったのである。

会社を社縁共同体の視点から議論した日置弘一郎は、「うち」と「そと」の区分を社員に当てはめ、明治期には幹部社員のごく一部しか享受できなかった終身雇用やボーナスが次第にホワイトカラー（職員）全員に広がり、戦後はさらにブルーカラー（工員）にまで拡大し、職員と工員の身分格差が解消したと述べている。また、ゆるやかな昇進制度と年功給も長期雇用を有利とさせ、退職金や年金、あるいは健康保険などの福利厚生の充実が大企業に勤務することの魅力になった、と指摘している（日置[96]210頁）。

日置はさらに、バッファとしての中間レベルの集団（たとえば業界団体）が大きな経済変動から個人を守ってきた点にも注目し、社縁共同体は、成員の生活の不確実性をバッファし、安定した生活を保障する機能をはたしてきたと論じている（日置[96]217–219頁）。

社縁は社宅や社内結婚にとどまるものではない。入社式からはじまり退職まで続くことは常であり、退職後もその関係が維持されることもめずらしくない。物故者を祀る供養塔が会社墓の敷地に建立され、社長や会長経験者などのVIPを社葬として送る風習も根づいている[5]。

4. 国際比較

会社とは契約によって結ばれるとかんがえる近代的な雇用関係とは別に、日本では社縁のようなつながりが重視されてきた。欧米の企業社会には比較の材料はあまりないが、東アジアには「業縁」という類似の概念が存在する。しかし、中国においては基本的に血縁と地縁が集団への帰属意識としては強く、韓国においてはそれに加えて卒業した学校の同窓関係である「学縁」が機能し、軍隊経験を共有する「同期」も強固な絆となっている（日置[96]214頁）。中国や韓国における「業縁」は地縁・血縁や学縁よりはるかに稀薄なつながりであり、それと比較すると日本の社縁はかなり特異であり、会社を語るときには無視できない社会関係であることがわかる。

（中牧弘允）

[5] 会社供養塔については、中牧[218]に詳しい。社葬については中牧[221]を参照のこと。また会社墓や社葬については第10章で立項している。

さらに知るための参考文献
中牧[230]、
Nakamaki[234] pp. 17-28、
植村[351]

2. 文明と企業

視点とキーワード

人類は自給自足の時代は**家庭内生産**を基本としていたが、黒曜石のような物資の調達や塩などの食材の入手には交換が不可欠だった。さらに高温で焼成する土器の製作などは専門家集団が生産を担うようになる。こうして**生産の外部化**が時代とともにすすみ、現代は**家庭の能力喪失**の時代となっている。企業がその傾向に拍車をかけている。

1. 原始の生産

最初は自給自足であった。家庭の中で生活に必要とされる物資をすべてまかなわなければならなかった。家庭は親族の集団であることが多いが、さまざまな形態があり得る。むしろ、生活の単位であるといってよい。家庭以外に生産を担う存在がないために当然だが、家庭が衣食住のすべてをまかなっていた。加工のための技術などはそれぞれが保有していなければならなかった。石器を作ることにも高度な技術が必要で、かなりの訓練と工夫が必要である。また、材料の選別や採取のノウハウも必要とする。

このために、かなり早くから交換による物資の入手が始まったと考えられる。例えば、石器の材料としての黒曜石は火山性の天然ガラスで、これで石器を作ると鋭利な刃物になる。黒曜石を材料とする石器が南関東の紀元前二万年の遺跡で発見されており、黒曜石は伊豆諸島神津島産出のものであることがわかった。きわめて広い範囲に分布しており、交換によって運ばれたと思われる。さらには交換の担い手を想定して「縄文商人」という概念まで提唱されている（小山・岡田 [168]）。

縄文時代に商人という概念が適用できるのかという点は問題だが、きわめて広範囲に交換が行われたことは明らかである。また、塩のような産地が限定された食材も交換によって入手されたと思える。この状態から特定の製品やサービスの生産に特化して、それをさまざまな製品と交換することで生活する人々が現れる。また、技術だけではなく、特定の製品を生産するための設備を持つことにより、さらに製品が高度化する。例えば、土器ならばたき火でも焼けるが、より高温で焼くためには窯を築くことが必要となる。せっ器（炻器）は土器よりも高温で焼成する。須恵器がそれに相当する[1]。須恵器はろくろで成形し、窯で焼く。これを行うのは専門家集団であったと考えられている。

技術と設備が高度化して、一般家庭では作れないようになる。ものの生産だけではなく、サービスも外部で生産されるようになる。医療や教育などは比較的早い時期に外部化したと考えてよいだろう。宗教もかなり早くに家庭外に移行した。家庭内では得られないサービスを提供する専門家集団が現れる。

2. 家庭から外部へ

現在の家庭はほとんどの製品を購入し、家庭内での生産はほとんど行っていない。わずかに家事サービスの生産が維持されているといってよい。家庭は特定の職業に従事して報酬を得て、それで生活に必要な製品やサービスを購入す

---

(1) 須恵器は古墳時代（五世紀）ごろに朝鮮半島から築窯の技術などを含めて渡来したとされている。

る。ほとんどの家庭が特定の職業に従事する状態になった社会を産業社会といってよい。生活と職業が未分離の状態を生業というが、現在でも零細な商業や工業、それに農業なども生業の状態にあることも珍しくないが、徐々に減少している。

このように見ると、自給自足の時代から現在まで、生産の機能は家庭から外部化していったプロセスであり、家庭外での生産が増加していった（バーンズ[16]）。しかもこの変化は急速に進んでいる。衣服については150年ほど前ではかなりの装備と技術が家庭内に残されていた。木綿などの繊維を糸にする紡ぎ車、糸を布にする機（はた）、それに糸や布を染める染色の道具などに加えて加工の技術が家庭内に残されていた。それらがすべて失われ、ミシンや毛糸の編み機なども家庭から失われ、補修の技術もなくなった。

家事サービスも、家電製品を使い簡便化され、米飯も炊飯器がないと炊けなくなっている。家事の技術も家庭から失われ、機械のサポートなしには家事が行えず、電気・ガスなどのライフラインが止まったら家庭が維持できなくなっている。ＡＩ（人工知能）が発達すると、このようなサポートはますます進展すると思われる。

3. 企業の役割

家庭から生産の装備と技術がなくなっていくプロセスが進行していくと、家庭は次第に能力を失っていく。災害などでライフラインが止まってしまうと何もできなくなり、救助を待つしかなくなりつつある。家庭が企業に依存しているといってもよい。企業が新製品を出すときに、その製品が提供する利便が家庭の機能を失わせているのではないかについて検討することが求められている。

しかも一社だけではなく、複数の企業が相互に共同して家庭の能力を失わせている。すでに、家庭料理が消えかけている状況を岩村[134]がレポートしている。主婦の調理能力が著しく低下して、すでに味付けをした調理済みの中食を組み合わせるか、レンジで加熱して加速にした上で、だしつゆによって調味するといった料理が大半になっているとしている。家庭料理は崩壊状態に陥っている。

家庭の機能を維持するために、どのような技術を家庭に残しておくべきかの選択が行われなければならなくなる。さらに、より広く技術的に可能でも開発すべきではない技術も存在する。人クローンをはじめとして、生殖に関する技術は停止することで合意がなされているが、いったん始めるとやめるわけにいかない技術も数多くある。金融工学もその一つで、金融テロを防止するために、新しい金融手法を開発し続けることが必要になっている。原子力や携帯電話などもなくてもよいのかもしれないが、もうなくすことはできない。（日置弘一郎）

3. 会社制度

視点とキーワード
会社（企業）は、法律的には**法人**と呼ばれる組織体である。会社を取り巻く様々な行動を考察するにあたり、行動制約をもたらす可能性のある制度面に焦点をあて、日本の**株式会社**制度やその**ガバナンス**形態を概観する。

1. 法人とは

商品の製造や販売に関する事業をある個人一人で行うことを考えよう。この事業に必要な資金を個人一人で賄うのであれば、彼には全ての収益を受け取る当然の権利がある。また、事業に関わる法的権利・義務もその個人に帰することになる。この場合、その個人が死亡するときに、事業も終焉を迎えることになるし、事業の規模も個人の持つ資本量を超えられない。では、個人の資本量を超え、また生命体としてのヒトの寿命を超えて事業を行うにはどうしたらよいであろうか。

自然人としての個人が持つ権利や義務の一部を、所有することを法的に認められた組織体が法人 (juridical person) である。法人は、登記ないし登録をした時点で法人格を有するが、その権利能力[1]は、自然人とは異なり、定款[2]などで定められた目的の範囲に限定される。法人の見方についての学説には、自然人以外に権利主体を認めないという立場（法人擬制説）[3]と、法人自体が主体となって様々な関係性を結んでいるという事実から、法人には組織体を構成する個人と離れた実体があるという立場（法人実在説）の二つがある[4]。どちらの説に立つにせよ、法人という組織体自身が権利・義務の一部を永続的に所有できることになり、個人の限界を超えることが可能となった。

法人は、利益分配を目的とする営利法人と利益分配を目的としない非営利法人の二つに分類できる。日本においては、前者には会社、後者には一般財団法人、一般社団法人、公益法人、NPO法人が相当する。

2. 法人としての会社制度

会社法[5]によれば、会社は株式会社と持分会社に二分され、後者はさらに合同会社、合資会社、合名会社に分けられる[6]。その区分は、①会社の「所有と経営の分離」の有無、②債務に関する出資者の責任の程度、によってなされる。

「所有と経営の分離」は、出資者が会社の業務執行者と異なることを指す。株式会社では出資者である株主は業務執行者である取締役と制度上分離されている。持分会社では出資者である社員[7]でなければ業務執行者になることはできず[8]、所有と経営は未分離である。

債務に関する出資者の責任については、出資額以内に限定されるもの（有限責任）と、出資額に限定されない（無限責任）に分けることができる。株式会社では、株主は有限責任である。持分会社は、社員の責任の程度によって3つに区分される。合同会社は、有限責任社員のみから構成される[9]が、合資会

---

(1) 権利・義務を所有する資格のこと。
(2) 法人の組織と活動に関する事項を定める根本規則のこと。
(3) この立場では、法人の持つ権利・義務は自然人を擬制したものであると考えている。
(4) 現在の日本の学説では、法人実在説が主流となっているとされるが、法律の実際の規定では、法人擬制説に立っていると思われる箇所も少なくない。
(5) 会社法（平成十七年法律第八十六号）。
(6) その他に、平成17年の会社法制定前に存在した有限会社（特例有限会社）が、経過措置として存在している。平成28年度「会社標本調査」（国税庁）によれば、平成28年度に決算を行った会社数（推計：概数）は株式会社（特例有限会社を含む）が250.7万社、合同会社が6.6万社、合資会社が1.7万社、合名会社が0.4万社である。
(7) 日常用語でいう社員とは異なる概念であることに注意。日常用語でいう社員は会社法上では使用者にあたる。
(8) 但し、業務執行者でない社員が存在しても良いことになっている。
(9) 合同会社 (LLC: Limited Liable Company) は平成17年に制定された会社法によって登場した新しい会社形態である。株式会社と同様に、負債に対しては有限責任でありながら、定款で定めさえすれば社員によって異なる利益分配が可能な持分会社の利点を有している。そのため、高リスクに晒されるベンチャー企業や外資系企業などこの形態をとる企業が増えてい

社は無限責任社員と有限責任社員が混在する形をとる。合名会社は無限責任社員のみから構成される。

外国諸国においても、日本と同様の会社制度が存在する。ただし、歴史的・社会的背景から同様の形態であったとしても、法律面、課税面などで細かな差異がある。国際比較を行う場合には、こうした点に注意する必要がある[10]。

3. 株式会社の特徴

株式会社の起源は、1602年に設立されたオランダ東インド会社（VOC）とされる。株式会社には4つの特徴があり、先に述べた①「所有と経営の分離」、②株主の「有限責任」に加えて、③株式の譲渡性、④意思決定・運営に関わる機関の分化、が挙げられる。

株式の譲渡性とは、株主が自ら保有する株式を自由に譲渡できることを指す。ただし、会社法では、株式の譲渡に株式会社の承認が必要であるという定款を定めることで、譲渡を制限することも可能である[11]ため、中小の株式会社では株式の譲渡は制限されていることが多い。

意思決定・運営に関わる者（機関という）として、株主総会、取締役は必置であるが、会計参与、監査役、会計監査人などを置くことができ、役割の分担が図られている。さらに、特定の条件を満たす株式会社では、一定の機関の設置が義務付けられている。

4. 株式会社のガバナンス

「所有と経営の分離」によって、株主は株式会社の経営に直接は関与できない。しかし、株主総会における議決を通じ経営を監督・是正するという形で、間接的に経営に関与している。役員（取締役、会計参与、監査人）や会計監査人の選任や解任には株主総会の決議が必要なことを特記しておこう。

意思決定・運営に関わる機関が分化して設置されることで、機関の間に役割分担や相互チェック機能が働くことになる。これらの機関は会社経営の適法性・効率性を確保するために必要なガバナンス機構である。会社法による機関の設置パターンは、47もあり、多様である。大会社[12]で公開会社[13]の場合には、取締役会と会計監査人が必ず置かれ、(A) 監査役会設置会社、(B) 指名委員会等設置会社（指名・監査・報酬の3委員会）、(C) 監査等委員会設置会社の3パターンに限定される。(A) は、取締役会が業務執行の決定を行うとともに各取締役が業務を執行し、監査人がその執行を監査するという従来の日本企業のガバナンス形態を踏襲したものである。それに対し (B) は、業務執行の決定と業務を執行する執行役を取締役と別に設けて分離し、取締役会は執行役の選任・解任と監督に専念するという欧米企業の形態を導入したものである。指名・監査・報酬の3委員会は取締役の中から選任される3名以上から構成され、指名委員会は取締役の指名提案、監査委員会は執行役等の職務執行の監査、報酬委員会は執行役等の報酬の決定、という役割を担っている。(C) は (A) と (B) の中間的な位置づけのものである[14]。なお、株式会社のガバナンスの形態は国によって異なるので注意が必要である[15]。

（竹内惠行）

る。日本企業では乃木坂46合同会社、外資系企業ではアマゾン、アップル、ユニバーサル・ミュージックなどが、この会社形態をとっている。

(10) 日本の合同会社は、アメリカのLLCと異なりパススルー課税（法人税ではなく、出資者への所得税を課す制度）が認められていないので、パススルー課税を認める法人格を有しない組織体として、平成17年に有限責任事業組合（LLP: Limited Liability Partnership）が誕生した。
(11) こうした会社は非公開会社と呼ばれる。
(12) 貸借対照表の資本金が5億円以上、または負債の部の合計額が200億円以上の会社。
(13) 株式の譲渡が定款で制限されていない株式会社。
(14) (B) のパターンをとる会社数が少ない（上場企業で70社程度、日本取締役協会調べ）ことを背景として平成26年の会社法改正時に導入された。
(15) アメリカの株式会社では業務の執行と監督は明確に分かれており、(B) のような形態をとる。ただし、取締役のほとんどが社外取締役であるという点で日本企業とは異なっている。ドイツの株式会社でも業務の執行と監督は明確に分かれているが、アメリカや日本とは異なる形態をとる。従業員500人以上の株式会社では、執行役（会）を選任し、監督する監査役会は、株主総会から選任される株主代表と、従業員（労働組合）から選任される労働者代表とで組織される。監査役会における株主代表と労働者代表の比率は、2004年の「三分の一参加法」適用企業では2対1、1976年の「共同決定法」適用企業（従業員2001人以上）では1対1である。

さらに知るための参考文献
岩井 [131]、
三戸・池内・勝部 [194]、
伊藤・大杉・田中・松井 [126]

4. 関係としての会社

視点とキーワード

会社は、さまざまな「関係」が交差する「交差点」であり、ミクロからマクロまでの各レベルや人・モノ・コト・カネ・情報が織りなす関係性に着目する必要がある。ここでは、会社の**人間関係**、会社同士の関係、会社と社会との関係から生じる**公共性**、世界や時代の流れのなかでいかに生き残るかという会社の**永続性**、などについて考えるヒントを示す。

1. 関係の「交差点」としての会社

文化共同体や文明の装置としての会社という視点、さらに会社制度については、前節までで論じてきた。ここでは、さまざまな「関係」が交差するものとして会社をとらえる。一般に「関係」という言葉は「かかわり」や「つながり」をさし、「人間関係」という言葉がすぐに思い浮かぶ。しかし、会社における関係は人間に限定されない。経営人類学の視点を身につけるためには、ミクロからマクロまでの各レベルや、人・モノ（物）・コト（事）・カネ（金）・情報が織りなす関係性まで視野を広げる必要がある。

2. 会社の人間関係

ミクロな視点でみれば、会社のなかには上司・同僚・部下といった人間関係が存在する。会社における人間関係については、メイヨーやレスリスバーガーらによるウェスタン・エレクトリック社のホーソン工場の調査研究（1927～32）がひとつの契機となり、「人間関係論」(human relations) という研究分野が登場した。メイヨーらは、照明、労働時間や給与条件などよりも、労働者間の人間関係、とりわけ職場で自然発生的に生まれる人間関係[1]が作業効率にとって重要であることを発見した[2]。また社内・社外を問わず、会社を中心とする人間関係をとらえるため、米山は「社縁」という言葉を使った[3]。さらに日本文化論のなかでは、中根の「タテ社会」[4]、濱口の「間人主義」[5]をはじめ、日本人の人間関係の特徴についての議論がある。

3. 会社同士の関係

会社の人間関係からすこし範囲を広げると、親会社・子会社や関連会社などとの関係もみえてくる。経営権や財務上の関係は別として、経営人類学的に興味深いテーマのひとつは、経営理念の浸透である[6]。会社の目的や存在理由をあらわすものがビジョンやミッションであるとすれば、それを実現するための哲学や行動指針が経営理念であるといえる。また経営理念を共有することは、社員の帰属意識や会社自体のアイデンティティにも深く関わる。さらに、国内の同一グループ内における経営理念の浸透だけではなく、海外に進出した会社が、異文化において経営理念をいかに浸透させるのかも重要な課題である。

会社同士の関係は同一グループ内に限らない。同じ業界内の競合他社や、場合によっては異なる業界の他社との関係についても考える必要がある。会社のM&A[7]（合併・買収）はいうにおよばず、社会が複雑になればなるほど、一見

---

(1) 地位や役割が明確に定められているような「フォーマル・グループ」（公式集団）に対して、「インフォーマル・グループ」（非公式集団）と呼ばれる。

(2) メイヨー [188]、大橋・竹林 [254]。

(3) 米山 [390]、中牧・セジウィック [227]。

(4) 中根は、日本では個人の「資格」よりも「場」に属することが求められ、成員間のタテの関係（上司・部下、親分・子分、先輩・後輩など）が重要視されると指摘した（中根 [235] [237]）。

(5) 濱口は、個人主義でも集団主義でもない、相互依存、相互信頼にもとづく人間関係を「間人主義」と呼んだ（濱口 [79] [80]）。

(6) 住原・三井・渡邊 [326]、三井 [199]。

(7) 英語の merger and acquisition（合併と買収）の略語。

関連のないような会社同士の競争や協働が生じる。また、他社との競争においては、自社の秘密をいかに保持するかという課題も出てくる（序章5節参照）。

4. 社会との関係

いうまでもなく、会社は特定の社会のなかに存在するから、その社会との関係は不可欠である。そして、そのことは会社の公共性にもつながる[8]。会社の公共性や社会性をあらわす言葉として、「ステークホルダー」（利害関係者）がある。これは、会社の活動によって直接的・間接的に影響を受ける個人や団体のことであるが、会社が社会に何らかの影響を及ぼしている以上、会社は倫理性を問われることになる。

会社と社会との関係は、本業に関わる事柄だけではない。会社の社会貢献活動や「企業博物館」（諸岡 [205]、中牧・日置 [228]）と呼ばれる企業が運営する博物館は、会社と社会を結ぶ重要な要素となる。とりわけ企業博物館は、展示方法やアピールする事柄のなかに、経営理念や会社と社会との関わりを読み取ることができるという意味で、経営人類学の重要な研究対象となる[9]。

[8] 詳細は第1章2節参照。

[9] 第1章2節参照。

5. 世界と時代との関係

マクロな視野からみると、会社は世界と時代の流れとに大きく関係している。

いうまでもなく、会社の経営は国際経済や世界情勢と深く関わる。これについては、すでに経済学や経営学からのアプローチがある。経営人類学的に会社と世界の関係を考えた場合、前述のような会社の海外進出にともなう経営理念の伝播と浸透以外にも研究テーマが考えられる。たとえば、新たな製品・サービス、技術や思想などが、異文化でどう受け入れられるかに関する研究があげられる[10]。イノベーション[11]の普及に関するロジャーズの古典的研究（ロジャーズ [285]）では、普及の要因として①相対的優位性、②両立可能性、③複雑性、④試行可能性、⑤観察可能性の五つをあげている。つまり、既存のものよりも優れているとともに既存のシステムとも両立し、わかりやすく試すことができて、しかもその効果が観察できる、ということである。ロジャーズの研究に影響され、その後、多くの人類学的研究が生まれた。ロジャーズとほぼ同時期に、宇野は、光の屈折に似て、異文化に伝わった事柄が変化する現象を「異文化間屈折」と呼んだ（宇野 [354]）。また、ロジャーズと宇野の影響を受け、榊は異文化に商品を売り出す際に、相手の文化にあわせて商品に変更をくわえることを「あらかじめ屈折」と名づけた（榊 [292]）。

最後に、時代の流れを会社との関係について考える。会社は時代の変化に大きく影響されるが、そのなかでいかに生き残っていくかが重要な課題となる。もともと会社は永続性を前提とした組織である[12]。日本には、「老舗企業」と呼ばれる長寿企業が多いことが知られている。まさに老舗企業は、会社の永続性を象徴するものであるが、その永続は簡単なものではない。とりわけ、次世代に経営権や有形無形の資産を引き継ぐ、いわゆる「事業承継」は大きな課題である。老舗企業がどのように事業承継をしてきたかとともに、現在進行形の事業承継問題は、経営人類学の重要な研究テーマのひとつである[13]。（岩井　洋）

[10] 中野と王は、日本のナショナル（現パナソニック）の炊飯器が、どのように大ヒット商品になったのかを経営人類学的に明らかにしている（中野・王 [240]）。

[11] ここでは、新しい製品・サービス、技術や思想をさす。

[12] 第1章5節参照。

[13] 第1章6節参照。

5. 理念と秘密

視点とキーワード

会社にとって進むべき道を示すのが**経営理念**であり、それを浸透させる方法はさまざまである。その成功事例は、すぐさま他社による**模倣**の対象となる。他社の模倣は、会社の発展やイノベーションにとっても重要であるが、模倣される側にとっては、自社の**秘密**をいかに保持するかが重要になる。ここでは、理念、模倣、秘密の関係について概観する。

1. 不祥事と経営理念

企業の不祥事が目立つようになると、会社の経営理念が注目されるようになる。それは、経営理念のなかに倫理・道徳的な要素が含まれているからである。たしかに、近江商人の「三方よし」(売り手よし・買い手よし・世間よし)(第1章1節参照)の精神にみられる、利他主義的な経営理念に影響を受けた会社は多い。そのため、利他主義や倫理・道徳性を含んだ経営理念をもつ会社が、不祥事を起こすことに対する疑問や批判がわきおこるのも不思議ではない。

しかし、経営理念が倫理・道徳的なものであるからといって、不祥事がおきないわけではない。その証拠に、高邁な理念や公共性、倫理・道徳性を謳う企業が不祥事を起こす事例も多い。重要なことは、経営理念が成文化(あるいは明確化)されているかどうかや、倫理・道徳的な要素を含んでいるかどうかではなく、経営理念が社内に浸透しているかどうかである[1]。

経営理念を浸透させる方法[2]はさまざまであるが、一般には、朝礼での社是・社訓の唱和、さまざまな社内行事や社員教育を通して、浸透がはかられている。また、「クレド」(Credo)[3]と呼ばれる、価値観や行動規範を簡潔にまとめたものをカードに記し、社員がそれを携帯することで浸透をはかる会社[4]もある。さらに、上から経営理念を押しつけるのではなく、自然に浸透して組織風土が形成されるように、経営理念を表現する方法を工夫する会社[5]もある。

このように、経営理念を浸透させることに苦心する会社は多いが、一方で、韓国のグローバル企業・サムスングループにみられるように、経営理念とそれに関わる社内の専門用語を理解しなければ、社員として生き残ることができないという事例もある(岩井[127])。

2. 模倣と学習

経営理念の浸透に成功している会社があれば、他社はその「手本」を模倣しようとする。事実、前述のクレドについても、その作り方と浸透方法を伝授するコンサルタントも存在する。しかし、他社の成功例を模倣したからといって、自社も成功するとはかぎらない。

たとえば日本のものづくりは、海外の製品を分解・分析して、その構造・機能を調べて模倣すること[6]からはじまった。しかしそれだけではなく、新技術を学習しながら、独自の技術を開発することで産業が発展してきた。「学ぶ」の語源は「まねぶ」(=まねる)にあるといわれるように、学習の第一段階として模倣が重要であるが、それをさらに発展させるには工夫が必要である。

---

(1) 経営人類学からのアプローチについては、住原・三井・渡邊[326]および三井[199]を参照。

(2) 経営理念の浸透のメカニズムについては、高尾・王[333]や田中[338]を参照。

(3) もともと、ラテン語で「信条」「志」「約束」などを意味する。

(4) 高級ホテルチェーンのザ・リッツ・カールトン(The Ritz-Carlton)や医療品メーカーのジョンソン・エンド・ジョンソン(Johnson & Johnson)の例が有名である。

(5) たとえば、グーグルは「世界中の情報を整理し、世界中の人々がアクセスできて使えるようにすること」をミッションとしつつも、経営理念を「Googleが掲げる10の事実」というかたちで表現している(https://www.google.com/intl/ja/about/philosophy.html)。

(6) このような方法を「リバース・エンジニアリング」(reverse engineering)と呼ぶ。

他社を模倣することが、自社の成功にかならずしも結びつかないひとつの理由は、「手本」となる事例が成立している文脈や条件を理解しないで模倣するからである。会社の歴史や組織風土は、人間と同じように千差万別であり、経営理念がうまく浸透している背景には、その会社独自の状況がある。したがって、模倣がうまくいくためには、「手本」となる会社の分析とともに、自社に合ったように「手本」をカスタマイズする必要がある。

　さて、模倣は学習することだけではなく、イノベーションをおこすうえでも重要である。「模倣」という言葉はネガティブな印象を持たれやすいが、古今東西のさまざまなイノベーションは、徹底した模倣から生まれたといってもよい（シェンカー [309]、井上 [115]）。たとえば、トヨタ生産方式の生みの親である大野耐一は、アメリカのスーパーマーケットの仕組みにヒントをえて、それをトヨタ生産方式に応用したという（大野 [259]）。また、クロネコヤマトの宅急便をはじめた小倉昌夫は、当時、牛丼一筋に絞って営業していた吉野家にヒントをえて、取り扱う荷物を絞り込むアイデアを思いついたという（小倉 [253]）。

　井上 [115] は、模倣にあたって、「遠い世界に『手本』を探してみる」ことの重要性を強調している。つまり、異文化や異業種といった空間的に隔たりのある世界や、過去の成功事例のような時間的な隔たりのあるところに「手本」を求めるということである。ただし、遠い世界の「手本」を模倣する場合、それをそのまま持ち込むのではなく、一度咀嚼し、抽象化・理論化したうえで、自社の現場で具体化するプロセスが必要であるという。

3. 会社の秘密

　他社を模倣するという場合、模倣される側にとっては、会社がもつ独自のノウハウをはじめ、ある種の「秘密」[7] が盗まれることにもつながる。会社における「秘密」というとき、「企業秘密」という言葉がすぐに思いうかぶ。これは、企業が保有する情報のなかでも、企業が秘密としている情報を広くさす。企業秘密のなかには「営業秘密」[8] と呼ばれるものがあり、「不正競争防止法」では、それを不正な手段で入手することを禁止している。

　営業秘密を保持しつつも、市場での優位性を確保する知財マネジメントの考え方として、小川 [251] は、「オープン」と「クローズ」という二つの領域を設定する「オープン&クローズ戦略」を提案している。クローズの領域では、中核となる知的財産を公開せずに特許等を取得し、市場でのシェアを確実なものにする。一方、オープンの領域では、自社の技術やノウハウを公開し、技術や製品を戦略的に普及させるようにする。たとえばアップルの場合、スマートフォンの製造工程を組み立て製造の専業メーカーに公開する一方で、デザインに関する意匠権やタッチパネル技術の特許を取得し、そのノウハウと技術を隠匿することで市場の優位性を確保している。

　営業秘密は法的に保護されているが、それ以外の広い意味での企業秘密は、模倣の対象になりうる。模倣される側にとっては、簡単に模倣されない工夫が必要になる。そのためには、自社の強みを十分に把握することが重要である。

（岩井　洋）

(7) Iwai[128] は、会社の秘密と宗教の秘密を対比させ、経営人類学的に分析している。

(8) 以下の三つの要件をすべて満たす情報をさす。①秘密管理性（秘密として管理されていること）、②有用性（有用な情報であること）、③非公知性（公然と知られていないこと）。

こらむ COLUMN コラム
人類学の方法論：フィールドワーク？否、存在論的認識論だ！

　1980年代前半、筆者が大学院生の頃、人類学は多くの人文学、社会科学から注目を浴びていた。しかし、オリエンタリズム批判に端を発するカルチュラル・スタディーズやポスト・コロニアルによる批判が人類学にも飛び火し、その後人類学はすっかり影をひそめていった。しかし、今漸くにして、人類学が新しい「生成＝存在論」をもとに再生しようとしている（前川・箭内他 [178]）。

　もちろん、現場での発見は「近代的学問」の行き詰まりを打開してくれる可能性を見出してくれた。しかし、人類学のフィールドワークが注目されたのは、実際に現地で見いだされた「事実」によって、既存の理論の妥当性が問われたからだけではない。

　人類学のフィールドワークは、ただの経験論ではないし、素朴に客観性を前提とするものでもない。そこでは世界をどのように認識するかという課題が、存在論的脱構築を含めて問われている。

　前掲著（前川・箭内他 [178]）でのロイ・ワグナー（ワグナー [362]）によるフィールドワーク論とは、現場に存在＝身をおいて、自・他の「差異」を認識することを通して、調査対象と調査者自らの「世界」あるいは「文化」を同時に識ることである。さらに言えば、そこから自らの世界と対象の世界を接合し、より大きな世界を構築することである。

　別な言い方をすれば、対象を研究するのではなく、対象とともに研究することなのである（インゴルド [113]）。つまり、対象を通して、それに関わる自らと対象の差異を、そのインターフェースにおいて捉えるのである。その（対象に関する）結果が認識上・研究上の成果となり、エスノグラフィーとなるのであるが、それで終わらず、そこから自らの世界を再構築する過程が存在論的に展開してゆく点が研究者にとっても重要である。

　同時に、どの範囲ないし単位を対象として設定するのかということが重要である。当該対象のどの単位を主体として捉えるかによって、見えてくるものが異なってくる。人類学のフィールドで重要な点は「内的な視点」を得ることであるが、対象のどのポジションから見るかということは、対象となる組織の内部性に関わる究極的な問いでもある。

　経営学と人類学の協働によって展開されてきた「経営人類学」の更なる展開に必要なのは、人類学の方法論をどのように「経営」という分野に適用しうるかということを改めて吟味することであろう。

（前川啓治）

第1章
「会社」とは何か？

　「会社」とは何か、という問いについては、経営学の教科書あるいは経営者が書いた本のなかに、すでに何らかの答えが書かれている。しかしこの章では、経営人類学の視点から会社について考えるためのヒントを示す。一般に会社について論じる際、まずカネ（利益）のことが話題になるが、ここでは利己主義／利他主義や、見えない資産という視点から議論をはじめる。利他の視点は、会社の公共性とは何かという議論につながる。会社を文化共同体としてとらえる場合、その共同性について考える必要がある。ここでは、日本的経営の共同性や共同性をつくりだす装置について論じる。また、会社と宗教的な共同体の類似性についてもふれる。会社という文化共同体は永続性を前提としているが、永続性を象徴するものとして老舗をあげることができる。この章の最後では、会社の経営権や有形無形の資産をいかに後継者に引き継ぐかという、老舗の事業承継問題について取り上げる。

1. カネ

キーワード

カネ、利己主義／利他主義、利益／ご利益

1. 船と大海原

会社は、船によくたとえられる。1602年に設立されたオランダ東インド会社（永積 [215]）は世界初の株式会社とされ、航海と深く関連していた。また、経営戦略のひとつに「ブルー・オーシャン戦略」[1] と呼ばれるものもあるから、会社を船にたとえるのは、あながち間違いではない。

船が会社であるとすれば、大海原は市場、航海は事業ということになる。船の所有者は株主であり、株主から船を託されて、利益をあげることを求められるのが船長たる経営者の役割である。船長の命令のもと航海するには乗組員（社員）と燃料や食料（資金）が必要となる。航海の目的地は会社のビジョンやミッションにあたり、経営理念は航路からはずれることなく船を目的地に導く星にたとえることができる。

さて、航海（事業）を継続するためには、利益をあげ続けなければならない。一般に、会社の目的は利益を得ることである、と考えられがちである。しかし、利益は重要であるが、それ自体が目的なのではなく、ドラッカー [50] がいうように、利益は会社を存続させるための条件と考えたほうがよい。

会社の経済活動を数量的に測定して、報告するのが会計という仕組みである。これにより、会社の健全性が判断できる。その意味で、会計は船の羅針盤の役割を果たす。このことは、会社の永続性（5節）とも密接に関わる。

2. 利己主義と利他主義

一般に、利益を追求することは利己主義的な行動であり、利他主義とは相容れないものであると考えられている。しかし、両者は表裏一体であり、いかに両者のバランスをとるかが重要であると考えられる。

利益を追求する利己主義というと、アダム・スミスの『国富論』[315] における「見えざる手」(invisible hand) [2] を連想する。スミスは、個人が利己主義的に利益を追求することによって、「見えざる手」に導かれるように、社会全体に利益がもたらされるといった。しかしスミスは、その背景には人々の共感 (sympathy) にもとづく道徳性が存在する必要があるとも指摘した（スミス [316]）。つまり、人間はいかに利己的でも、他人の立場になって想像力をはたらかせ、悲しみや喜びに共感することができる。そして、共感から道徳感情が生まれる。この利他的な道徳感情がなければ、個人が利己的に利益を追求する社会に利益がもたらされないという（フィリップソン [270]）。

スミスの例にかぎらず、広く経営の世界でも、利己主義と利他主義は分かちがたく結びついている。このことは、利益というものについて考えるときに重要である。

---

(1) キムとモボルニュ（キム・モボルニュ [152]）は、血みどろの競争が展開する「レッド・オーシャン」に対して、競争のない未開拓の市場を「ブルー・オーシャン」と呼んだ。

(2) しばしば、「神の見えざる手」という表現が使われるが、スミス自身は「神の」という言葉を一度も使っていない。

3. 利益とご利益

利己主義と利他主義の関係を考えるとき、経営と信仰心の関係をみるとわかりやすい。

「三方よし」（売り手よし・買い手よし・世間よし）[3]の精神で知られる近江商人[4]は、仏教を中心とした信仰心が強かったといわれ、その経営理念には利他主義的な要素が多く含まれている（芹川 [308]）。たとえば、「陰徳善事」という経営哲学がある。これは、名前を売るためではなく、人知れず善い行いをせよ、という教えである。

豪商として知られる中井源左衛門家の初代・良祐は、商売の秘訣を「金持商人一枚起請文」という文書に残している。これは、浄土宗の開祖・法然が残した「一枚起請文」をまねたと考えられる。そこには、一国を代表するぐらいの長者と呼ばれるような金持ちに一代でなるのは困難であり、二代、三代に続いて善人がでる必要があり、そのためには陰徳善事に励む以外にない、とある（有馬 [13]125-127頁）。

何代にもわたって陰徳善事を実践するという考えは、近江商人の「利は余沢」という考えにも通じる。この言葉は、「利益は先祖が残してくれた恩恵」という意味である。そこから、家業を永続させるという使命が生まれる。

このように考えると、「利益」と「ご利益」が結びつく。利益という言葉に「ご」がつくと「ごりやく」と読み、おもに神仏からあたえられた恩恵を意味する。近江商人の例に限らず、自分の「利益」を他人のために役立てようとすることが、「ご利益」として自分の幸せにつながるという「自利利他」の考えは、広く経営にも当てはめることができる。これは、まさに利己主義と利他主義が表裏一体となった状態であるといえる。

4. 見えない資産

会社の利益は、財務諸表に金額としてあらわれる。しかし、会社の利益を生むのに重要な役割をしているのは「知的資産」であり、それは金額にあらわれない「見えない資産」である。

知的資産とは、財務諸表にあらわれない経営資源の総称といえる。ここには、特許権や著作権などの「知的財産権」や営業秘密やノウハウなどの「知的財産」だけではなく、経営理念、経営者の信用、顧客とのネットワーク、顧客情報などが含まれる。これらが資源として有効に活用されることで、会社の利益があがることになる。知的資産のなかでも、とりわけ経営理念は経営人類学の重要な研究対象のひとつであり、経営理念がどのように生成・伝播・継承されているかが研究されてきた（住原・三井・渡邊 [326]；三井 [199]）。

中小企業における事業承継でも、経営権の継承、資産の継承とともに、知的資産の継承が重要な課題になっている。

（岩井　洋）

---

(3) 宇佐美 [355] によると、この言葉は近江商人自身のものではなく、近江商人を研究した小倉 [252] の造語であるという。

(4) 近江国（現在の滋賀県）を本拠地として、特に江戸時代に行商、出店で全国に進出した商人。伊藤忠、丸紅、髙島屋をはじめ、近江商人の流れをくむ大企業は多い。

2. 公共性

キーワード
ステークホルダー、企業の社会的責任、社会貢献

1. 公共性とステークホルダー

あらゆる会社は、市場での直接取引がなくても、さまざまな主体に影響を及ぼしているという意味で公共性をもつ。とりわけ、テレビ局をはじめとするマスメディア、航空機・鉄道・バスなどの交通機関、銀行をはじめとする金融機関などは、社会に対する影響力も大きく、公共性が高いといえる。

会社の公共性や社会性をあらわす言葉として、「ステークホルダー」(stakeholder) がある。これは、株主、消費者、従業員、取引先企業、金融機関、行政機関、地域住民など、会社の活動によって直接的・間接的に影響を受ける個人や団体などの「利害関係者」を意味する。この言葉は、株主をあらわす「ストックホルダー」(stockholder)[1] と対比させて使われるようになった。

フリードマン [59] は、経営者は株主の代理人であり、株主の利益を増加させることが会社の社会的責任であると主張した。たしかに株式会社は法的には株主のものであるが、株主の利益のみを追求し、ステークホルダーとの関係を軽視すると会社の価値が低下し、結果的には株主が不利益をこうむることになる（フリーマン他 [57]）。

2. CSR と SDGs

会社は利益を追求するため、その結果、社会に悪影響を及ぼすことがある。たとえば、高度経済成長期（1950年代後半から1970年代前半）に社会問題化した「四大公害事件」[2] はその代表である。これは、会社の生産活動（特に重化学工業）によって排出された有害物質によって、さまざまな健康被害がひきおこされた事件である。また、企業倫理や技術者倫理について考える際、米国の「フォード・ピント事件」[3] がしばしば取り上げられる。1970年、フォード社は軽量で廉価なコンパクトカー・ピント (Pinto) を発売した。この車は、通常よりも短い期間で開発され、開発段階で構造上の欠陥がわかっていた。しかし、リコール（製品の回収・修理）にかかる費用よりも、事故発生時に支払う賠償金のほうが安いと判断し、会社はリコールを放置した。その結果、フォード社は巨額の損害賠償を支払うことになった。

また、2001年から02年にかけて、米国のエネルギー大手のエンロン[4] や通信大手のワールドコムが相次いで粉飾会計で経営破綻し、コンプライアンス（法令遵守）を含む「企業の社会的責任」(CSR: Corporate Social Responsibility) があらためて議論されるようになった。

CSR はさまざまに定義されているが、簡潔にいえば、企業がステークホルダーとの関係を重視し、社会の一員として社会や環境に対する責任を果たすという考え方を意味する。この責任を果たすことは、会社自体の永続性だけではなく、持続可能な社会の発展にも貢献すると考えられている。

---

(1) ストック (stock) は株式の意味。また、議決権をもつ株主を「シェアホルダー」(shareholder) と呼ぶ場合がある。

(2) 水俣病、第二水俣病（新潟水俣病）、イタイイタイ病、四日市ぜんそくをさす。いずれも1960年代後半に提訴された。

(3) 映画『訴訟』（原題 Class Action）（マイケル・アプテッド監督、1991年）は、この事件を題材にしている。

(4) エンロン事件を扱った映画として、『エンロン：巨大企業はいかにして崩壊したのか？』（原題 ENRON: The Smartest Guys in the Room）（アレックス・ギブニー監督、2005年）がある。

持続可能な社会に関連して、2015年の国連サミットでは、日本を含む国連加盟国が2016年〜2030年の15年間で達成すべき目標として、「持続可能な開発目標」(SDGs: Sustainable Development Goals)[5]が採択された。CSRの観点からも、企業活動にSDGsを参考にすることは重要になると考えられる。

3. フィランソロピーとメセナ

会社が公共性をもつ以上、会社の社会貢献にも注目しなければならない。広く企業による社会貢献活動を「フィランソロピー」(philanthropy)という。もともとの意味では、人類愛や博愛の精神にもとづく利他的な活動をさす。寄付をはじめとする企業の慈善活動・慈善事業は、これにあたる。

フィランソロピーのなかでも、特に文化・芸術活動への支援は「メセナ」(mécénat)[6]と呼ばれる。日本では、1988年に「文化と企業」をテーマに開催された「日仏文化サミット '88」を契機として、1990年、「企業メセナ協議会」[7]が設立された。その意味で、同年は日本における「メセナ元年」といわれる。

メセナは、企業にとって本業外の取り組みであるから、本業での利益がなければ、当然、メセナに取り組む余裕はない。その意味で、メセナへの取り組みは、企業の健全性を示す指標のひとつになる。

4. 企業博物館

会社の公共性やメセナに関連して、経営人類学的に興味深いのは企業博物館（諸岡 [205]）の存在である。一般に企業が運営する博物館を企業博物館というが、その名称や機能は多種多様である。中牧 [233] は、企業博物館の要素として、事業展示（技術と製品）と歴史展示（創業者と会社）の二つに加え、飲食関係の企業博物館では「体験型」の要素が重要であることを指摘している。

中牧と日置ら [228] は、企業博物館の展示方法やアピールの手法を通して、会社の経営理念や運営思想、会社と社会との関わり方を経営人類学的に分析した。また、会社創業者の個人的なコレクションを展示した美術館を含め、641館の企業博物館のリストを作成している（中牧・日置 [228]435–464頁）。しかし、そのなかには、現在は休館・閉鎖となっているものもある。企業博物館はメセナの一環であり、本業の業績が悪化すれば、当然、その運営は困難になる。

企業の社史が一般に入手・閲覧が困難なのに対して、通常、企業博物館は一般公開されている。その意味で、企業博物館は企業活動を社会にPRする格好の場となる。また、企業博物館の展示は、企業の歴史や経営理念、創業者の思想や哲学を示すものであり、社員に対する重要な教育施設としても機能する。実際に多くの企業で、企業博物館は新入社員研修等で使用されている。このように企業博物館は、対外的・対内的なコミュニケーションのありかたを知るうえで、経営人類学のよい研究対象となる。

（岩井　洋）

---

(5) 17の目標と169のターゲットからなる。
http://www.unic.or.jp/activities/economic_social_development/sustainable_development/2030agenda/。

(6) 古代ローマの皇帝アウグストゥスに仕え、文化・芸術を保護した政治家ガイウス・マエケナスの名前に由来する。

(7) https://www.mecenat.or.jp

3. 宗教性

キーワード

宗教性、経営理念、企業墓

1. 宗教性

会社が一種の文化共同体であり、宗教も同じ教義と実践を共有する文化共同体であるとすれば、両者には類似性があると考えられる。つまり、会社には宗教に似た性質（宗教性）があるといえる。そこで、会社と宗教教団の類似点をみてみよう。たとえば、創業者・経営者と創始者・教祖、経営理念と教義、社史と聖典、行事と儀礼、企業博物館と聖地、などがあげられる。

創業者・経営者と創始者・教祖については、リーダーシップやカリスマといった観点から共通の分析ができる。会社のリーダーシップを考えるとき、宗教研究の「シャーマン」と「プリースト」という概念が役立つ。前者は「神がかり」を通して、忘我状態で病気治しや予言などの儀礼を行なう宗教的職能者のことである。後者は、儀礼を司り、教団を運営していく「祭司」のことである。両者は、単独で存在することもあるが、役割分担をしつつ協働することで、教団が円滑に運営されると考えられる[1]。これは、社会心理学者の古典的なリーダーシップ論である「PM理論」とも符合する。三隅[193]は、リーダーシップを「目標達成能力」（P: Performance）と「集団維持能力」（M: Maintenance）の二つの能力要素に分けて分析した。Pの能力とMの能力を兼ね備えたリーダーもいるが、そうでない場合は、各能力を複数の人間で分担・協働することになる。また、竹内[336]が指摘するように、成功した組織の多くには、中心となるリーダーと、それを支える名参謀や有能なナンバー・ツーがいる。たとえば、ソニーの井深大と盛田昭夫、ホンダの本田宗一郎と藤沢武夫などの組み合わせである。これらは、創造的な芸術家や発明家と、それを支える組織的指導者の関係にあるともいえる。

また、「カリスマ経営者」という言葉がよく使われるが、「カリスマ」という言葉は、もともと宗教的な意味あいをもち、「非日常的なものとみなされた、ある人物の資質」（ウェーバー[369]83頁）をさす。もちろん、会社の経営者に霊感や霊能力が求められるわけではないが、普通ではない資質や能力があると、まわりの人間から認められることは重要である。

2. 経営理念の宗教性

第1章1節で会社を船にたとえたが、航海の目的地は会社のビジョンやミッション、経営理念は航路からはずれることなく船を目的地に導く星にあたる。経営理念の浸透は、社員にアイデンティティを付与するとともに、組織の結束力を高めるうえで重要である。

興味深いことに、会社の経営理念と宗教思想のあいだには、ある種の親和性があり、経営理念のなかには倫理性・道徳性を含むものが多い（土屋[346]）。宗教思想と経営の関係については、西欧の近代資本主義の発展がプロテスタ

(1) シャーマンは、神がかりによって神や霊のメッセージを伝えようとする。しかし、それは忘我状態のなかで難解な言葉や自動筆記等によって行なわれるため、一般信者には理解しがたい。そこで、それを解釈し、わかりやすく翻訳して伝えるのがプリーストの役割である。このような協働形態は、日本の新宗教教団に多くみられ、シャーマンが女性、プリーストが男性という組み合わせが多くみられる。

ンティズムの禁欲的な職業倫理や生活態度と深く関係したとする、ウェーバーの古典的分析（ウェーバー [368]）がある。また、内藤 [217] は、浄土真宗の教義が近江商人の経済倫理に大きな影響を及ぼしたという。さらにベラー [18] は、浄土真宗や石田梅岩の「石門心学」などの宗教的倫理が、日本における資本主義の発展に寄与したという。

これ以外にも、会社の創業者・経営者のなかには、特定の宗教の信者や何らかの信仰をもつものも少なくない（中牧 [230]；中牧・日置 [232]；住原 [327]）。たとえば、晩年に宇宙根源の力を祀る「根源社」[(2)]（三井 [198]）という施設を建立したパナソニックの創業者・松下幸之助は、その典型である。住原が指摘するように、長い時間をかけて培われてきた宗教や思想（倫理・道徳）は、具体的な経営理念や方針のための「知恵・知識の貯蔵庫」（住原 [327] 20 頁）としての役割を果たしているといえる。

会社では、研修、社是・社訓の唱和、さまざまな行事などを通じて、経営理念の浸透がはかられる。経営理念の浸透にとって重要な要素のひとつは、「物語」である。近年、体験談やエピソードを引用しながら、伝えたい思いやコンセプトを記憶に残るように物語る「ストーリーテリング」(storytelling) が注目されている（ブラウン他 [23]）。物語に着目すると、宗教の教義を浸透させる方法との共通点がみえてくる。イエスや釈迦の説法にみられるように、物語やたとえ話は、教義を伝える有効な手段として古くから使われてきた。また、多くの日本の新宗教教団では、信者同士が宗教体験を語る集会が設定されており、個人の宗教体験を語ることは、信仰の強化と信者としてのアイデンティティの確立に役立つだけではなく、教団特有の用語（ジャーゴン）を習得するのにも役立つ。また、宗教教団では、教祖伝をはじめとする文書や語り継がれてきた教祖や信者のエピソード、会社では、社史の内容や社史には書かれていない創業者・経営者や社員に関するエピソードなどが、ストーリーテリングのなかで参照される。

3. 会社の宗教

会社と宗教は一見無関係にみえるが、会社の繁栄と永続を願って、社屋や敷地内に神社をもつ会社は多い（神社新報社 [137]、石井 [120]）。また、中牧 [230]（66-105 頁）が報告しているように、高野山と比叡山には、あわせて 120 以上の「会社墓」あるいは「企業墓」と呼ばれるものが存在する。これらは、特定の故人の遺骨を納めた「埋墓」ではなく供養や慰霊を目的とした「詣墓」である。「会社墓」や「企業墓」（山田 [375]）では、会社を発展させた先人に対する感謝と慰霊、会社の発展と永続を願って、定期的に供養儀礼が行われている。

このように、会社のなかにも宗教的な儀礼・儀式が矛盾なく浸透していることは、日本的経営や日本的な会社のありかたを考えるうえで重要である。

（岩井　洋）

図 1.1 PHP 研究所の根源社

(2) 社は、伊勢神宮内宮を模して建造されている。幸之助は、真言宗醍醐派の僧侶・加藤大観を松下電器（現パナソニック）の祭司に任命している。根源社は、現在、幸之助の別邸「真々庵」、PHP 研究所本社、パナソニック本社敷地内の「創業の森」の三ヵ所に分社されている。

4. 共同性

キーワード

共同性、日本的経営、儀礼・儀式

1. 共同性

　会社で働く個人は、それぞれに異なる身体、能力、思考などをもち、その会社で働く理由や願望も異なる。しかし、異質な個人と個人が場所、仕事、目的をともにすることにより、会社に対する帰属意識や仲間意識、さらにそこから精神的安定が生まれる。このように、個人と個人が何らかのかたちでつながることにより、共通の帰属意識や感情が存在している状態を「共同性」という。

　家族や地域の共同体が、文化やルールを共有する人間の集まりとして、具体的な実態を持つのに対して、共同性は目に見えないものである。そのため、人々の言動や出来事、人々の思考や感情を読み取ることができる事柄、などの観察を通して、はじめて共同性を把握することができる。その意味で、経営人類学の手法は共同性を理解するのに役立つ。

2. 日本的経営の共同性

　日本における会社の共同性を考えるとき、日本的経営についてふれる必要がある。アベグレン [5] 以降、日本的経営についてさまざまな議論がある（飯田 [111]）。日本的経営を支える組織原理として、会社を擬制家族とみる「経営家族主義」（間 [91]）や「ムラ的」な集団主義（岩田 [135]）、あるいは生活共同体（津田 [347]）などがあげられてきた。いずれにしても、初期の日本的経営に関する議論は、「イエ」（シュー [106]；村上・公文・佐藤 [211]）の原理や村落社会にみられる共同体の原理に関連づけて論じられることが多く、日本人論（南 [189]、船曳 [66]）や日本文化論（青木 [11]）とも関連が強かった。

　総じていえば、日本的経営の組織原理としてイメージされていたものは、「イエ的」原理あるいは「ムラ的」原理のどちらにもとづくにせよ、上下関係（中根 [235]）を重視するとともに、個人の利益よりも集団の利益を優先する集団主義によって、社員の会社に対する強い忠誠心が存在する状態である。

　さて、長らく日本社会の特徴をあらわす言葉として使われてきた集団主義について、再考をうながす研究がある。認知心理学者の高野 [332] は、「日本人＝集団主義／アメリカ人＝個人主義」という二分法には科学的根拠がないと指摘する。また、社会心理学者の山岸 [380] も、さまざまな実験結果から、相互監視・規制がない状況では、アメリカ人よりも日本人のほうが個人主義的行動をとることを示したうえで、日本人の集団主義的文化は、個人の心の内部にあるのではなく社会の仕組みのなかにあるという。日本では、集団の利益に反して裏切りが起こらないように相互監視・規制の仕組みが社会に組み込まれていて、そこに安住するかぎりは安心が得られる。山岸は、このような社会を「安心社会」と呼んだ。これに対して欧米社会は、裏切られるかもしれない社会的不確実性がありながらも、他者を信頼することで成立している社会であり、こ

れを「信頼社会」という。また、安心社会では閉鎖性が高くなり、外部の人間を信頼しなくなる。その結果、外部に存在する多様なチャンスを見逃すことにもつながるという。

3. 共同性をつくりだす装置

会社において、共同性をつくりだす道具立てや仕掛け[1]は数多くある。ただし、それらは経営者や社員によって意図的に使われている場合もあれば、意図せざる結果として、共同性の創出に役立っているような場合もある。

この道具立てや仕掛けを、ひとまずハードウェア、ソフトウェアと実践にわけて考えてみる。ハードウェアはあらゆる物質的なモノをさし、社章、ネームプレート、ユニフォームや名刺のような社員が身につけたり携帯したりするものにはじまって、オフィスのインテリアや社屋のデザインにいたるまで、その範囲は幅広い。ソフトウェアは、（明文化の有無に関わらず）規則やルールなどの決まり事、知識やノウハウ、経営理念やミッション、社内で語られるさまざまな物語、ハードウェアの使い方や操作方法、などをさす。ハードウェアとソフトウェアの関係は、コンピュータの本体とアプリケーションソフトの関係と同じで、両者が別々に成立するわけではない。そして、両者をつなげるのが人間の実践（行動）である。

実践には、経営者や社員の日々の行動だけではなく、会社のさまざまな儀礼や儀式、行事やイベントなどが含まれる。儀礼や儀式に集団の結束力を高める機能があることは、早くから社会学や人類学の研究が明らかにしてきた（デュルケーム [52]；青木 [12]）。会社における儀礼や儀式といえば、入社式、社長就任式、退社式、社葬（中牧 [221]）などがあげられる。これらはヘネップ [71] のいう「通過儀礼」(rites of passage) の一種で、七五三や結婚式に代表される人生の各段階を通過する際に行われる儀礼を意味する。また神社を祀る会社では、春季・秋季に例大祭を行う場合もある。

行事やイベントとしては、歓送迎会、新年会、忘年会、創立記念行事、社内旅行、社内運動会、などがあげられる（中牧他 [225][226]）。バブル崩壊とリーマンショック以降、社内運動会を廃止する企業が増えたが、近年、また復活しつつある。社内運動会は、社員のチームワークやコミュニケーション向上、さらには離職率の抑制にも役立つと考えられている。また、競技内容にも工夫がこらされ、たとえば建築会社はコンクリート、カップ麺製造会社はカップ麺を利用するなど、企業や業種の特徴を活かした競技が考案されているという（米司 [389]）。

このような社内にあるさまざまな道具立てや仕掛けが、どのように連動して共同性という見えないものをつくりあげているかを分析することは、経営人類学の重要な研究テーマのひとつである。

（岩井　洋）

---

(1) 松村 [184] は、「仕掛学」を提唱し、仕掛けを満たす要件として次の3つをあげている。①誰も不利益をこうむらない、②行動がいざなわれる、③仕掛ける側と仕掛けられる側の目的が異なる。

5. 永続性

キーワード

永続性、老舗企業、社史

1. 永続性の前提

通常、廃業あるいは解散を前提として会社を設立することはない。その意味で、会社は永続性を前提としている。「継続企業」（あるいは「継続事業体」）(going concern) という言葉がある。これは、企業が将来にわたって事業を継続し、廃業・解散や財産の廃棄をしないこと（またその前提）を意味する。

現在の会計制度も、企業の継続性を前提につくられている。15世紀にはじまる大航海時代以降、貿易会社の多くは、航海のたびに出資を募り、商品の売買が終われば清算・解散する「当座企業」だった。しかし、1602年、世界発の株式会社とされるオランダ東インド会社（永積[215]）が設立されると、出資者（株主）に対して定期的に利益を分配するシステムが生まれた。そして、企業活動が継続されることを前提として、その活動を記録し報告する簿記[1]や会計の仕組みが発達した。

会社が永続し、その規模や活動範囲が拡大すればステークホルダーも長期的な関係が期待されるようになる。また、社会的責任もますます問われるようになり、業績に関わる情報公開も定期的に求められる。そして、その業績いかんでは企業の価値に対する評価も変わることになる。

2. 老舗企業

会社の永続性を自ら証明しているのが「老舗企業」と呼ばれる長寿企業である。「老舗」という言葉は、「似せる」「真似てする」などを意味する「為似す・仕似す」（しにす）に由来する。つまり、先代を手本として家業を絶やさずに守り継ぐことであり、まさに会社の永続性を意味する。

創業何年以上の会社を老舗企業と呼ぶかについては、さまざまな基準がある。ここでは、ひとまず創業100年以上を老舗企業としておく。かつて、「企業寿命30年説」（日経ビジネス[244]）があった。これによれば、企業が繁栄を謳歌できるのは、せいぜい30年程度であるという。そう考えると、100年というのはかなり長い。

東京商工リサーチの「全国『老舗企業』調査」[2]によると、2017年に創業100年以上になる老舗企業を抽出した結果、全国に3万3,069社あることがわかった。まさに、日本は「老舗大国」（野村[247]）である。ただしこの数字には、同調査で把握していない個人商店や小規模会社は含まれない。後藤[75]は5万社、横澤[387]は10万社以上の老舗企業が存在すると推定している。ちなみに最古の老舗企業は、578年創業の社寺建築を専門とする金剛組（大阪府）である。同社は、創業時、四天王寺建立に携わったとされる。次いで古いのは、一般財団法人池坊華道会（京都府、587年創業）、西山温泉慶雲館（山梨県、705年創業）と続く。東京商工リサーチの調査では、金剛組をはじめ

---

[1] 現存する最古の勘定記録は、1211年のイタリアのものである。そこには、現在の形式とは異なるものの複式簿記の萌芽がみられる（渡邉[366][367]）。

[2] http://www.tsr-net.co.jp/news/analysis/20161202_01.html

1000年以上続く老舗企業が7社あげられている。また、老舗企業を業種別にみると、清酒製造業（850社）がもっとも多いことがわかった。

海外には、家族経営で創業200年以上の企業のみが加盟できる経済団体エノキアン協会[3]がある。2018年現在、48社が加盟しているが、イタリア、フランス、ドイツ等のヨーロッパ地域以外で加盟しているのは、日本の9社のみである。近年、韓国や中国では、企業や研究者のあいだで、日本の老舗企業への関心が高まっており、政府も老舗振興策[4]を打ち出している。

デ・グース[72]は、「フォーチュン500」[5]にランキングされている多国籍企業の平均生存年数は40年から50年であるのに対して、長く生き残り、繁栄している企業があることに注目した。そして、長寿企業を分析し、その特徴を(1)環境に対する敏感さ、(2)強い結束力と強力な独自性、(3)寛容さと権力の分散化、(4)資金調達の保守性、の4つにまとめた。さらに、これらの特徴を備えた企業を「リビング・カンパニー」(living company)と呼んだ。会社の永続性を考える際、これらの特徴が参考になる。

3. 社史

会社の永続性を目に見えるかたちにしたものに、「社史」があげられる。藤田は、社史を「企業自らの歴史を、自らの責任において提供した歴史書」（藤田[65]4頁）と定義している。社史のなかには私家本として刊行され、出版流通にのらないものも多く、正確な刊行点数を把握するのは難しいが、明治以降に刊行された社史は1万3000点余りであるという（村橋[207]）。また、現在でも年間200点ほどの社史が刊行されており、日本は「社史大国」であるといえる。

社史は周年事業の一環として編纂されることが多いが、会社が社史を編纂・刊行するには、(1)ある程度の歴史的経営実績、(2)ディスクロージャー（情報公開）に対して積極的な体質、(3)経営資源を社史刊行に割きうること、が必要である（藤田[65]39頁）。社史刊行の頻度はさまざまだが、最初の社史が編纂・刊行されるのは、創業20年から25年、あるいは30年程度が限界で、それをこえると資料収集や関係者からの聞き取りが困難になると考えられる（四宮[311]26頁）。

社史編纂・刊行の目的は多様だが、社員教育、社内外への広報、経営者や社員の顕彰、経営史料の整理・保存などに社史が役立つ。また、社史には日本の歴史や世相があらわれており、産業史、技術史、文化史の重要な資料にもなる。実際、海外では日本研究の資料として、日本の社史を収集する大学もある。

最後に、社史は会社の永続性を前提としているものだが、興味深いことに社史のなかには、業界再編により消滅した会社や、会社合併を契機にして合併された会社の社史がある。藤田は、このような社史を「消滅社史」（藤田[65]）と呼んでいる。

（岩井　洋）

(3)1981年設立。フランス・パリに本部を置く。2018年、日本の岡谷鋼機株式会社（1669年創業）の岡谷篤一氏が会長に就任した。
http://www.henokiens.com

(4)2018年、韓国では「100年続く老舗」を育成する政策が発表された。中国では、1991年以降、長寿企業に「中華老字号」の称号をあたえている。

(5)毎年、米国のフォーチュン誌が発表する、総収入にもとづく、トップ500企業のランキング。
http://fortune.com/fortune500

6. 事業承継

キーワード

事業承継、中小企業、理念継承

1. 事業承継とは

事業承継とは、経営者が会社の経営権および有形無形の資産を後継者に引き継ぐことを意味しており、特に中小企業（その大半がファミリー企業[1]）の経営引き継ぎとのからみで論じられることが一般的である。

中小企業の承継問題といえば、往々にして世代間のコミュニケーション不全や衝突、遺産相続をめぐる骨肉の争いといった問題が生じることになりがちである。そして、このような承継に関わる問題に備えてできるかぎり早期から計画的に対策を講じる必要が叫ばれるが、実際は円滑に進まない場合が多い。このような問題は古今東西、私企業が存在する社会ならどこでも生じるものであるが、特にある時期に急激な高度経済成長を遂げた社会では、その時期に「会社のベビーブーム」が生じており、それから30年程度が経過すると、創業世代が大挙して引退するため、承継問題の社会的影響が極めて大きなものとなる。21世紀を迎えた頃の日本はまさにこのような事態に直面していた。

当時の日本では、中小企業経営者の高齢化、中小企業廃業率の急上昇などを背景に、中小企業の事業承継が喫緊の社会的課題とみなされるようになった。この動きを象徴するものの一つが、『中小企業白書2001年版』（中小企業庁[30]）において事業承継支援が重要な政策課題に位置づけられた、ということである。これを契機として、中小企業の承継問題に関する調査報告書や著書・論文が多く出版されることになった（中小企業研究センター[28]；中小企業金融公庫総合研究所[29]など）。2000年代以降の承継問題研究の特徴としては、(1) 事業承継を従前のように相続税対策にとどめず、理念継承や人材育成も含めて多角的にとらえようとしていること、(2) 事業承継を従前のように親族内承継に限定せず、親族外承継（特に非親族社員の承継）やM&Aも含めた幅広い選択肢を想定していること、(3) 事業承継を「第二創業」（経営革新の契機）とみなし、それを可能にする条件について議論していること、などをあげることができる。

2. 老舗企業という教科書

このように中小企業の事業承継に対する関心が高まった2000年代は、老舗企業への関心が高まりをみせた時期でもある。幾度となく存亡の危機を乗り越えながら事業を長く継続させてきた老舗企業は、まさに事業承継の「お手本」とみなされ、その経験から承継の成功要因を抽出しようとする取り組みが多くなされた（帝国データバンク史料館・産業調査部[340]；後藤[75]など）。また、2000年代はCSR概念が日本に輸入され、企業倫理に関する議論が活発化した時期でもあり、ここでも老舗企業が「日本型CSRの源流」として関心を集めた（末永[317]；弦間・小林[70]など）。事業承継研究と企業倫理研究のいず

(1) ファミリー企業とは、創業家メンバーが自社株式の大半を所有するとともに経営権をもつ企業のことである。

れの流れにせよ、老舗企業への関心は、特にその精神的側面（理念継承）に注がれることになった。

以下では、筆者が調査を行なった京都の老舗企業、㈱半兵衛麸の事例を紹介する。半兵衛麸は1689年の創業より一貫して麸屋を営み、現会長の玉置半兵衛氏は初代より数えて11代目に当たる。玉置家の家訓にして同社の理念の第一にあげられるのは「先義後利」[2]という教えであり、同社ホームページ[3]にこう記されている。「『義』とは、正しい人の道のこと、『利』とは人の強欲のことを指します。金銭欲や出世欲によって商いをすると、『人をだましてまで儲けよう』という間違った道に進み、破滅してしまいます。そうではなく人様のお役に立つ商売をし、それによって得た利益を世の中の為に使う。それが正しい商いの道として半兵衛麸の基本姿勢となっています」。この「先義後利」を基軸とした先祖の教えは、日常生活の様々な局面（散歩中、夕涼み中、夕食後のひと時、入浴中など）において、幼児でも理解できる平易なたとえ話を用いて、親から子へと伝えられてきた[4]。それは、日々の経営実践のなかに落としこまれるとともに、特に経営者が重大な意思決定を迫られる際に最も重要な判断軸となってきた。一例を挙げると、戦時中、多くの同業他社が闇市場から違法に原材料を調達していたが、玉置氏の父は「先義後利」の教えを守り、あえて闇市場に手を出さず、そのために休業を余儀なくされた。しかし、この意思決定は、玉置氏が家業を引き継いだ後に得意先（老舗料亭、寺院など）から高く評価され、会社の社会的信用をさらに高めることにつながった（河口・寳[147]）。

半兵衛麸に限らず、老舗企業にはこのような事業承継や企業倫理に関する有意義な「教材」が多く備わっている。

3. 新たな国際交流の可能性

近年、日本の老舗企業は海外からも注目を集めており、全国各地で外国人経営者・研究者による老舗企業訪問（学習・交流目的）が急増している。その要因としては、第一に、日本の伝統文化・伝統産業への関心が世界的に高まっているという点をあげることができる。この点に関しては、昨今の日本政府による「クールジャパン戦略」の影響も大きいといえよう。

もう一つの要因としては、近年、中国や台湾、韓国といった国々においても中小企業の承継問題（創業世代の大挙引退、後継者確保・育成の困難、遺産相続争い）が喫緊の社会的課題となっており、その解決策・防止策を、さらにいえば、事業が長く続く秘訣を日本の老舗企業の経験から学ぼうとする意識が非常に高まっているという点をあげることができる。その背景には、全体経済が高度成長から低成長へ移行するのにともない、事業の規模拡大よりも長期継続のほうに関心をもつ経営者が増えつつあるという動きがある。

こうした近年の新しい動きは、事業承継や企業文化をめぐる新たな国際交流の可能性を示すものであるといえよう。

（河口充勇）

---

(2) 半兵衛麸では、3代目当主が石門心学（石田梅岩を始祖とする倫理学の系譜）に傾倒し、その影響下で「先義後利」を家訓に定めたとされる。

(3) http://www.hanbey.co.jp/

(4) 玉置氏は、幼少期に祖父や父から受けた教えの数々を書き起こし、著書にまとめている（玉置[337]）。

こらむ COLUMN コラム
「普通の企業だったら」とビジネスセントリズム

　経営は企業に限定されるわけではなく、あらゆる組織に必要である。

　営利を目的としない組織、いわゆる非営利の組織（学校法人、社会福祉法人、宗教法人、公益法人、NPO法人など）にも経営が必要である。

　企業経営はグローバル化の波にさらされ、ガバナンスの強化は、米国で「サーベインス・オクスレー法（略称SOX）」が成立すると、金融関係を中心に世界の企業でガバナンスが強化され出した。また、企業活動がボーダーレス化するに従い、会計基準の差による財務報告の相違をなくすために、会計企業の統一が目指され、IFRS（国際財務報告基準）が定められた。こうしたグローバル企業をめぐる動きが税制上優遇されている民間公益法人にも入ってきた。

　しかしながら、「政府でもない、企業でもない」という独自性ゆえに、税制上優遇された民間公益法人に対して、「税制上優遇されているのだから」という理由で、こうした大企業のガバナンスや会計が押し付けられている。もともとガバナンスや会計の目的が異なるのであるのにもかかわらず、ガバナンスや会計の（マジョリティの企業から見た）奇異性を指摘する声が後を立たない。「普通の企業だったら…」という枕詞によって、企業のルールを無理やり適用しようとする。これは文化人類学が何度も見つめたマジョリティのエスノセントリズムによるマイノリティ文化の蔑視と同じ構造だといえよう。筆者はこの「企業中心主義的思考」のことを「ビジネスセントリズム」と呼んでいる。たとえば、1970年の大阪万博には社団法人も財団法人も出展しているが、公式記録にはすべて企業とだけ記載されている。社団法人、財団法人が企業にしか見えていないためである。これも全くのビジネスセントリズムである。

　たとえば、返済を求める奨学金と学生ローンとは根本的に異なるものがある。しかしながら、返済が滞る奨学生のところに訪問し、事情を理解し、事情によっては返済を猶予し、対策を一緒に考える奨学金財団と、資金回収を専門業者に委託し、ローンの返済が１００パーセントに近い水準にある奨学金財団とを比べてみよう。「ビジネスセントリズム」からは、後者の奨学金財団が遥かに優れているということになる。それは明らかにおかしいではないか。しかし、ビジネスの関係者がマジョリティを占める社会において、論理的に矛盾を説明していくことは実は簡単ではない。経営人類学の思考によってこそ、民間の非営利公益の世界の独自性を説明していけるものと信じている。　　　　（出口正之）

第2章
会社に入る

　「会社に入る」ことは人生の大きな節目である。学生ならばなおさら、人生の中でもっとも晴れやかな、めでたい旅立ちである。家族が特別な食事の席を設けたり、遠方の親戚から記念品やメッセージが届いたりする。周囲から「一人前」として扱われることで、学生は自分の立場の変化を自覚していく。服装も髪型も変え、言葉遣いや振る舞いさえも、少しずつ「大人」らしく変容させていく。

　会社に入ることは期待に胸が膨らむと同時に不安や緊張も大きい。それは転職者も同様である。新しい組織の一員になって役割をもらい、気分も新たに責任を自覚する。キャリアイベントは人生の大きな区切りであり、リセットと再スタートである。

　このように、人が「ある状態」から「別の状態」へと人生のステージを移行していくことを、文化人類学では、通過儀礼として理解する。本章では、「会社に入る」ことの「移行」について考察していこう。

1. 就職活動とキャリアデザイン

キーワード
　就職活動、日本型雇用慣行、キャリアデザイン

1. 就職活動

　就職活動とは職業に就くための活動の総称である。人生の大きな分岐点となるライフイベントで、そのタイミングは2種類に分けてよいだろう。一つ目は学業を終える時で、中学校、高校、大学の卒業時、ないし大学院の修了見込者が行う。このタイミングは、個人が学校社会から産業界へと所属する社会が移行する時期で、一般的には新卒採用と呼ばれる。

　二つ目は既卒時の就職で、これには多様なタイミングがある。中途採用の場合、多くはすでに職歴を持っている人の転職のことを指している。しかし求職者の中には、より雇用条件や環境が恵まれた会社に転職しようとする人もいれば、長く職業生活を離れていた人が社会復帰するということもあり、仕事を求めたり職を移ったりする活動の背景には個別のさまざまな理由や目的がある。

　求職中の者のことを就職浪人ということがある。とりわけ学校を卒業して就業していない者や、近年では卒業して3年以内の就職浪人のことを第二新卒者と呼ぶことがある。新卒時の就職活動で夢がかなわなかったことが理由で、あえて就職浪人を選択することもあるし、社会保険が付いている仕事に就くことができなかったという理由で求職中を継続させたり、いったん就職したけれども別のキャリア[(1)]のチャンスをうかがっている者がいたり、ミスマッチや不本意な就職だったために希望の職種を求めて就職活動する、という人もいる。

2. キャリア選択とマッチング

　とりわけ日本では、人生で初めて仕事を得ようとする新卒の就職活動には特徴がある。

　日本の大学には、学生が就職相談をする窓口としてキャリアセンターと呼ばれる部署がある。ここでは学生が無料でさまざまな情報提供を受けることができる。たとえば求人案内や企業情報の見方の指導、会社説明会やインターンシップの案内と予約、履歴書やエントリーシートの書き方やビジネスマナーの教育、面接の練習などもしてくれる。また資格試験や認定試験、国家試験などの受験対策の指導、専門職の受験指導なども相談に乗ってくれる。学生が学業を終える最終学年が近づいてくると、キャリアセンターを通じて就活ポータルサイトに会員登録し、職業選択や紹介を支援するサービスの利用を始める。会社説明会や入社試験の予約もここで行うことができる。就職サイトにしか求人情報を出さないという大手企業も多いので、就職ポータルサイトに登録することは、就職活動をする学生の常識となっている。また「就職マニュアル」も数多く出版されており、書店では就職本コーナーを作っている。就職支援団体も多数あり、大学2年生や1年生までも対象としたセミナーや講座も提供されている。

　大学のキャリアセンターは毎年、ある時期に3年生を全員集合させて、一

---

(1) キャリアとは英語の career のカタカナ表記である。一般的には職業、職務、職位、履歴、進路などの職業に関する経歴のことを指して用いられる。語源はラテン語の carrus で、車輪のついた乗り物のことである。それから発生したフランス語の carrières が英語の career へと変化した過程で、轍（車輪の跡）という意味を持つようになった。そこから転じて経歴などの職業人生だけでなく、人が生きてきた軌跡、生涯全般の意味にも用いられるようになってきた。

斉に就職関係の登録作業をさせる。繰り返される一連の様子を見ていると、学生の就職活動は受験さながらの競争である。生まれて初めての職業選択には戸惑いを見せる者が多く、自分のやりたいことや適正がわからなかったり、会社の調べ方がわからなかったり、希望にかなう求人をうまく選択できているのかどうかさえもよくわからなかったりする。マッチングの仲介を行うのがキャリアセンターの役割ともいえる。

3. キャリアデザイン

　各大学にはこのように手厚い学生支援体制が存在するのだが、それが必要とされるのは、新卒一括採用という独自の日本型雇用慣行があるからである。日本企業はこれを定期採用と呼び、卒業予定の学生を対象に毎年一括して求人を行う。この慣行に則って新卒者の採用試験を行う企業であれば、学生もそれに則って就職活動をしなければ、競争にさえ参加できないというしくみになっている。企業側はそれも計算ずくで、社会慣行に則って行動できる学生を採用候補者として絞っている。対象者がまだ在学中に採用試験を行って、合格者には内定を出し、卒業したらすぐに勤務させる。

　新卒一括採用の慣行は、日本独自の産業社会の歴史的経緯に基づいているものである。第二次世界大戦後から高度経済成長期に至る人手不足において、大企業が高卒者を大量に採用したことから始まる。このやり方がパターン化して一般化し、こんにちにいたって継続しているのである。

　一方、1990年代にバブル経済がはじけて、それまでの労働環境や雇用条件が変化した。あたりまえと考えられていた終身雇用、年功序列、企業内組合という日本企業の「三種の神器」(2)を前提とする働き方が約束されなくなると、日本人は多様なキャリアを模索しなければならなくなった。言い方を変えると、社会経済的変化がきっかけとなって、日本の労働市場には多様な選択肢が広がってきたということもできる。新卒か中途採用かにかかわらず、就職活動や職業選択をきっかけに自分の人生設計を考えたり、転職を通じて人生を再設計しようとしたりすることを、キャリアをデザインする、ととらえるようになってきた。

　キャリアデザインは、職業経験やスキル、性格、家族関係、ライフスタイル、労働市場などをさまざまに考慮して、キャリア・アンカー(3)を自分に問い直すプロセスでもある。目指す職務内容の高度化や、実現したい将来像など、理想に近づくステップを明確にしながらキャリア形成を主体的に構築しようとする。多様な働き方を実現するための基盤となる考え方である。

　しかしながら、こんにちも日本の学生の多くは新卒者として4月に一気に入社していくのである。もっぱら、内定が決まったら、まだ在学中のうちから研修と称してたびたび入社予定の会社に呼び出されたり、アルバイト雇用を通じて仕事を学び始めたりしているのが実態であり、学生から社会人への過渡期が長期化しているともいえる。また若者の早期離職率は増加していることから日本型雇用慣行が残りつつも働き方の多様性は広がってきているようである。

（八巻惠子）

(2)「三種の神器」とはアベグレンが『日本の経営』（アベグレン [5]）の中で指摘した、終身雇用、年功賃金制度、企業内労働組合の3つの日本企業の特徴のことである。これが戦後日本の高度経済成長の力の源泉であると言われた。新卒一括採用という世界に類を見ない日本型雇用慣行は、この「三種の神器」に対応したシステムである。バブル経済が崩壊したのち、多様な働き方が推奨されてきている。三種の神器はこんにちではあまり重視されなくなってきている、言われる一方で、新卒一括採用が一般的な就活方法であるということはずっと変わっていない。

(3) 職業選択をするに際して最も大切にしたい、他には譲れない価値観や欲求のこと。

さらに知るための参考文献
シャイン [301]

2. ビジネスマナー

キーワード
通過儀礼、再統合、コミュニタス

1. ビジネスマナー

会社に入るための重要な準備の一つがビジネスマナーである。

近年では学生はインターンシップの経験を積まないと就職に不利になるので、最低限のビジネスマナーは学内のキャリアセンターなどで指導を受けていることが多い。また就職活動の時期が近づくと、早い時期に学習して身につけるようにアドバイスも受ける。

ビジネスマナーはスポーツと同じで、頭で理解できていても身体表象が可能になるためには訓練が必要である。自分ではできているつもりでも他人から見たらできていないということがよくあり、自分では自分の姿が見えないので、プロの講師による指導やアドバイスを受けてロールプレーなどのシミュレーションを重ねる。一定レベルの身体行動にまで知識を落とし込むにはそれなりの練習が必要なのである。

ビジネスマナーには、「心構えを変えることで行動を変える方法」と、「行動を変えることで心構えを変える方法」の2つのやり方がある。学生のうちはビジネスの世界の規範やマインドセットを理解することは難しいので、もっぱら行動を変えることに注力した学習方法を採っている。服装や髪型や言葉遣いを変えることから社会人としての自覚をうながしていく。パフォーマンス学習と勘違いされることがあるが、本質的には一般的な礼儀作法と同様に幅が広く、顧客や取引関係とのつきあい方や冠婚葬祭に至るまで、厳格な型と作法が重視される。

2. マナーとエチケット

ビジネスマナーとはカタカナ英語である。英語の表現だと Business Etiquette[1] になる。

エチケットとは、特定の相手や場所に対しての配慮や思いやりに基づく行動規範のことで、「ここで写真を撮らないで」などのことである。一方、マナーは、社会的に望ましいと考えられている作法や行動のことで、食事作法や冠婚葬祭などの規範である。マナーを「見える化」したときにはエチケットと重なり合うことが多く、具体的には挨拶、言葉遣い、態度、身だしなみ、立居振舞など、周りの人から期待される関わり方のあり方のことである。その多くは世界広く共通の価値観でもある。たとえば世界で一番古いマナー本、通称『クニッゲ[2]』や、ポエットの『エチケット[3]』は近年も重版を重ねているが、いずれも人間関係や処世術について書かれたものである。ビジネスマナーもそれに則ったものだが、まずは『型』にはめるのがビジネスマナー研修である。

---

[1] Etiquette はフランス語の étiquette、古フランス語の estiquier が語源で、フランスの宮廷文化のコードに由来する。ヴェルサイユ宮殿の「花園を荒らさないで」といった注意書きの立て看板のことを指し、さらには、振る舞いをわきまえているので宮廷に入ることを許されたという証のチケットのことでもあった。

[2] アドルフ・F・V・クニッゲ (Adolph F.V. Knigge) が 1788 年に出版した世界で最初のマナー本と言われている *Über den Umgang mit Menschen.* は通称「Knigge」と呼ばれている。日本語訳はクニッゲ [158] の他にも 1910 年、1953 年、1954 年、1956 年、1993 年、1989 年と繰り返し出版されている。

[3] 1922 年に出版されたエミリー・ポスト (Emily Post) の *Etiquette, in society, in business, in politics, and at home* は 2017 年に第 19 版が出版されている (Post[272])。日本語訳は 18 版の抄訳（ポスト [273]）がある。

3. 加入儀礼としてのビジネスマナー研修

　ビジネスマナーは産業界の独特な作法である。たとえば名刺交換の作法やお辞儀の仕方、服装規定などはサラリーマンの常識として広く共有されたやり方がある一方、日本企業の勤め人でなければわかりにくい規範も多々ある。ビジネスマナー違反は、時に取引中止などの厳しい社会的制裁を受けることにつながるので、企業は新入社員に対して初期段階で厳しく教育する。たいていは入社式後まもなく研修が提供される。このときのビジネスマナー教育は、就活学生のためのビジネスマナー学習とは目的が異なって厳しいものである。なぜならば、新入社員教育としてのビジネスマナー研修は、組織の新入りに対する加入儀礼として機能しているからである。

マナー研修

　加入儀礼とは通過儀礼の一つで、通過儀礼とは、場所・状態・社会的地位・年齢のあらゆる変化に伴う儀礼のことである（ファン・ヘネップ [71]）。人の人生は、ある年代からほかの年代へ、またはある社会集団から別の社会集団へと移行する一連の通過 (passage) で成り立っている。ファン・ヘネップは人の誕生から死までの折々の儀礼、入会の儀礼などを、分離 (séparation)・過渡 (marge)・統合 (agrégation) の3段階の過程を経る通過儀礼の視点で捉えた[(4)]。

(4) ファン・ヘネップのこの研究によって、儀礼の本質的な意味と式次第や類型、移行期間の存在などの通過儀礼の構造がはじめて明らかになった。

　ファン・ヘネップに従えば、新入社員はまず入社した時点で、その社員が以前に所属していた属性が消滅する。これは通過儀礼の第一段階で、象徴的な『死』に当たる。研修中は同期入社の受講生と講師、あるいは人事担当者、教育担当者とだけで終日一室に隔離されて過ごす。研修は、これから加入する社会でふさわしいふるまいやルールを学ぶことだけに専念する。男女ともにリクルートスーツやビジネススーツをまとい、全員で同じ台詞を繰り返し言わされ、同じ動作を何度もやらされる。時に爪を切らされたり、髪型を変えられたりといった外見の変化も強要される。言葉遣いの練習では子供じみた寸劇をさせられ、指示をうまくこなせなければ、みんなが見ている前でできるまでやり直しを命じられるなど、ある意味の辱めを受ける。講師の命令は絶対で、受講生は指示を拒むことはできない。課題に合格できなければ組織共同体への加入資格はないとされる。研修の最後の課題は、自分が会社の中でどのように活躍し、どんな社員になるのかといった目標を宣言する。組織の一員になるという宣言である。

　このような時間は儀礼の移行期にあたり、受講生は境界的な存在になる。ビジネスマナー研修は新入社員研修の最初の段階なので、業務に就くためには研修や訓練はさらに続く。再統合はもう少し先の話である。

　儀礼の移行のプロセスの境界的状態の性質や意味を追究したのはターナーである（ターナー [349]）[(5)]。境界におかれた人々の行動の特徴は、受動的で謙虚で指導者には絶対服従をし、強い仲間意識と平等主義を展開させる傾向があり、序列や身分や世俗的な識別意識は消えるか均質化される。ターナーはそのような人々やその状態のことをコミュニタスと呼んだ。新入社員が「同期の桜」として結束し、一生続く特別の関係になっていくのは、加入儀礼の過程でコミュニタス状態になり、心身共に同じ強烈な体験を共有した仲間だからだと説明ができる。

(5) ターナーによると、コミュニタスとは通過儀礼のプロセスでリミナル（境界）的な状態に陥った集団であり、その特徴は、平常の状態における法・伝統・習慣・儀礼によって指定・配列された地位から引き離され、どっちつかずのあいまいで不確定な状態にあるという。

（八巻惠子）

3. 人事採用試験

キーワード
適性検査、面接、インターンシップ

1. エントリーシートと適性検査

新卒採用の選考プロセスは、まず履歴書とエントリーシート[1]（以下、ESという）の提出から始まる。ESの様式はさまざまであり企業が独自に設定することが多い[2]。会社が求める主な項目としては「学生時代に取り組んだこと」「大学で学んだこと」「当社を志望した理由」「会社で実現したいこと」「やりたい仕事」「将来の夢や目標」などがある。

履歴書やESを提出した応募者には適性検査が課される。会社で仕事をする際の基本的能力を知るために、高校入試レベルの学力（能力適性）、行動・意欲・社会性（性格適性）、一般常識や教養の全てまたは一部について、テストや小論文の形式で実施される。

民間企業の採用ではESや適性検査といった書類選考の結果は面接での評価に比べると相対的に大きいものではない。これは学生がそれまでの人生で直面してきた入学試験とは異なる選考プロセスの特性といえる。ただしESや適性検査の内容は選考プロセスの初期段階や最終段階で重要な役割を果たす。例えば学生から多数の応募がある会社では全ての応募者との面接が物理的に難しいので、足切り用に適性検査の結果を使うことがある。しかし学生の募集に苦労している企業では適性検査を足切りや選考結果に反映させることはほとんどない。基本、応募者とは全員面接を実施し、面接の内容で合否を決める。また、面接で甲乙つけがたい候補者が複数でて、いずれかを選ばなければならないとき、ESや適性検査は明示された指標として使い勝手がよいため、採否を決める際の裏付け情報として用いるケースがある。

2. 面接の裏側

会社の採用試験で最も重視されるのは面接である。面接は複数回実施されることが多い[3]。経営者が必ず面接して合否を決める会社もあれば、大手企業であれば人事担当役員が最終判定を行うこともある。会社と社員の関係は一対一の労働契約に基づくものであり、社員を採用する際に問われるべきは「どのような労働力を提供できる人物か」である。しかし実際の面接では「一緒に働きたい人物か」との視点から評価することも少なくない。

ESと同様、面接についても模擬面接などで入念な準備をして臨む学生は少なくない。しかし面接で採用担当者が本当に見たいのは学生の本音であり普段の行動特性である。周到に準備したESの暗記、朗読ではない。近年の新卒採用は就職ではなく「就活」への対策が過度にみられる傾向がある。この準備が行き過ぎた結果、自社にマッチする人材であることを知るために、採用選考で会社が確認したい点が見えにくくなっている。「3年で3割」ともいわれる新卒の早期離職は社会問題にもなっている。

---

[1] ソニーが学歴を問わない採用選考をするために1991年度から導入したことが始まりとされる。

[2] 就職支援会社が開設するインターネット上の就活サイトでは、標準化された様式に必要事項を入力することで一斉に複数の会社へESを提出できる場合もある。学生にとっては簡単にエントリーできる会社数が増やせるが、志望意欲が強くない応募者の増加に伴う処理負担を嫌う会社ではこうしたESの提出を受け付けない。

[3] 例えば1次面接では若手や中堅社員が対応する。会社の面接担当者はエントリーシートの情報に基づいて質問を投げかけ、学生の受け答えから論理性やコミュニケーション能力などを評価する。面接は人事部員だけで行う場合もあれば、営業や企画など現場の社員を動員することもある。

入念に就活準備をしてくる学生への対策として、また新卒一括採用という世界でも珍しい仕組みの中でより良い採用を実現するために会社もさまざまな工夫を凝らしている。グループディスカッション導入であったり、面接であえて難解な質問[(4)]を投げかけてその反応をみるといったユニークな手法も増えている。

　採用選考という仕事は本来の目的以上に自社社員にとっても意味をもつ。面接者となる社員は学生に自社を語ることで会社への帰属意識を再確認する。また、面接者が学生をどう評価するかによって面接者自身もあらためて評価される場となっている。

3. インターンシップ

　インターンシップとは企業が学生を受け入れて、職場や仕事を体験させる取り組みである。主に大学3年生または大学院修士課程の1年生が夏休みや冬休みを利用して参加する。1週間以上かけて職場で職業体験ができる本格的なプログラムもあれば、「1 day（ワンデイ）」と呼ばれる形式までさまざまある。学生に報酬が支払われることもあれば無給で実施されることもある。一定の要件を充足することで単位認定する制度を持つ大学も多い。

　従来、企業による学生の青田刈りや囲い込みを抑えるためインターンシップは採用と切り離されてきた。インターンシップで得た学生の情報を採用判定に使ってはいけないとされている。しかし近年では中小企業の採用難を解消したりミスマッチによる就職後の早期退職を防ぐことを狙いとしてインターン採用を認めようとする動きがある[(5)]。インターンシップを採用試験と関連させる動きは今後注目される手法である。

4. 宴のあと～採用試験を終えて

　採用試験の結末は学生にとって悲喜こもごもある。大学生になるまで大きな失敗もなく人生を歩んできた学生にとって、就活で選考から落ちるという体験は苦痛である。たとえ本命ではない会社であっても、応募しては落ちるという経験を繰り返すと気分は滅入る。「会社から祈られた」「私は神か」といった自虐ネタが飛び交うのもこの時期である[(6)]。

　一方で複数の内定を獲得する学生も出てくるが、それも喜んでばかりはいられない。内定が多いほど、会社に辞退を申し出る数や負担も増えるからである。かといって、内定を受けた会社に連絡もせず蔑ろにしていると、その学生の出身大学や学部の悪評へとつながり、翌年に控えている新卒予備軍の学生にもダメージとなる。内定の多さにこだわり、行く気がない会社の内定まで受ける行為は同時期に活動している他の学生にとっても迷惑であろう。内定を出した学生の入社を心待ちにする会社の採用担当者に無駄な準備をさせまいと慮ることができたとき、就活はまさに社会人となる準備期間として意味をもつ時間となる。さらにいえば学校の就職課へ内定報告書を提出したりお世話になった人たちへ自ら決めた進路について報告することで新卒学生にとっての採用試験は真に完結するといってよい。

（河野憲嗣）

---

(4)「あなたを色（あるいは動物）にたとえると何色で、その理由は何ですか」といった質問。

(5) 2018年になって、インターンシップを採用選考と結びつけることを容認することについて議論が進んでいる。

(6) 選考に残らなかったことを知らせるために「今後のご活躍をお祈りします」といった表現を会社が多用していたことから広まった表現。手紙の場合は「お祈りレター」という。

さらに知るための参考文献
濱口 [82]、難波 [241]

4. 入社式

キーワード

イニシエーション、ソニー、ダスキン

1. 年齢階梯制のイニシエーション

　日本の会社ではふつう4月1日に一斉に新入社員をむかえる。かれらは同期とよばれ、出世競争のライバルでもあるが、時には助け合う仲間でもある。文化人類学的にみれば、入社式は年齢階梯制[1]における新人に対する歓迎儀礼の一種にほかならない。式の後は一定期間、新人研修が義務づけられている。そこではたんに会社の歴史や業務の概要を学ぶだけでなく、共同生活をとおして先輩後輩の関係や立ち居ふるまいを習得し、社会人ならぬ「会社人」としての初歩的な訓練を受ける。入社式と新人研修は、文化人類学の用語で言うと、訓練や苦痛をともなう「イニシエーション」(入会式、成人式)にたとえられる。宗教学的には「洗礼」に代わる儀式とみなすことができるだろう。

　イニシエーションはA.ファン・ヘネップが定式化したように分離・過渡・統合の三段階から成り立つ通過儀礼の典型である[2]。古い状態から受礼者を分離し隔離し、隔離中には種々のタブーや死と再生の象徴儀礼が行なわれ、同時に祖先や年長者に対する尊敬と服従、さらに成人としての知識が伝授される。主に部族の神話・慣習・法や性的な事柄が中心となる。また、苦難に耐える能力を与える意味で肉体的・精神的試練がこの期間に課せられる。儀式の完了で正規成員としてもとの社会に復帰する。この三段階論は日本の入社式ならびに新入社員研修にもいろいろあてはまる要素が多い。

　他方、日本の年齢階梯制は漁村の若者(若衆)宿や娘宿に好例を求められる。若者宿では親代わりの人の家で青年男子たちが一緒に寝食を共にし、家業の労働や地域の警備に従事するとともに、地縁や血縁を越えた相互扶助をおこなう関係に発展する。若者はそこで遊び、夜這いにもでかけた。娘宿との交流のなかで恋愛をはぐくむことも自然のなりゆきだった。現代においては会社の独身寮がそうした伝統を部分的に継承している。

2. 社長の訓示

　入社式では社長の訓示があり、会社とは何であり、社員としての心構えがどうあるべきかが説かれる。毎年、主要な企業の訓示は新聞の紙面をかざるほど、世間一般にも注目される。最新の経済動向や会社の経営戦略についても言及することが多いので、ニュースとしての価値もあるからだ。かつて、分割後はじめての新入社員を迎えたNTT西日本では「インターネットの台頭で従来の電話事業が大転換期を迎えている。新規参入企業にシェアを奪われれば、設備が一挙に不良資産になってしまう」と危機感をあおったことがある。大企業の不祥事がつづく昨今では、「住友の事業精神の『信用確実』を心に刻み、法令遵守を徹底してほしい」と住友電気工業の社長は訴えている。

---

(1) 序章1節の側注を参照のこと。ブラジル北東部のマラニョン州に住むカネラ人はジェ語族に属し、円形の住居配置と年齢階梯制をもっていた。青年男子はほぼ10年毎に年齢集団を構成し、長老たちから戦士としての訓練をうけた。最終年には三ヵ月ほどの独房生活をおくり、食事や性交のケガレを忌避して、敵を殺害する能力を身につけた。最後に集団結婚の儀式と戦士の祭がおこなわれた

(2) ファン・ヘネップ [71]、佐藤 [297] 29頁。

3. ソニーの入社式

　毎年、おなじメッセージを伝える経営者もいる。ソニー創業者の一人、故盛田昭夫は「ソニーという会社が自分に向いていないと思ったら、はやいうちに去れ」という持論を繰り返した。新入社員の描いたソニーのイメージと実際のソニーがちがってみえたり、自分のめざすものとソニーという会社がめざすものが異なっていたら、心から会社の業務に取り組めないし、貴重な人生の無駄使いになるので、別の道をあゆんだほうがよい、とすすめていたのである。

　その盛田も1960年の副社長時代には、創業以来の歴史を概説し、成長・発展をささえた精神、すなわち「ひとのやらないことをやろう」というソニー・スピリットを力説していた。しかし、1970年代になってからは3ヵ月の試備期間[(3)]の意義を説くと同時に、「運命共同体」としての会社を強調するようになった。会社を船の「ソニー丸」にたとえ、会社の倒産にも言及し、乗組員としての覚悟と責任をもつようにと訓じたのである。

　ソニーにおけるこうした変化は服装にもあらわれていた。というのは、1960年には新入社員も幹部も背広だったが、70年代にはみなユニフォーム(作業服)にかわった。おそらく「運命共同体」としての一体感がユニフォームで強調されていただろうし、平等意識もはたらいていたにちがいない。ところが80年代になると新入社員のほうは自由な服装となり、男性は全員が背広にネクタイ、女性はスーツ姿が目立つようになった。他方、経営者側はいわゆる「新人類」[(4)]が登場する80年代末までユニフォームを着用しつづけていた。

4. ダスキンの入社式

　1999年のダスキン入社式は司会者の自己紹介からはじまったが、「働きさんナンバー＊＊＊＊番、人事本部の［氏名］」「働きさんナンバー＊＊＊＊番、広報本部の［氏名］」という自己紹介がつづいた。社員番号制は上も下もないという創業者の考えにもとづいたもので、創業者自身が1番を名乗り、入社順につけられている。新入社員はこの番号制の「洗礼」をまずうける。社是、社訓に相当する「ダスキン悲願」と「ダスキン一家の祈り」の読誦もあり、会社のアイデンティティーを体得する第一歩となっている。また、入社式は永年勤続表彰とセットになっていて、年功序列の家族的雰囲気をかもしだしていた。ここで永年勤続をめざそうという気持ちになった新入社員がいたかもしれない。

　入社式のリハーサルのときに垣間見たエピソードも紹介したい。着座させられた新入社員たちは名前を呼ばれた者から順に起立し、うしろを向き、頭を下げる挨拶の練習を課せられた。最初はとくに指示がなかったので、後方に向きなおるのに右まわりの者もいれば、左まわりの人もいた。また、一礼をするスピードもまちまちだった。司会者はそれを次第に統一させ、本番では乱れが気にならないくらいになっていた。簡単な立礼ひとつとっても、バラバラな状態を一定の型にまとめあげているようにおもわれた。これからの会社人生にとって重要なポイントのひとつを身をもって体験させていたのである。（中牧弘允）

[(3)] ソニーの入社式は正式には「試備辞令交付式」とよばれている。「試備期間はあなたがたが会社をためす期間」、つまり「試用期間」でもあると説明するときもあった。

[(4)] 第3章1節を参照のこと。

さらに知るための参考文献
中牧他 [225]、中牧 [230]

5. 新入社員研修

キーワード
イニシエーション、便所掃除、マナー研修

1. イニシエーションとしての研修

ファン・ヘネップの三段階モデル[1]を新入社員研修に当てはめてみると、およそ次のようなことが言える。まず、①新入社員は学生の状態から分離され隔離される。②入社式から新入社員研修にいたる期間、外出のできない研修センターで服装と身だしなみをととのえて規律ただしい生活をおくり、学生気分にわかれを告げ、社会人としての責任ある行動をこころがけ、会社の一員としての意識をもち、上司や社長に対する尊敬と服従をまなび、社員としてのマナーや知識を身につける。社是、社訓、社歌、接客用語をおぼえ、社史をまなび、時間をまもり、会社のルールになじみ、たかい目標と緻密な計画性にもとづいて仕事に取り組むトレーニングを受ける。また苦難に耐えるため、便所掃除の奉仕や禅寺での座禅、あるいは無人島でのサバイバルといった試練が課せられる。男子社員はリクルートスーツ、女子社員はユニフォームの着用が義務づけられ、男性はヒゲは言うにおよばず長髪やもみあげ、女性は前髪や長爪の切除を指示される。③入社時の研修を修了すると正規社員として職場に配属され、通常勤務体制に組み込まれる。

部族間抗争にそなえていたカネラ人戦士と企業間競争に明け暮れるソニー社員も似たような立場にある[2]。ただし、伝統社会のイニシエーションとはおおきく異なる点もある。なぜなら、入社式の平等原理は不平等原理に次第に座をゆずっていくからである。まず昇進をめぐる競争に直面し、中途退職や脱サラが選択肢に入ってくる。窓際族の悲哀を味わうこともある。定年退職を迎える社員は意外と少なく、社葬をもって別れを告げられる者はごく少数である。

2. 便所掃除と禅修行

新入社員の研修には頭でおぼえるものと体でおぼえるものとがある。後者には接客マナーから座禅行まで含まれるが、一風変わった方法に便所掃除がある。某銀行の新入社員研修を調査したアメリカの文化人類学者トーマス・ローレンは「路頭(ろとう)」とよばれる研修を紹介している[3]。そこでは無報酬でどんな仕事でもひきうけること、集団ではなく一人で行動し、自分の名前と働く意志以外は相手につたえないことがルールとなっていた。「仕事の申し出を断られ、孤独感にさいなまれた後、ついに仕事をもらった時のよろこびと感謝。その経験がどんな仕事にも意味と満足をみいだすことにつながっていく」とローレンは分析した。それが「退屈で単調な業務を社員に課す銀行にとって、あきらかに価値がある」ことも見抜いた。

その研修会では、同人とよばれる一燈園(いっとうえん)[4]のメンバーと起居を共にし、禅寺の修行にも似た生活を体験する。一燈園の創始者である西田天香(1872-1968)が発願した、他家での無償労働や便所掃除が新人研修に取り込まれてい

---

(1) 第2章4節参照。ファン・ヘネップ[71]。

(2) 第2章4節側注(1)参照。

(3) Rohlen [278] pp.1550-1551.

(4) 京都山科に本部をおく財団法人。そこでは「同人」とよばれる300人ほどのメンバーが共同生活をおくっている。懺悔・奉仕を基本とする修行のかたわら、農業や印刷、出版などにも従事する。短期間の智徳研修会を開催し、外部にも門戸を開いている。

る。それは一燈園の用語ではそれぞれ「路頭」と「六万行願」とよばれ、修行のひとつに位置づけられている。

六万行願の場合には、バケツと雑巾をあてがわれた研修生が見ず知らずの家庭を訪問し、「便所を掃除させてください」と頼みこむ。洋式化したトイレの家庭では断られることも多いが、商店などでは感謝されることもある。いずれにしろ、へりくだって奉仕をさせてもらうこと、気のすすまない作業をすすんでおこなうことに修行としての意味が潜んでいる。

この智徳研修を社員研修として課している会社としては、ダスキンとミスタードーナツがよく知られている。両社の創業者である鈴木清一は西田天香に師事し、「祈りの経営」にもとづいて会社を設立した。鈴木の作詞したダスキンの社歌には「おそうじの好きな我が母思うたび……世の中をより美しくと願うダスキン」というくだりがある。清掃による美化を会社の聖業とみなしているのである。

他方、ローレンは禅にも注目した。新入社員研修における禅寺での修行は瞑想をとおしてさとりの境地をひらくためではなく、精進料理のような粗末な食事に感謝の念をいだき、老師のような絶対的権威に服従する精神を涵養することにある、と分析している[5]。

一燈園の六万行願

3. マナー研修

即戦力を期待されるOLには会社の歴史や業務内容をはじめ、さまざまな研修が課せられる[6]。なかでも欠かせないのがマナー研修である。まず「お辞儀のしかた」「挨拶」「言葉づかい」「服装」をわきまえる必要がある。いわゆる「立ち居振る舞い」と敬語の使い方を身につけなければ、戦力にならないからである。学生気分を捨てて、友達言葉ではなく、尊敬語や謙譲語を使いこなすことがOL生活の第一歩となる。マナー研修は、OLに限らない。男子社員にも同様に課すところが増えてきた。

あるマニュアル本[7]によると、会釈は約15°、ふつうのお辞儀は約30°、丁寧なお辞儀は約45°上半身を前傾することとある。また握手のポイントは、相手の目を見つめることが大切で、先に手を差し出すのは①年長者、②上位者、③女性、とあり、さらに①強く握らない（拇指に力を入れない）、②握手したまま手をふらない、③握った手はひじの高さにあげる、と注意を促している。

4. 社是、社訓、社歌

社是や社訓を学び、社歌を覚えるのも新入社員研修の大切なプログラムである。住友家や三井家のように家憲・家法をもつところもあり、入社式で披露される場合もある[8]。社是・社訓は大企業から小企業までひろく存在し、社長室や工場に掲示されるとともに、朝礼や行事の時に唱和される。他方、社歌はふつう総務部が中心となって専門家に依頼し、記念行事や事業一新の時に制作されるが、創業者の自作や社内公募によって選ばれることも多い[9]。社是、社訓、社歌は経営理念や愛社精神をさぐる格好の素材でもある。

（中牧弘允）

(5) Rohlen [278] pp.1544-1547.

(6) 島本 [310] 207-210 頁。

(7) 渡辺 [365] 161-163 頁。

(8) 住友家の「信用確実」については第2章4節参照。

(9) 社歌の斉唱でコンパを締める会社もある。弓狩 [397] 6 頁、25 頁。

6. 新入社員歓迎会

キーワード

加入儀礼、サクラメント、仮面

(1) 加入儀礼またはイニシエーション儀礼は、秘密結社や秘儀的集団に加入するための通過儀礼のひとつである。この儀礼を経ることによって権利義務が得られる。

(2) 文化人類学上、お披露目（ヒロメ）は「社会的承認」を得るエポックである。例えば「婚姻」の成立は、法的な入籍や結婚式の時点ではなく、自身の近しい親族や地縁・「友縁」をはじめ参集した人びとに"オヒロメした時点"こそが（人類学上）正式な社会的承認の場といえる。

(3) 原語は sacrament。日本のプロテスタントでは「聖礼典」と呼び「洗礼」と「聖餐」の2つがある。聖礼典のことをローマ・カトリック教会では「秘跡（ひせき）」、東方正教会では「機密」、聖公会では聖奠（せいてん）とよぶ。

(4) ドイツの社会学者テンニースが示した社会類型（ゲマインシャフト／ゲゼルシャフト＝共同社会／利益社会）、英米の社会学者の提起した対概念（コミュニティ／アソシエーション＝共同体／機能集団）。

(5) 和歌森太郎が着目し、柳田國男が民俗の変容を論じるうえで引きあいにだした概念。ハレの日は、御馳走が膳机に並べられ酒肴をふるまった。

(6) 上司／部下の逆転、地位身分の取り払い。この特定日のみは、上司に無礼をはたらくことが許される。

1. 加入儀礼（通過儀礼）

およそ日本における新入社員歓迎会は、新年度の4月1日に入社した新入社員を迎えるためのいわば加入儀礼[1]であり、厳しい就職戦線を勝ち抜き、晴れて"サクラサク"となった新顔を称え、彼（彼女）らをオヒロメ[2]する通過儀礼である。周知のように日本において4月は入社式、入学式、入園式と所謂、「年度初め」と称され、各地で"お目出度い"式典が催される。例えば「同期の桜」は、戦中の兵役の頃から用いられているそうだが、これから各様な会社生活をおくることになろうとも、「同期」の絆や友情は永遠ともいわれるように、尊いものであるということを研修時に諭されることも少なくない。

2. サクラメント

日本においては、この時期（4月）は桜が満開になることもあり（洒落ではないが）、この状態を sakura-ment と形容する造語をつくるとすれば、サクラメント[3]を想起せずにはおれない。さて、サクラメントはキリスト教における神の恩寵を具現または可視化したものを体得し受け取る儀式である。「洗礼」はキリスト教の入信に際しておこなわれるサクラメントである。

もちろん、社員証や社章等はある意味、所属を象ったもので帰属意識を確認する代物であることにちがいないが、新入社員歓迎会は会社の表層イメージとそのバックヤードを構成する社員個々人のパーソナリティを含めた"社風"を実感できる場となる。そして、その表裏をつうじてアイデンティティを認識することとなる。社是や就業規則の説明を受けるような通り一遍の形式的な教育ではなく、歓迎会という儀礼においては、いわば会社の奥義を授けられることに等しいのである。

入社式や新人研修でいわばカルチャーショックを受けた新入社員は、いよいよゲゼルシャフト、アソシエーション[4]への加入を果たすわけである。入社式では社長の訓示や訓戒が、いわば"神のお告げ"、あるいは教祖の託宣とよびうるものであり、新人研修では徹底的に、共同体ならぬ協働体の規範やマナーを学ぶ（宗教上の）"修行"とするならば、新入社員歓迎会は、酒宴をともなった「ハレとケ」[5]を意識させるような歓待儀礼といえよう。

初顔合わせともあってか無礼講[6]とまではならないまでも、会社の「ハレという祭事、特定日」に先輩上司たちによる饗応でもてなされるわけである。元来「ハレ」とは、カミと接触をゆるされる場であり、ここでは入社式・研修の時の先輩たちの強面とは違った"普段着の"温和な個々人の素顔が披瀝されるのである。メリハリやケジメをつけることの大切さを論じ、日中昼間の業務がタイトであることと対照的に夜の宴は大いに燥ぐことが許される場ないし機会となる。

これまで入社式や研修で半ば一方的に聴講を強いられてきた新入社員たちもようやく先輩上司との緊張状態から解き放たれ、コミュニケーションの場が与えられ、自己紹介を通して自身のパーソナリティを顕示することができるのである。こうしたコミュニタス[7]ともいえる場は、昼間の業務時間での規範やstatus&roleの秩序からの解放された混沌状態であり、羽目を外し柔和な関係が醸成される機会となる。

しかしながら、当儀礼をもって、この日を最後に社内でのホスト／ゲストの関係は終わり、いよいよもって"身うち"に組み込まれていくことになる。次回からの「社内コンパ」や客人接待の宴席などでは、酒宴での立ち居振る舞いを徹底的に仕込まれることとなる。例えば、①上司・先輩に酒を注いで廻る、その際、自身のコップや酒盃を持って廻ること、②上司やお客様のコップが空いたらすぐ注ぎ足す、あるいは勧める、③"座順"[8]に気を付け、上司やお客様を着席案内すること、④ゲストより前に箸に手をつけない、⑤空いたお皿や瓶等はすぐに片づけ、店の従業員・給士係に回収させる、等々である。次回以降は、(ホスト／ゲストの)挨拶順番、乾杯・「中締め」などの式次第を学んだり、場合によっては、早くも幹事やその補佐や司会進行を任される可能性もある。そして、ゲストを満足させるための演出を習得していくのである。例えば、店選び[9]も大切な仕事であるし、披露する余興や見世物・出し物では、被り物や覆面をしたうえでのパフォーマンスを企画することもある。

3. 仮面

余興での仮面・仮装はさておき、そもそも文化人類学上の「仮面」[10]は、扮装などのために顔や正体を隠し、神・精霊・動物などに人格を変化させる意味や、宗教的儀式あるいは祭礼・演劇・舞踏において役に成りきるなど、さまざまに深奥な意味合いがある。社会的・儀礼的な衣装を纏うことは、会社というミクロコスモスの秩序のなかに個人のstatus&roleを映し出す。「仮面」をかぶることは、自己のアイデンティティの再認識と、何より自身が文化的存在であることの現れである。辞令が出され配属が決まり、会社の成員の証明である名刺を与えられ社会的身分が保証される。つい最近まで女学生であった女性新入社員が「化粧」することも、これと無関係ではない。

新入社員歓迎会での新入社員紹介では、名前、出身校、特技、部活、趣味、座右の銘などを順に言わせることが多い。はじめての自身のベールを脱ぎ、少しく自己主張する場があたえられ、素顔の自分をのぞかせる。

われわれ人間は、良い意味、悪い意味によらず多かれ少なかれ「仮面」をかぶって生きている。"すっぴん"であることは自然状態を指す。

ひとたび社会的衣装を脱いでしまえば、判別可能な個々人が無名の存在となり、超自然的存在(他界・死・愛の力など)との接触が可能になるかもしれない。しかしながら、現代社会において我々の糧の多くを「社縁」から享受している以上、その加入脱退が自由とはいえリスクを伴うことは言うをまたない。

(中畑充弘)

(7) ターナー[349]128-129頁。また、通過儀礼の過渡の局面を「境界状況(境界性)」(liminality)とした(ターナー[349]126-127頁)。

(8) 文化人類学上の座順は、権威(地位階級・本／分家)の源泉となっている場合、年齢が源泉となっている場合等があり、その序列に応じて座る席が決められている。

(9) 個室があること、和・洋・中の食事、座敷／テーブルの要望、喫煙の可否など。

(10) レヴィ＝ストロース[174]の述べる「仮面」は、単に特定の民族儀礼とを固着化させることに止まらず「ある類型の神話は造形的な観点だけから見れば他の類型の仮面に対して成立するものであり、それらの仮面の輪郭や色彩を反映させながら、その固有の意味を獲得するものなのである」(34頁)とし、ある仮面と、他の仮面とを構造内の対置関係として分析している。これを造形芸術に用い、隠れた意味論的秩序を説いた。

さらに知るための参考文献
中牧・日置[220]

こらむ COLUMN コラム
お祈りメール

　会社と「祈り」から読者は何を連想するであろうか。たとえば、経営者の葬儀を会社で行う「社葬」(第10章参照)や商売繁盛の祈願、1日に5回メッカに向かって祈るイスラム教徒のために、就業時間にも対応できるよう「お祈り部屋」や洗面所を設置する日本企業が増えてきたことなど(第6章参照)であろうか。このように、「祈り」には敬虔なイメージがある。しかし、「お祈りメール」はそうではない。就職活動をする学生であれば、誰もが何度となく受信する、むしろ不愉快な感情を惹起させる不合格通知のことである。以下に実例を示そう。

>　例1)【ABCグループ】選考結果のご連絡について
>　○○○○様
>　こんにちは。
>　ABCグループ 新卒採用担当です。
>　この度は弊社選考にご応募いただき、ありがとうございました。
>　慎重に選考を重ねました結果、
>　誠に残念ながら貴意に添いかねる結果となりました。
>　末筆ながら、○○様の今後のご活躍を心よりお祈り申し上げます。

　選ばれなかった学生にしてみれば、既成のテンプレートを用いた丁寧な表現であるほど末筆の一文は腹立たしくもあり、不合格通知を初めて受け取った時のショックはかなり大きいという。また、学生の神経を逆撫でするメールには、「○○さん」で始まるカジュアルさを装い、「祈り」の代わりに「採用チーム一同、心より応援しています。」というような文面もある。求職側である学生が、「なぜ落とされて、採用チーム一同から応援されるのか」と、オトナ社会の本音とタテマエを目の当たりにし、この先の社会人生活を憂う瞬間である。「お祈りメール」が来ればまだ良い方であり、通知がないまま時が過ぎる「サイレントお祈り」に至っては、選考結果にヤキモキする学生の神経を甚だしく消耗させる。不合格の結果を知らせないままにしておけば、多数の内定辞退者が生じた場合の繰上げ内定者として敗者復活戦で再び通知ができる可能性を残すというのが企業側の弁である。当の学生も、多数の企業の選考活動に奔走している内に免疫力がつく。選んでいない企業から「お祈りメール」が誤送され、失笑する他なかったという経験者も多い。今や会社の採用活動は新卒、既卒、中途を合わせ通年の業務となり、人事の採用担当者は連休も返上し、実質的に早期化する採用活動に忙しく立ち回っている。ツワモノの学生は、入社することなく最前線で倒れたカイシャの殉教者の象徴でもあるお祈りメールを数十通も受けた後に覚ったと語る。「祈りの数だけ強くなれる」と。日本の会社の「お祈りメール」文化が消える日は来るのであろうか。

(澤木聖子)

第3章
サラリーマンの
ハレとケ

　ハレとケという対比は民俗学による。ハレは晴れ着に象徴されるように非日常をあらわす観念である。ケには褻という漢字が当てられ、日常を意味する。ふつうの日はケであり、祝祭日はハレの日である。仕事と余暇の対比も本章ではケとハレにほぼ対応する。

　サラリーマンやOLが勤務する会社にもハレとケの時空間が存在する。企業スポーツや社内同好会はハレの側面をもち、ケの日常業務のなかにも昼食はハレとまでは言えないが、特異な時空間を形成する。ましてやコンパやコンペとなると、社内的にも対外的にもハレの気分が横溢する。

　社内の人間関係は業務推進を目的として形成される。しかし、そこには会社人生における喜怒哀楽が介在し、たんなる組織人間ではないところの人間関係が築かれる。「サラリーマン川柳」はその機微を上手に表現している。まずはそこからサラリーマンやOLのハレとケの関係にせまってみることにしよう。

1. 川柳に探る仕事と余暇

キーワード
　　仕事、余暇、出世

1. 川柳

　川柳は江戸時代中期、柄井川柳によって確立された 17 文字の短詩である。俳句とちがい、季語の制約はない。庶民の生活実感がユーモアとペーソスをともなう冷めた目で表現され、滑稽、機知、風刺などを特色とする。近年、第一生命が募集する「サラリーマン川柳」(略して「サラ川」) が人気を博し、1991 年以来、毎年傑作選が刊行され、新聞などマスコミの定期的な話題となっている[1]。サラリーマン (OL を含む) の喜怒哀楽が巧みに表現されているところから、ハレ (非日常) とケ (日常) についてもおおいに参考となる[2]。

2. サラリーマン川柳に探る「仕事」

　かつて高度成長の頃、「会社人間」とか「モーレツ社員」とよばれるサラリーマンが多数存在した。家庭を顧みず、会社のために献身的・犠牲的に働いたところから、「企業戦士」と称されることもあった。仕事と会社に生きたサラリーマンを彷彿とさせるような川柳に次のようなものがある。
　　●靴ずれに耐えた月刊努力賞　　営業マン（Ⅰ－133）[3]
　　●仕事の鬼死ぬ気でやると死んだ奴　　胴長短足（Ⅰ－185）
しかし、その対極には働かない社員も存在した。
　　●見ず言わず聞かず目立たず働かず　　三猿（Ⅲ－164）
　　●仕事せずつきあいもせず辞めもせず　　給料ドロボー（Ⅰ－106）
以上の川柳は仕事に対して両極端の態度があることを示している。社会学者の大村英昭によると「煽る文化」と「鎮める文化」という対極に位置する文化があるという[4]。それを会社での仕事にあてはめると、以下のようになる。
　　●頑張れよ無理をするなよ休むなよ　　ビジネスマン（Ⅲ－21）
　「頑張れよ」は煽る文化、「無理をするなよ」は鎮める文化に対応し、その矛盾をサラリーマンは生きなければならない。ひとつの解決法が「休むなよ」である。もうひとつの対処法が次の川柳にうかがえる。
　　●休暇とれ 5 時には帰れ仕事せよ　　時短推進委員（Ⅳ－20）
　鎮めた後に煽っている。仕事を優先させているところがかつてのサラリーマンのつらいところである。しかも、成果に結びつけなくてはならない。
　　●仕事しろ残業するな成果出せ　　頭古風男（Ⅸ－19）

3. サラリーマン川柳に探る「余暇」

　1980 年代の後半、バブル経済の真っ最中、「新人類」という言葉が流行した。それは「従来なかった新しい感性や価値観を持つ若い世代を異人種のようにいう語」(広辞苑) として先行世代から重宝がられた。休暇に関して、その一例をあげてみよう。

---

[1] 山藤・尾藤・第一生命選［379］。

[2] 会社という組織のなかでサラリーマンが何を考え行動しているかについて屈折してわかるのが川柳にほかならない。

[3] 括弧内のローマ数字は第 1 集を意味し、アラビア数字は頁数をさす。実際は第 2 集は「二匹目」、第 7 集は「七光り」となっている。

[4] 大村［257］。

●新人類働く前に休みとる　　　千葉痔ろう（Ⅰ－92）

若い世代は仕事よりも休日を優先するとみられている。休日は体を休めるとともに、余暇を楽しむ意味合いがある。世代による価値観のちがいは初期のサラ川では新人類にかこつけて散見される。

●新人類忘年会すらえりごのみ　　大山人（Ⅰ－197）

仕事仲間の楽しみでもある忘年会も新人類にとっては選択の対象になるという。会社の運動会や社内旅行など従来型のハレの機会も新人類には敬遠される風潮がみられた。共通の価値観や連帯感に世代間格差がみられるようになったのである。

他方、長期休暇のバカンスとかバケーションと結びつけたサラリーマン川柳はきわめて少ない。それは欧米と日本の文化のちがいでもある[5]。ただし、寝正月という独特の骨休めがある。

●願わくば何事もない寝正月　　　OJI（Ⅹ－47）

4. サラリーマン川柳に探る「出世」

サラ川をみるとサラリーマンの日常(ケ)における最大の関心事は出世である。戦前のアンケート調査によると、出世の秘訣のトップにくるのは誠実・真面目・正直であり、次が勤勉・努力・熱心である。お世辞・追従は3番目、要領が4番目である。9番目が手腕、最後は健康である[6]。現代のアンケート調査では、仕事で成果を上げることや上司や同僚との友好な人間関係が上位にくる。成果とコミュニケーション能力が求められ、ストレス耐性や謙虚さも重視される。しかし、サラ川では意表を突く指摘が続出する。

●陰日向ある奴ばかり陽が当たり　　影法師（Ⅴ－138）
●正論を吐かぬ聴かぬが出世道　　やぶにらみ（Ⅰ－10）
●ああ言えばこう言う奴ほど偉くなり　　平社員一同（Ⅰ－23）

また、出世できない要因としては義理人情や部下思いがあげられる[7]。

●義理人情厚い奴程出世せず　　チコ（Ⅱ－93）
●部下思い涙もろくて補佐どまり　　浅川和多留（Ⅰ－142）

出世に対するプレッシャーは家庭(妻)からも強い。

●昇進の椅子しか見えぬ妻の視野　　悟柳（Ⅱ－43）

出世の裏街道には「逆玉」の発想も存在する[8]。

●上役の娘を狙え下級武士　　玉勇丸（Ⅰ－51）

体面を保つにも出世が不可欠のようだ。

●昇進しやっと出席クラス会　　お久しぶりね（Ⅸ－98）

出世街道を走ろうが走るまいが、サラリーマンはやがて定年を迎える。定年はサラリーマンにとっては大きな人生の節目である。なぜなら仕事を離れたところの「長期休暇」が待っているからだ。

●詫びと錆身につく頃が定年時　　中古車（Ⅶ－11）
●定年も間近か近所と仲良くし　　根本ヤス子（Ⅱ－70）
●定年の夫にエプロンプレゼント　　トシエ（Ⅲ－57）

（中牧弘允）

[5] フランスではきっちり1ヵ月の休暇をとる人が多く、イギリスではまとめて1ヵ月とる人は少ない。ノルウェーでは全世帯の半分が別荘をもっていて、7月中旬から8月中旬まで、家族そろって休暇にはいることがほとんど「義務」と考えられている。

[6] 竹内[335]230-232頁。

[7] 日本企業の「副」は部下に対しては「避雷針機能」を果たす。最初に自分が避雷針として雷に当たるという損な役回りを引き受ける。人情家はえてしてそれがはまり役となり、昇進が補佐止まりになるというきびしい現実もある（日置他[97]）。

[8] 日本の封建社会にみられた「玉の輿」の逆をいくのが「逆玉」である。インド社会ではカースト上昇のためにハイパーガミー（昇嫁婚）やハイポガミー（昇婿婚）が機能している。前者が「玉の輿」であり、後者が「逆玉」に当たる。

さらに知るための参考文献
中牧[223][224]

2.「職場」を中小企業から考える

キーワード
仕事、ライフコース、文化社会的空間

1. 日本の職「場」

かつて社会人類学の中根千枝はその古典ともいえる著作 *Japanese Society* [1] の冒頭において「場」の概念を提示し、日本人の集団への帰属や意識について説明しようとした（Nakane[236]）。それによれば、「場」は「地域、組織、ないし諸個人を集団に組み込む特定の関係」であるとした（Nakane[236] p.1）。そして、男性にとっての鍵となる「場」は社会的アイデンティティを提供する会社であるとした。高度経済成長のただ中で執筆したため、彼女の描く労働者と「場」としての会社は大企業や行政組織で働く大卒でホワイトカラーのサラリーマン男性であった。中根にとって会社とは―男性にとって―職場というより帰属とアイデンティティにかかわる生涯の「場」であった。

最近、アメリカの社会学者メアリー・ブリントン（Brinton[22]）は人類学者のアン・アリソン（Allison[9]）らとともに日本における雇用と社会生活の新たな"不安定"性について警鐘を鳴らしている。日本人研究者の多くも日本におけるさまざまな種類の非正規雇用の拡大に伴い、そうした不安定性に関する理由は確かに多く存在すると示唆している。しかしながら、別のところでも書いたように（ロバーソン[283]）、以前の"保障文化"（Brinton[22] p.18）というような描写は特定の「場」としての会社ですごす人生に強固に根差しており、「場」に根差した帰属意識や保障の一見突発的にみえる喪失は大企業や大組織の雇用についての研究にバイアスがかかった見方である[2]。

2. 職場／働く「場」としての中小企業

中小企業の職場とはどのようなものであろうか。まず、とりわけ「仕事の人類学」や「経営人類学」の研究をおこなう文化人類学者として理解しておかねばならない重要なことは、日本の労働者や従業員の大多数は中小企業ないしそこでの労働に従事しているという点である。それゆえ、日本の『中小企業白書』（中小企業庁[31] xiv）によれば、中小企業は企業数全体の 99.7% を占め、その従業員は全労働者のおよそ 70% である。さらに、中小企業の雇用は正規従業員にとって重要な結果をもたらしている。例えば、厚生労働省によれば、働き盛りの男性は、小企業（10-99 人）では大企業（1000 人以上）より 32% 少なく、中企業（100-999 人）では 20% 少ない（厚生労働省[166]）。また労働組合加入率や福利厚生、ならびに企業間移動率や倒産率にも相違がみられる。

日本におけるすべての会社、そしてすべての職場が同じではなく、会社の規模がひとつの指標となる。たとえば、筆者が調査した小企業の「新谷金属工業」（Roberson[280]）において、たしかに生涯その会社で働いている男性従業員もいたが、高賃金や一身上の都合で他の会社に移っていく社員もいた。わたしのフィールドワークの数年後、新谷金属は破産し、すべての従業員（50 人余

---

[1] 『タテ社会の人間関係―単一社会の理論』（中根[235]）にもとづく英語版。

[2] そうした研究にもっぱら依拠しているにもかかわらず、ブリントンは次のようにも述べている。「多くの人は……（大企業の確固とした安心できる仕事）ではなく、経済的により不安定な小企業に出入りして、より流動的で副次的で中核的ではない労働市場に流れている。」（Brinton[22] p.69）

り）は他の職場を探さざるをえなかった。特定企業への愛着、コミットメントや帰属意識はふつう小規模で財政的に不安定な会社では弱くなると考えられている。言い換えれば、多くの男性社員にとって職場は賃金を稼ぐ場所であって、必ずしも全面的なコミットメントをする「場」ではない。

さらに、文化人類学者としては、雇用された職場における人々の体験を、職場外の社会関係や個人的関心を含む生涯のライフコース全体において位置づける必要がある。たとえば、「新谷」の従業員にとって、その会社で働く理由は社長との地縁・血縁的関係であったり、機械を使うことやモノづくりに関心があったり、あるいは単に会社が近かったりしたからである[3]。

3. 文化社会的空間としての中小企業

もちろん、他の職場と同様に、中小企業もまた文化社会的空間である。ここには多くの側面があるが、3つの特徴点をあげたい。第一に、日常的でしばしばインフォーマルな権力・権威の形態と従業員間の職場での人間関係を特徴づけるところの抵抗である。たとえば、アメリカの人類学者ドリーン・コンドウ[163]によれば、年配の男性和菓子職人は若い男性の見習い職人に対し、彼らの権力と権威をつかって、よりすぐれた技術や知識を行使した。大企業での研究ではあるが、社会学者の小笠原祐子（小笠原[250]）は女性従業員が男性の権力や権威に抵抗する日常的形態について描写している。

大企業と中小企業を問わず、職場はまたほぼ同年齢の人びとの間に友情が芽生える場所でもある。大企業の調査においては、そのような関係や5時過ぎの付合いは同じ仕事グループ（Rohlen[287], Atsumi[14]）でつくられると記述されてきた。しかしながら、小企業ではそのようなインフォーマルな友達関係は会社のさまざまな部門からの従業員を含みがちであり、仕事グループの団結を向上させることにはつながらない（Roberson[280] 参照）。

そして大企業の職場と同様、小企業の場合も会社の他の従業員と一緒に記憶がつくられ、職場は「記憶の場」でもある（Nora[248]）。人々はしばしば仕事の場で人生の重要な時期を過ごすので、職場に根ざした体験や人間関係—余暇活動や同僚との友人関係を含む—人々の記憶に宿るようになる。以前の同僚は記憶され、過去の労働体験や活動は生涯思い出される。さらに、記憶の場として、職場自体が記憶を生き生きと残す場になりうる。たとえば、新谷金属のせまい昼食を取る部屋には会社主催の野球チームの写真があったし、特定の機械は過去の従業員や労働体験の記憶を呼び起こすことができた。

4. 結論—職場でフィールドワークをすることについて

仕事／会社／経営の文化人類学者として次の点に改めて注意を喚起したい。大企業や大組織の職場についての記述は必ずしも中小企業の職場の—社会関係や個人のライフコースやアイデンティティの—特徴を知るのにふさわしくはない。大企業と中小企業の類似点と相違点は人類学者にとってはフィールドを通じて問うていく課題である。　　　　（ジェイムス・E・ロバーソン、中牧弘允訳）

[3] 副次的な動機としては、小池和男（Koike[160]）の調査に類似し、（男性）労働者にとっては役立つ技術の獲得や新たにビジネスを始めるための経営的知識の獲得等があげられる。

3. 社食

キーワード
社食、 触れ合いの時空間、 社会的連帯

1. 勤め人の昼食事情

　日本でも数多く認められる、朝に出勤して夕刻の定時以降に帰宅していく勤務スタイルでは、一日の労働時間の殆どが職場で費やされ、日々繰り返される時間の流れは勤め人にとっての日常性（ケの出来事）そのものとなる。特に昼食は、日常的に反復される労働へ大切なリズムを加え、社食（社員食堂・社内食堂）こそ、このリズムを刻む場となる。一定規模以上のオフィス、工場の多くが従業者へより安価で、より手早く、栄養豊かな食事を供すべく社食を設けてきた。

　近年の調査では各人の仕事内容、職場環境にもよるが、今日の日本では小一時間未満の昼休みの間に、20 〜 25 分間前後で昼食をとる傾向が見出される。社食利用率は全回答者の２割前後であるが、同調査には社食を持たぬ企業も含まれるため弁当、食べ物を出勤時に持たず、社外へ昼食をとりに出向く３割程の回答者の一部は潜在的な社食利用希望者と見なしうる[1]。

　筆者の調査によれば、多くの先進国でも、日本と同様に昼休み時間、昼食摂取時間の双方で短時間化が進む。（平均通勤時間が日本の半分程の）フランスでは昼休みに職場から一時帰宅して、自宅で昼食を取ってから午後の職場へ戻る伝統的スタイルが維持されている[2]。これは同国の勤め人が選択する最多の昼食形態であるが、職場の昼食風景の各国差が浮かび上がる。

2. 社食の成り立ち

　日本の社食形態は近年、多様化している。多くの社食は社屋内に備えられ、その場合は社員食堂＝社内食堂となる。だが社内に存在しない社食もあり、例えば大型ビルに入居する複数の企業がビル内で共同運営し、これら企業の勤め人が共に利用する社食（「域内社食」）も存在する。欧州で顕著な、企業が所在する界隈の幾つかのカフェ、レストランを用い、その定食がとれる食券を勤め人へ安価に、または無料で企業が給付する形態での、社食の実質的な社外化もみられる。これらの社外展開は、社内食堂とは異なり、その場が必ずしも自社の同僚、仲間と共に食事（僚食）[3]のできる空間とはならない制約ももつ。

　社食は食事提供を介して、従業者の快適な労働環境を創出し、その健康増進を図る企業側の労務管理政策として整備されてきた。日本での社食は、明治・大正期に紡績業、鉱業などの大企業で先ず導入され、戦後期により広範に定着していった（間 [92]）。その先行モデルは近代欧米企業の社食であり、1860年代以降に整えられたフランス銀行の、世界初の老舗百貨店ボン・マルシェ（パリ）等の充実した従業者食堂が注目された（市川 [108] 130-146 頁）。

　社食は企業年金、社宅、従業者スポーツクラブ等の社内福利厚生制度の一環として、経営者による経営家族主義[4]のもとで制度化された。同百貨店は社

---

(1) マルハニチロホールディングス [180] に拠る。同調査では昼食時に、女性従業者はより同僚との食事を、男性従業者はより孤食を多く志向しており、選好上の性差も示されている。

(2) 21 世紀初頭時点での職場の昼食時間の変化と国際比較については市川 [108] 125-130 頁に詳しい。昼食時間に関する近年の国際動向については Samuel[294] を参照。

(3) 僚食とは、家族、仲間と食事をともにする共食の一種であり、友人との食事（朋食）と同様に、一人で食する孤食とは対照的な、同僚と連れだって食事と会話を楽しむ時空間を共有する食の形式である。僚食を選択する者は孤食の場合と比べ、より気分一新を実感し、食事を共にする同僚との絆が強化されると認識する傾向が認められる。Ditton[45] に詳しい。

(4) 経営家族主義は、「国鉄一家」のように企業を一つの家族になぞらえ、資本家・経営者と従業者との関わりをあたかも親子関係のように捉えて、このような家族的関係を企業経営の原則とするものである。経営パターナリズム（経営上の家父長的温情主義）も同義。日本では 20 世紀初頭（明治末期）から大企業の正規職員を、次いで職工を対象に導入され、年功賃金制、福利厚生制度の充実をつうじて従業者の定着、企業帰属意識の向上、長期雇用を図ってきた。間 [92]31-38 頁、市川 [109] 59-63 頁、鈴木 [328] 46 頁、参照。

食設置により、食堂利用時間帯をも含めた職場での一日の作業規律確立、従業者の欠勤率低下、その職場定着率上昇による経営効率向上ばかりか、従業者を大切にする良心的企業として世に知られる良き会社イメージをも獲得できた。ここでは社食をはじめとする経営家族主義の具現化が、企業側の少なからぬ費用負担に見合う利益をもたらしていたのである。

3. 触れ合いの時空間として

　社食は先述の経営効率への貢献のみならず、社食を設える企業に様々な効用を与える。先ず、その社内効果として社食で共有される食事時間と、そこでの従業者間相互のコミュニケーションの深化が社内の一体感を生み、社縁の絆を確かにする。社食は触れ合いの時空間として、この一体感を強化し、皆がそれを確認する場として機能する。北フランスに進出したトヨタの自動車工場では、作業員から工場長までが一緒に利用する社食をきっかけに職階制に基づく区分を超えた全社的な仲間意識が形成された。現地社会は、これを21世紀型の理想の職場像の一つとして注視している（市川[108] 146-147頁）。

　次いで社食でのコミュニケーション＝触れ合いは、デスクを離れた堂食[5]形式での昼休みを、貴重なリラックス・タイムとさせ、職場内の気分一新をもたらし、結果として午後の仕事の能率化へ好影響を及ぼす点も注目される。さらに社食は、そこに集う人々の言動をつうじ、その時々の社内の雰囲気、人的関係と、その変化を映しだすバロメーター機能も発揮する（*L'Expansion*[176]）。

　このように社食は、日々繰り返される勤務生活に貴重なリズムを刻む空間（＝従業者にとってのケの時間の中での、オフ・タイムの場）となるが、近年では社食が、格別な社内行事、非日常的なイベントを行う特別集会室（ハレの場）を兼ねる形式も現れている。文化共同体としての企業のハレとケ双方の舞台を、社食が引き受けている格好である。そこは食事処を超えた存在なのである。

4. 社会的連帯の契機となる場

　社内施設としての社食は、企業側の社内効果に加え、近頃はさらに広く社会へ企業が連携し、社会的連帯[6]を目指す≪新・社会的同志愛≫の実践の場としても用いられ、この新たな機能（社外効果）が社食へ付加される。

　社食整備が先行した欧州では、自社内外の社食、提携カフェテリアで使用できる、企業から支給の食券を、従業者が赤十字社などへ個人的に寄付する手法で社会貢献していく回路が確立している（赤十字社は寄贈された食券を現金化し、救済活動に充てる）。また企業の業務時間外での、社会的弱者向けの社食開放、さらに社食を余剰の食事、食材の再利活用、リサイクルの拠点として役立てる活動も展開している（市川[108] 149-151頁）。日本では最近急増している各地の子ども食堂へ、社食の部分開放試行の社会実験が、漸く始まったところである（堺市社会福祉協議会[291] 09頁）。

　社食は、コーポレート・シチズン[7]としての企業が社会的責任を果たし、これからの社会的連帯、貢献活動を進めるための新たなきっかけとなる場としても、改めて活用されようとしている。

(市川文彦)

(5) 堂食とは、食堂内で食事をとることを指す語。中国語では、さらに中食（店で売られる出来合いの食べ物）の販売店での食事（イート・イン）の意味をも含む。堂食での時空間の共有を介して、普段、仕事上の接点がない従業者間のコミュニケーションが図られる効用も生じる。自らのデスク（持ち場）を離れ、堂食と僚食とを兼ねる昼食形態をとることによって、一層の気分転換、仲間との親密化をつうじ、食後の仕事の効率、職場でのチームワーク力が上昇することを示す調査結果もみられる。Eurest[55] pp.17-18、参照。

(6) 社会的連帯のための行動は、社会の構成者間の相互依存、相互扶助を社会生活上の基本ルール、義務とするエミール・デュルケームらの思想の影響を受けている。フランスの一部企業で試みられる≪新・社会的同志愛≫（Néo-camaradisme social）に基づく活動も、社会的連帯の具現化の一つである。詳細は市川[108] 149-151頁。

(7) コーポレート・シチズン（Corporate Citizen）とは、企業も、その構成者も市民社会の一員としての、企業市民であることを指す。企業が、その立地する地域社会へ貢献するための、企業市民としての諸活動は、企業の社会的責任（CSR）の一部として位置付けられる。

4. 企業スポーツ

キーワード
第2次産業革命、直接雇用、企業スポーツ

1. 第2次産業革命

19世紀後半の大油田発見に始まる第2次産業革命[1]は、石油・化学産業、自動車産業や電機産業などを成立させ、産業のあり方ばかりではなく、人々の働き方を変え、さらには、生活そのものや社会のあり方を大きく変えた。これらの産業は、大規模な工場で装置や機械[2]をふんだんに使い、それまでの職人の手仕事を労働者の単純労働に変えるという共通の特徴を持った。

この時期の社会変化について、フランスの歴史家アラン・コルバンは、それまでの親方・徒弟の関係が、管理者・労働者の関係へ変化し、「穴だらけの時間」が「線上の(連続した)時間)」へ変容した(コルバン [34]9頁)と指摘している。かつての職人たちは、自由に時間を使えたのに、労働者は、装置や機械が動いている限り、働き続けなければならなくなったのである。

この時間の調節のため、労働者たちには「からっぽの時間」が必要になり、レジャーが誕生する。この中で、当時勃興していたスポーツが有用で、プロ・スポーツや労働者の部活(企業スポーツ)が重要な役割を占めることになる。

2. 直接雇用の成立

それまでの工場では、親方(熟練工)たちが仕事を請け負って、自分で集めた徒弟を率いて働き、不足分は口入れ屋(現在の人材派遣業)に依頼して派遣を受けた(間接雇用)。だから、親方の発言力は大きく、賃金なども、親方に払われ、親方から分配された。しかし、機械や装置が導入されるようになると、企業が直接労働者を雇うようになる(直接雇用)。何故なら、熟練はだんだん必要なくなり、会社は、親方に頼ることなく、大学で学んだ技術者が設計した工場で、単純作業を行う労働者を雇って生産を行うことが可能になるからである。

この結果、工場では、労働者が、毎日同じ単純作業に従事したので、慣れることによりミスが減り、さらに、一緒に働くことからチームワークの形成が期待され、生産性が向上した。

この頃は、労働運動が盛んであり、その対抗策として、自前で雇った労働者に対して、さまざまな福利厚生施策を実施しはじめる。ドイツやアメリカでは、さまざまな手法が工夫され、家父長主義と呼ばれた。まず、社宅の提供や企業内病院からはじまり、保育所、食堂、健康保険や企業年金などが続いた。20世紀に入ると、両国に倣って、日本企業でもこれらの福利厚生施策が始まり、「経営家族主義[3]」と呼ばれるようになった(山本 [382])。

経営者が親であるなら、労働者は子である。子供たちが野球をしたいというなら、グラウンドを整備し、道具を揃えて野球をさせるのは、親の義務である。このようにして、企業スポーツは成立する(澤野 [298])。

---

[1] 18世紀半ばから始まる、第1次産業革命は、蒸気機関による動力の革新なので、確かに炭鉱や繊維産業などでは、機械が導入され、生産性が大いに向上した。しかし、燃料が石炭であり、使い勝手が悪く、機関車や汽船など輸送機器の発展は目覚ましかったが、工場では、大きな変化とはならなかった。その点、第2次産業革命では、石油や電力が燃料となったので、使い勝手が良くなり、この時期の科学の発展を伴って、工場を大いに革新した。

[2] 機械の定義は、時代によって変化しているが、この時代は動力によって自動的に動くものを指した。この機械の大規模なものを装置と呼び、石油・化学産業のように、人は、スイッチなどを通して間接的に働きかけるものであった。

[3] 欧米では、19世紀末頃からはじまる、労働運動緩和のための温情的福利厚生施策を家父長主義と呼んだ。伝統的なパターナリズムにちなんだものであるが、少し遅れて日本にも導入された。その先駆的企業である国鉄では、「国鉄一家」と呼ばれ、また、鐘淵紡績(のちのカネボウ)の武藤山治は「家族主義」などと呼んだ。このように、労使関係を家族に擬制することが多かったので、「経営家族主義」という用語が普及した。

3. 企業スポーツの成立

ヨーロッパでは、ドイツのバイエル・レバークーゼン（バイエル製薬）やフランスのソショー（プジョー自動車）などが今でも名を残しているが、スポーツを仕切るのが自治体などへと変化し、企業はこれを財政的に支える役割となった。アメリカでは1920年代に企業スポーツはピークを迎え、フォードやGMをはじめ多くの企業が野球などのチームを作り、インダストリアル・リーグを戦うようになる（永田[214]348頁）[4]が、1935年に制定されたワグナー法により、労使関係を考慮して、企業が労働者に対して賃金以外の付加的便益を供与することが禁止され、健康保険や年金、企業スポーツなどはなくなった。

日本では、19世紀後半から、いわゆる外来スポーツ、例えば野球が盛んになったが、最初は大学でプレイされ、その卒業生たちが、卒業後も続けるためにクラブチームを作った。また、先生となって旧制中学などで指導することにより、スポーツ愛好者が増えた歴史を持っている。実業団（企業）チームは、やや遅れ、野球に限れば1909年設立の札幌鉄道局が最古とされる。

その後、全国の国鉄・鉄道チームや八幡製鉄、長崎・神戸の三菱などが参加して全国に普及していった。そして、1927年になると、都市対抗野球大会が開催されるようになり、全国に企業チームが増加するきっかけとなった。

日本の企業スポーツを語るとき、もう一点留意しておく必要がある。それは、女子のスポーツである。日本の繊維企業では、明治期のテークオフ以来、地方から募集された義務教育を終えたばかりの少女たちが働いていた。女工哀史のような状況から、少しずつ福利厚生策が加わるが、明治末期に企業内補習学校を作って大きな成果を得た。また工場法施行（1911年）で労働時間が短縮されると、余暇時間の過ごし方が教育プログラムに加わる。

そして、YMCAに依頼してレクリエーションの指導も行われるが、その中でバレーボールが人気を得た。だんだんチームが作られ、1940年には、明治神宮大会（戦前の国体）[5]に「女子産業従業員」というカテゴリーができ、会社のスポーツとして発展するのである。日紡貝塚の1964年東京オリンピック金メダルには、このような伏線がある（澤野[300]）。

4. 企業スポーツの現在

日本では、その後企業スポーツは隆盛を極め、スポーツを支えた。オリンピックの出場選手などは、過半数が企業スポーツ選手であり、学校スポーツとともに国民がスポーツ活動を行うよりどころとなった。

しかし、周知のように、21世紀に入る頃から、いわゆる第3次産業革命[6]により、直接雇用が崩れ、派遣や請負が多くなった。企業内福利厚生の前提が失われると、企業も、スポーツチームを持つ意味が薄れる。そんな時期に、平成大不況が起こり、企業が財務的に支えることが困難になったことも重なった。人の働き方も変わり、また、チームワークが必要な仕事も、ずいぶん少なくなり、個人で行う仕事がずいぶん増えたことも影響している。こうなると、広告宣伝として、スポーツをサポートするほかないのが現状である。　（澤野雅彦）

[4] 1935年現在のNPB（日本野球機構）のリーグ戦が始まる前年、「大日本東京野球倶楽部」（現在の読売ジャイアンツ、アメリカでは「東京ジャイアンツ」と呼ばれた）は、北米遠征を行った。この時、フォードやGMとも戦っている。アメリカの企業チームは、まもなく姿を消した。

[5] 明治天皇と皇后・昭憲皇太后を祀る明治神宮は、大正9年（1920年）に、全国の青年団による勤労奉仕により造営されるが、その後、外苑が順次整備され、大正15年（1926年）に完成した。ここには、野球場やグラウンドなど、スポーツ施設も造られた。この施設を利用して、大正13年より、内務省（のちには厚生省）が主催する全国規模のスポーツ大会がほぼ隔年で開催され、道府県対抗で多くの競技が実施された。各道府県で予選が行われたことで、スポーツは大いに普及したといわれている。

[6] 20世紀終盤から、いわゆる情報化や経済のグローバル化などを契機に、起こり始めたといわれている産業の変化のこと。まだ、途上ということもあり、必ずしも明確な定義が定まっているわけではない。
コンピュータの発展の影響が大きく、第2次産業革命のファクトリー・オートメーションに対して、オフィス・オートメーションが進展した。特に21世紀に入る頃からのインターネットや携帯電話の普及が、会社や工場を大きく変え、さらに、AIの導入は、経営者や管理者の意思決定などにも影響を与えはじめている。

さらに知るための参考文献
澤野[299]

5. 趣味がとりもつ縁

キーワード

福利厚生、社内同好会、数寄者

1. 社内同好会への支援

社内には趣味であつまる自発的なサークルや同好会のたぐいが存在し、社員同士のつながりに一定の役割を果たしている。社内同好会には会社の福利厚生の支援を受ける場合もあれば、仲間内だけの自発的なものもある。会社による支援は補助金というかたちが通例で、3社のうち2社がおこなっているという統計調査もあり、補助条件や補助金額は会社によってまちまちである。条件にはメンバーの人数やレポート提出の義務など、緩やかな縛りをかけているのがふつうである。金額については、たとえば経団連の調査によると、企業が任意におこなう法定外福利費のなかに文化・体育・レクリエーションへの補助があり、2000年以降、1人あたりの費用の推移をみるとおよそ2,000円前後で推移している[1]。

(1) 日本経済団体連合会[243]25頁。

2. 社内同好会の種類とメリット

社内同好会はおおきく文化系とスポーツ系とに分かれる。文化系にはお花、お茶、英会話、料理教室、俳句、将棋、かるた、写真、オーケストラ、軽音楽などがあり、スポーツ系にはゴルフ、野球、テニス、フットサル、ボウリング、バレーボール、フィッシング、最近はやりのボルダリングなど、いずれも枚挙にいとまがない。

社内同好会に求めるものは、「ふれあいの場がほしい」「体を動かす機会がない」「以前からしている」など個人的な理由はさまざまだが、会社にとってもコミュニケーションの促進や職場の人間関係の向上につながるとかんがえている。たんなる趣味の仲間以上に、宇野斉の言うところの「横や斜めの関係形成の場」であることはまちがいない[2]。さらに、社外に対しては、採用情報などに載せることができ、企業のイメージアップに貢献すると考えられている。

(2) 本章末のコラム参照。

大手広告会社の俳句クラブを取材した住原則也によれば、句会をハレの場とみなしているという返答があった[3]。曰く「仕事時間がケの時とすると、句会はハレの場です。会社の中で、地位や立場の違いに関係なく、ファーストネームで呼び合う平等性は、句会のような場しかありません。」と。その句会では作句のために小旅行にも出かけている。

(3) 住原[325]97-99頁。

社内同好会は定年退職後も継続することがある。いわばOB会であるが、気のあったOB仲間が連絡を取り合って定期的に旧交を温めることもめずらしくない。

3. 接待と社内閥

日置弘一郎によると趣味のつきあいはしばしば接待や社内閥に連動していたという[4]。たとえば、高度経済成長に時代には宴席の芸につながる小唄や清元

(4) 日置[100]95-97頁。

など、邦楽の同好会に人気があった。それには営業の接待に役立つという理由付けがともなっていたから、趣味と実益を兼ねていたといえる。また当時は社長が常磐津にこりはじめると、幹部がこぞって稽古に通うということや、古地図同好会という隠れた人事閥が存在したことに日置は言及している。

4. 近代数寄者がとりもった縁

趣味がとりもつ縁として財界人の「数寄者」(5)同士の交流のことはよく知られている。明治時代後半以降、企業経営のトップに立つ財界人のあいだに茶の湯が流行し、趣味を生きがいとする数寄者が多数輩出した。茶の湯研究の熊倉功夫によると、茶の湯という趣味を人間としてそなうべき教養と考え、趣味に生きることの正当性を訴えたのが近代数寄者である(6)。近代数寄者たちは趣味を楽しむとともに「物数寄」として茶の湯の道具収集にも心血を注いだ。藤田組の藤田香雪（伝三郎）、三井物産の益田鈍翁（孝）、朝日新聞の村山玄庵（龍平）、東武鉄道の根津青山（嘉一郎）、三越デパートの高橋箒庵（義雄）、生糸貿易の原三溪、阪急電鉄の小林逸翁（一三）、電力産業の松永耳庵（安左衛門）などが代表的人物としてあげられる。そのコレクションはのちの根津美術館（根津青山）、藤田美術館（藤田香雪）、香雪美術館（村山玄庵）、逸翁美術館（小林逸翁）などの所蔵品となっている。

数寄者同士は茶会をとおして交流を深め、商談に及ぶこともあれば、縁談につながることもあった。後者の一例として貴志弥右衛門と西尾與右衛門の関係をとりあげてみよう。貴志は大阪で洋反物を商い、西尾は吹田の仙洞御料(7)の庄屋をつとめた家柄である。ふたりは薮内流の茶会「篠園会」に参加し、姻戚となった。薄命の天才音楽家で知られる貴志康一(8)は両名の孫である。篠園会には上記の村山玄庵や野村證券の野村徳七（得庵）ら多くの実業界の名士も名を連ねていた。

茶の湯は財界人や政界人にとってハレの場を提供した。茶会が教養主義と結びつき、強力な趣味縁を形成したのである。しかし、この風潮は1940年(9)を境に衰退し、数寄は終焉を迎えることとなる。戦後、茶の湯を隆盛に導いたのは女子教育と礼儀作法であり、家元制度はそこに活路を見いだした。茶の湯の担い手はもっぱら女性となり、社内同好会の茶会もOL主導で維持されることとなった。

5. 近年の趣味縁

バブル経済の崩壊を境にして、いわゆる「右肩上がり」の時代に培われてきた社縁の世界がおおきく変質していることは確かなようである。なぜなら社員の結束や連帯感を高めるための運動会や社員旅行などの集団行事が衰退し、かわりに個人的な趣味でつながるサークルが多数誕生しているからである。また、それを推奨し支援するコンサルタント業やビジネスも増えている。趣味でつながる縁にも社内の福利厚生という枠組みに加え、社外からの情報提供やビジネスとしてのサポート体制が介入してきていると言えよう。社員有志による自発的な趣味縁も社会の動向と無縁ではないのである。

（中牧弘允）

茶会

(5) 特に茶道を好む人のこと。「好き」から派生した用語。

(6) 熊倉 [170] 300-303 頁。

(7) 上皇の所有する土地のこと。

(8) 作曲家、指揮者、ヴァイオリニスト。フルトベングラーに認められ、ベルリン・フィルでも指揮を執った「天才」音楽家。交響曲「仏陀」などを作曲。湯川秀樹のノーベル賞受賞記念晩餐会では彼の曲が流れた。

(9) いわゆる「40年体制」のこと。日本の諸制度が国民総動員法の公布後、ほぼ1940年頃から確立され、敗戦やGHQ（連合国軍総司令部）による占領、さらには高度経済成長にもかかわらず維持されてきた体制を指す。野口 [246]。

6. コンパとコンペ　宴会文化と接待文化

キーワード
飲みニケーション、コンパ、接待

1. 飲食を介したコミュニケーション

　会社において、食事を共にするという行為が果たす役割は重要である。例えば昼どきのオフィス街は会社の同僚や上司とおぼしき人と連れ立ってランチに向かう会社員が群となって賑わう。仲の良い同僚同士のランチであれば、職場に関する様々な情報、とくに公式には伝わりにくい社員の私生活に関する情報などを入手、発信しているのだろうか。上司と部下とおぼしきペアがランチをともにしていれば、それは社内で十分進まなかった部下とのコミュニケーションを深める機会をうかがっているのかもしれない。近年では会社でも弁当を持参して昼休みを一人で過ごすスタイルも浸透してきた[1]。周囲もこうした単独行動を認める風潮がある。

　昼食の過ごし方が社員の評価に直接影響することは基本的にはない。ただしランチは非公式な場における人間関係の形成、そこから派生する社員のモチベーションや生産性にも関わる注目すべきテーマである。現実に会社で働く人たちにとってランチは多様な意味を持つ場となっている。休憩時間という非公式な場であるが故に、どのコミュニティに参加しているかは個人としての意思表明とも捉えられることもある。総じて、飲食を介したコミュニケーションはサラリーマンが社内のポジションを形成する場として外せないポイントである。

2. 飲みニケーションと宴会

　一日の仕事が終わった後、サラリーマンが連れ立って居酒屋に向かう姿は夜の繁華街でおなじみの光景である。「夜のつきあい」とも「飲みニケーション」とも呼ばれるこの習慣は、勤め人にとって生活の一部になっている。居酒屋では会社や上司、通常はその場にいない社員について公式な場である日中の社内では口にだして言えない批評や愚痴などで盛り上がることが多い。

　飲酒を伴う会合や宴会が、会社の正式行事として設営されることがある。開催のタイミングは年末年始、決算が終わった後、あるプロジェクトの発足や終了など業務の節目であることが多い。こうした飲み会で若手社員による宴会芸が出し物となる風景は日本の会社の通過儀礼とも言える[2]。また無礼講と称して、酒席であることを口実として直属の上司や経営幹部に対して率直に意見を述べるよう促されることもある。注意すべきは、宴会芸や無礼講とも額面通りに受けとめるものではない点である。宴会芸で本当に求められているのは芸のクオリティというよりは、その場を収めるための臨機応変な対応である。無礼講だと言われた社員がふと漏らした発言内容は、それを聞いている周りの社員から注意深く観察されている。

(1) 一方で、一人で昼食をとる姿を見られたくないとしてトイレの個室で飲食する若者がいると話題になったこともある。

(2) 宴会芸では、その時期に流行った歌や踊りを取り入れて複数で練習して出し物とすることもあれば、属人的なスキルに基づいて定番ネタ、一発芸を披露することもある。

3. コンパという経営手法

会社における飲食を介したコミュニケーションへの対処法を学校で教わる機会はほとんどない。しかしビジネスの現場では、日々飲食を介したコミュニケーションの機会があり、サラリーマンの必修課題とも言える。実際、飲み会の効用を深く意識し、主体的に経営に取り入れて成功している事例もある。

稲盛和夫は自身の経営においてコンパを大変重視すると言われている。コンパとは飲み会の呼び名であり、仲間や会社を意味する英語のCompany やドイツ語 Kompanie に由来するともいわれている。合コン（合同コンパ）といった使い方をするときは男女交際を主とした飲み会を示すが、ここでいうコンパは社内コミュニケーションの円滑化を狙いとして設置された飲み会を指す。

コンパ

最近では会社と私生活は区別し、就業時間外まで会社の人と会いたくないと公言する人も増えてきた。アルハラをはじめセクハラ、パワハラといったトラブルを懸念して、飲酒が伴う社内行事に対して会社が慎重になるケースも増えている。単に酒席を共にすれば良いというものでもない。飲酒を介したコミュニケーションツールが会社で有効に機能するには、コンパが経営者にとって従業員への愛情表現であること、そこに利他の心があってはじめてコンパが成立するといった認識を参加者が共有していることが重要である。

4. コンペと接待

ビジネスにおいて飲食を介するコミュニケーションは社外にも及ぶ。他者との競争に勝つために商売上のキーパーソンと飲食等を通じて接触する手法を接待とよぶ[3]。接待では飲食以外にもゴルフや接客サービスを用いる場合もある。通常、取引の成否は製品やサービスの仕様や価格などが判断材料となるはずである。しかし取引の成否を決める重要な情報や決裁権限を持っているのは製品やサービスではなく人間である。そこで取引上の重要人物に照準を定めて飲食をともにして特に親密な関係を構築し、自社に有利な状況を作るために接待が行われる。

バブル崩壊前まで、業種や規模、官民を問わず、接待は至るところで行われていた。広告代理店ではクライアントに自社の広告アイデアを採用してもらうためにコンペとよばれるプレゼンテーションの場で優位性を競った。実際、感性や好き嫌いが判断の決め手となる場合は、提案内容以上にクライアントへの接待の巧拙が取引の行方を左右することもあるだろう。銀行業は許認可制であり、監督官庁の意向が銀行経営に直結する[4]。そこで銀行では MOF 担[5]を配置して、旧大蔵省の担当者らの動向を探るために接待を活用していた。しかし社会常識を逸脱した接待の実態[6]が暴露され、企業統治や説明責任への関心、コンプライアンス意識が高まるにつれて、ビジネスにおける接待の存在感は小さくなってきた。

（河野憲嗣）

(3) 接待とは一般にはおもてなしすることを意味する。お接待という言い方で遍路をする人へ飲食物を提供することを指すこともある。

(4) 経営学における組織間関係論は外部環境の不安定さが組織内のパワーバランスに影響を与えると指摘している。

(5) モフタンと呼ぶ。財務省の前身である旧大蔵省 (Ministry of Finance) の頭文字 MOF に由来して命名された。

(6) 高級官僚やエリート銀行員といわれる人たちがノーパンしゃぶしゃぶと呼ばれる風俗店で饗応する事例が世間に発覚して物議を醸したこともあった。異なる組織に所属する者の仲間意識を醸成するという目的を達成するためには秘密の共有という点で有効な手法であったが、社会常識からは乖離した行動といえる。

さらに知るための参考文献
北方・久保 [156]、ホイチョイ・プロダクションズ [104]、
山倉 [384]

こらむ COLUMN コラム
企業内サークル ―横や斜めの関係形成の場―

　1980年代の比較的大きな会社には運動系文化系のサークルもそこそこ存在していた。実業団に出るほどでないにしろ「部」や「サークル」という名前で、福利厚生の範囲で活動している所もあった。スポーツなら例えばゴルフ、テニス、スキー、野球などはその代表格で、サッカーはまだだったかもしれない。

　日常業務では全く関係の無い部署からも集まる同好の方々なので、腕前や気合いの入り方はそれぞれながら、そこそこ楽しめる場であった。社歴や上下に関係無く、上手いヒトと上手く回してくれるヒトがそこでは権威があった。

　その競技の楽しみ自体もだろうが、その合間や終了後のコミュニケーションは、なかなかに重要であった。役員クラスから新入社員までいて、目前のプレーもさることながら、直に仕事の話から、メンバー相互について、今どこにいるの、何してるの、誰々は忙しくて出てこれないの等々、ここにいる人いない人の様子がうかがえる。話を聞いているほどに、サークル内外の人々の部署や仕事や相互関係を知ることになる。

　そういう意味では、そこにいない人たち、例えば海外赴任中や、とても忙しくて出られない人たちの話も出て、名前を先に知って後で本人こんな顔と知ることも結構起こる。

　この会社の片隅で自分は働いている、そこが会社の中のどこら辺で、どことどうなっているのかも多少は知れてくる。片隅と思っているのに仕事があちこちと密接に連携しているかも分かってきたりする。実際は別として、事情を知るほどに上手く空気を読めるようにもなれるだろうし、やってみたい仕事のある部署がどんな具合か、直接間接に情報収集しうる場であった。

　しかし、若い人ほどそういう見方・考え方を強く持って参加しているわけではなく、気にしなければほぼ情報が流れていくだけの場合もあるし、そんな話の時間帯は遠慮する、またはサークル自体に参加しなくなる場合もあったろう。

　当時は関係資源という概念は聞かれなかったが、経営資源と言うよりは仲間としてヒトを知る重要さは知られていたので、それを意識無意識に実行していた人たちもいただろう。その資源がいつ何時有効に働くかは相互に分からないでいた。時たま現れる関係資源からの成功談の後ろにどれほどの資源形成過程や時間が費やされているかは、若い人ほど気にはしていなかった。学校時代ほどには上下関係の強くない、仕事以外の時間を使ってのサークル活動とその周辺時間であれば、さほど負担にも思っていなかっただろう。

　もう30年程も経って、その頃の若い人はサラリーマンを勤め上げる時期になり、次にそろそろ進んでいく。

(宇野　斉)

第4章
人と組織のつながり

　会社とは「目的を持った組織」であり、そこでは「仕事(職務)」と「人」が結びついて、日々の活動が展開されていく。会社の目的を効率的に達成するために作られた組織であっても、そこに人が関わってくると、予期せぬ出来事も生じてくる。この章では、そのような「人のつながり」という面から会社を捉えることを目的とする。まず、最初に「人はなぜ組織を作るのか」ということを学ぶ。次に、組織の中で人と人がどのようなつながり方をしているのか、そして、どのような時に人は「やる気」が沸いたり失ったりするのか、ということを学ぶ。さらに、組織の中で人、物、金を動かす影響力となる「パワー」について考察し、人を無意識のうちに縛っている「掟」や「ルール」の存在を探り、最後に組織を外部と区別する「仕切り」や「壁」についても考察する。この章を通じて、組織の中で「人とともに働く」ということの意味を考えてもらいたい。

1. 組織とは何だろう

キーワード

協働と組織、誘因と貢献、公式組織と非公式組織

1. 人はなぜ組織を作るのか（協働すること）

人は一人では生きられない。この世に生を受けるまでには、気の遠くなるほどの人びとの出会いがあったであろうし、誕生してから今日に至るまで、多くの人々の力を借りながら生きている。それは、人間の能力には限界があるからである。例えば、一人では持ち上げられないような大きな荷物を運ぶ時、自分の能力では解けない問題を解決したいとき、時間以内に大量な仕事をこなさなければならないとき、私たちは他の人びとの力を借りてそれらを成し遂げる。人と人が協力して一つの仕事を成し遂げることを「協働 (corporation)」と呼ぶが、有史以来、人間はこの協働によって多くの限界を克服し、今日に連なる文明を築いてきたといえる。

「組織 (organization)」とは、このような協働を持続させていくための「仕組み」あるいは、個々人の活動を調整する「仕掛け」といってもよい。組織の定義は千差万別であるが、近代組織論の創始者C.I.バーナード [1] によれば、組織とは「二人以上の人びとの意識的に調整された活動や諸力のシステム」と定義され、目には見えない磁場のようなものであるという。そして、このような意味での組織が成り立っているときには、「目的」「貢献意欲（協働への意欲）」「コミュニケーション」の三要素が存在するとされる [2]。

私たちが一般に使う組織という言葉は、会社や学校などの具体的な団体をさすことも多いが、その場合であっても、実際の活動レベルで組織が成立しているか否かを判断する時には、上の三要素の存在が重要になる。

2. 人はなぜ組織に参加し、貢献するのか

上で述べたように、私たちは自らの目的達成のために協働し組織を作ることもあるが、会社に入社する場合などのように、既に成立している組織に参加することも多い。そのような場合、私たちはどのような理由で貢献しようと決めているのであろうか。例えば、新規採用の学生であれば、まずは給与や待遇面が気になるであろうし、その組織の理念やブランドおよび製品などに興味を持つ学生もいるであろう。また、既にその会社に勤めている従業員であれば、昇給や昇格が気になるであろうし、職場の人間関係や福利厚生などの処遇面の改善、あるいは職務の内容や上司の態度などにも大きく影響されるかもしれない。このように、組織への参加や貢献を促す要因は多数あり、個々人により異なるものも多いと考えられる。この場合に、組織が与えうる「誘因」が個人の「貢献」を上回っていると判断すれば、従業員は組織に留まるという判断をするであろうが、その逆の場合には組織を離れるあるいは貢献することをやめるという判断もありうる。このような関係を「誘因－貢献」バランス [3] といい、組織存続のための大変重要な要因となる。

---

(1) C. I.Barnard (1886-1961) アメリカのニュージャージー・ベル電話会社社長を務める。在職中の1938年に主著『経営者の役割』（バーナード [15]）を執筆し、「経営組織論」の創始者とも呼ばれている。

(2) バーナードの「組織」は「活動のシステム」であり、いわゆる「目的達成のための人の集まり」は「協働システム」として区別される。

(3)「誘因－貢献」バランスによって、組織は参加者を獲得し、生産活動に必要な貢献を確保することができる。これを「組織均衡」とも呼ぶ。

またそれと同様に、私たちは組織の目的に共鳴し、その目的に対して忠誠心や一体感を持つときに、組織への強い貢献意欲や働きがいを感ずることがある。例えば、その組織の社会的使命や理念が自分の理想や人生の目的と一致するときなどである。このような場合には、組織における自分の役割を果たすことを通じて、自分自身が理想とする社会的な使命を果たすことにつながり、それが、その人の生きがいや働き甲斐になっていくのである。

3. 組織における「公式関係」と「非公式関係」

　組織にとって重要な要素に「コミュニケーション」がある。これは、組織メンバー間に「関係」を作り上げるための重要な行為であるが、例えば会社の場合には、仕事を円滑に成し遂げるための「公式的コミュニケーション」と、仕事とは直接関係のない「非公式的コミュニケーション」から成り立っている。

　公式的コミュニケーションとは、言い換えれば職務を達成するための「命令の伝達経路」と言ってもよいものであり、組織目的と仕事の関係に従って合理的に設計されている必要がある。これに対して、非公式的なコミュニケーションは、職場の「上司―部下」などの関係とは別に存在する「同期」「出身校」「同世代」「出身地域」「趣味の仲間」「仲良し集団」などの間で交わされる仕事以外のコミュニケーションのことである。このような関係から成り立つ組織をそれぞれ「公式組織」と「非公式組織」と呼ぶ[4]が、これら2種類の組織が互いに補完しあうことで、組織における伝達や人間関係は円滑にすすめることができる。しかし、ひとたび、このバランスが崩れると対立や硬直化を生む原因ともなる。

4. 組織の「機能的側面」と「共同体的側面」

　会社などの組織は、先に述べたように仕事が円滑に行われるように設計された「機能的組織」であるが、それと同時に非公式組織に見られるように、個人の出身地域や出身校など、その人間を歴史的に形成してきた「背景」も持ち込まれている。また特に日本のような、新卒一括採用[5]による長期雇用が習慣化されてきた会社では、それ自体が疑似「家」や「共同体」のような性格を持っている。つまり、会社は「効率よく仕事をする場」であるとともに「人と共に生活をする場」であり、長期にわたって「運命を共にする場」ともいえるのである。例えば、「先輩―後輩」の関係を重視したり、「就職」より「就社」を重んじたり、仕事の関係以外に、「コンパ」「運動会」などの行事により職場の一体化を図ろうとするのも、共同体意識の表れと言ってもよいかもしれない。このような特色は「日本型経営」[6]の特徴の一つであるとも言われ、日本企業の一体感や人間関係の強さなど、日本的経営の長所にもなっていたが、近年では薄れつつあると言われている。

　　　　　　　　　　　　　　　　　　　　　　　　　　　　（三井　泉）

(4) 職場における「非公式組織」の存在を初めて発見したのは、1920年代米国で職場の人間関係の調査（ホーソンリサーチ）に参加した文化人類学者W.L.ワーナー(Warner)であった。この調査が経営人類学の始まりともいえる。

(5) 新卒一括採用は、企業が卒業予定の学生に、毎年一定時期に一括求人を行い、在学中に内定を出し、卒業後直ちに採用するという、日本独自の採用形式である。

(6) アメリカの文化人類学者J.C.アベグレン(Abegglen)により発見された日本特有の経営慣行や制度。一般に①終身雇用制度②年功序列型賃金・昇進制度③企業内労働組合制度が「三種の神器」と呼ばれているが、「家族主義的経営」「集団主義」「企業系列」なども含まれる。

さらに知るための参考文献
吉原[395]、中牧・セジウィック[227]、アベグレン[5]

2. 職場の「上と下」「横と横」「斜め」

キーワード

階層構造、派閥、稟議と根回し

1. 職場における「上と下」

　私たちは労働により生活の糧を得ることで日々を生きている。その多くの場合、会社に雇用されて働く「雇用労働」が一般的である。この雇用労働が会社に雇われて働くことを意味するのに対して、「職人労働」という働き方もある。職人労働は会社に所属することなく、自分で道具や材料を用意し自分の作りたいもの作ることで生計を立てる働き方である。この働き方は工業化の進む中で大量生産と大量消費に圧倒されて失われてしまったようにも見える[1]。大量生産のためには能率向上が求められ、そこでは分業と協業が普及したのである。そうした中で現代における働き方の中心は雇用労働である。この雇用労働には、指揮命令をする管理職が存在する。現代の会社はトップ、ミドル、ロワーと階層化した構造になっている。社長以下には、ミドルとしての部長、課長、ロワーとしての主任といった役職者が続き、会社の規模に応じて階層の数や役職者の人数は変化する。役職とは組織における地位を示すものであり、その関係および「階層構造」を形式的に図示したものが、「組織図」である。組織図それ自体は無味無臭なものであるが、そこに担当者の顔と名前が貼り付けられると途端に実体を伴う。しかし、社内の人間関係は組織図だけでは説明できない。

　職場における上下関係とは上司と部下の関係である。上司である管理職は二つのレベルで捉えることが可能である。まず会社には代表取締役社長（トップ）がいる。その一方で、日常の業務の中で職場における直属の上司（ミドル）がいる。会社の規模にもよるが、業務の中で社長に会わない日があるのに対して、直属の上司と会わない日はほぼ皆無である。社長の決定した経営方針に従って、職場上司の指揮命令下で日々の業務を行うのが会社員である。

　会社には組織図に現れない上下関係（非公式関係）も存在する。そういった関係が生じる原因は出身大学、出身県、趣味などを媒介して一種の「仲間」が存在するからである[2]。出身大学や社内の出身部門から発生した集団のことは「派閥」と呼ばれ、社内で大きな影響力を持つこともある。会社における正式の関係ではないため命令・報告・連絡・相談といった意思疎通の義務は生じないが、様々な情報の流れに大きな影響がある。後に何か影響のありそうな話題については「この話しは○○さんにはお伝えしておこう」ということになる。ここでの情報は出所が怪しいものもあるが、貴重な情報元でもある。公式的なコミュニケーションでは得られない情報がそこにはある。提案をする際にも非公式の関係が影響することがある。

2. 職場における「横と横」

　会社における横の関係を考える上でミドルの役割が重要である。ミドルはコミュニケーションの時間を短縮するために部署間を横につなぐ役割を果たす。

---

(1) 現代における職人労働は工場での「一人セル生産方式」の中に、その意義を見いだすことが可能である。またネット社会の普及で職人労働のような働き方に新たな可能性も見いだすことができる。それは会社に所属しない専門職であるインディペンデントコントラクター (independent contractor) や YouTuber への注目にも現れている。

(2) こういった関係性が社外の人物との間でもありうる。例えば、マーク・グラノヴェッターの「弱い紐帯の強み (the strength of weak ties)」が参考になる。野沢 [249] にあるグラノヴェッター論文を参照せよ。

階層構造の組織では、トップとロワー間の命令、報告は縦方向に伝達される。したがって横方向（別部署）への伝達は、一回トップへあがり、それから降りてくるため情報伝達の速度が遅くなる。そこで業務を迅速に処理するために、下位の階層同士で連絡・相談を行い、結果をそれぞれの上司に持ち上げる方法がとられる。具体的には各課の係長同士が話し合った結果を各課の課長へ伝達するという方法がとられる。ミドルが横の連携を巧みに取り合うことで部署間のコミュニケーションも円滑になると考えられる。

職場内における横の関係は日常業務の中では意識されないが、急を要する仕事が入った場合に効果を発揮する。まず緊急事態に対応するために、手持ちの仕事を職場内で相互に融通しつつ手の空いた者が別の作業に取りかかる。手の空いた者は事態を収束させるべく課題に取り組む。そしてその作業が落ち着いた際には通常の業務に戻っていく。この仕事のやり方は、日本のような仕事の範囲を明確にした「職務記述書 (job description)」が存在しない場合に可能となる[3]。米国流の厳密な職務記述書が存在すれば「それは私の仕事ではない」の一言でお終いなのである[4]。

日本に特有なもう一つの横の関係が同期入社の同僚である。同期入社の同僚は、ライバルでもあり仲間でもある。新入社員研修では、同期として同じ教育を受け一斉にスタートするが、次第に出世頭として頭角を現す者も出てくる。その一方で同年に入社した仲間という意識は部門を越えた情報交換を促進することもある。公式のルートでは手に入らない情報や困難な依頼であっても同期の仲間を通じて状況を打開できることもある。

3. 職場における「斜め」

職場における斜めの関係とは階層と職位の違う人間の交流である。まず日本特有の「稟議（りんぎ）と根回し」という意思決定の方法をみていこう。稟議とは、会社にて会議を開くほどではない事項について、担当者が決定案を作成し関係者間に回覧して、その承認を求める方法である。稟議は単に公式的な手続きであり、実質的な手続きは根回しで事前に非公式に進められている。根回しとは、ある事柄を行うにあたりあらかじめ各方面に話しをつけておき、各部署の管理者に確認をしておくことである[5]。このように公式の稟議が回覧される際には、すでに根回しで賛同を得ている状況を作っておくことが大切である。これにより「その話しは聞いていない」という事態を回避することができる。

日本の会社では部門を超えた配置転換をすることで職務能力を向上させていくという仕組みがある[6]。その結果として上司も変わる。複数の職場を移り渡る間にそれまでにお世話になった上司の数は増加する。このことが意味するのは、現在の職場における上司の指揮命令に従わなければならない一方で、以前の職場の上司にも配慮する必要が生じるのである。こうした配置転換していく中で様々な人とのネットワークを構築し上と下、横と横、斜めの関係が構築されていくと考えられるのである。

（高橋哲也）

---

(3) 職務（仕事）の範囲については国際的に違いがあるとされる。日本の場合は職務の範囲があいまいなままに働くメンバーシップ型の雇用契約が一般的だとされている。その一方で欧米では職務の範囲が明確に規定されているジョブ型の雇用契約が一般的である。詳しくは濱口 [82] を参照せよ。

(4) 職務記述書の不在は担当者の有給休暇取得にも影響がある。職務（仕事）の範囲が不明確であるため、有給取得者の担当分は出勤している誰かが分担しなければならない。結果として「休んで仲間に迷惑はかけられない」といった心理も醸成しやすい。このような環境では相互監視の状況も生じる。このような相互監視のことを「ピアプレッシャー (peer pressure)」と呼ぶ。詳しくは大野 [258] を参照せよ。

(5) この事前準備を陰湿なものと考えるのは早計であり、納得した上での協力を得るための有効な方法だと考えるのがよい。稟議と根回しは日本の会社において未だ広く用いられている意思決定の方法である。詳しくは山田 [378] を参照せよ。

(6) 日本の会社では3〜5年程度で職場を変更する制度がある。これをジョブローテーションと呼ぶ。これは日本の会社がゼネラリスト育成を重視してきたことによる。ゼネラリストに求められるのは会社全体の把握であり、将来の幹部候補として扱われる。その一方で一つの職務（仕事）を極めていくようなスペシャリストという働き方もある。

3. やる気が「ある」「無い」「沸く」

キーワード
職務満足と生活満足、成果主義処遇、フロー状態

1. あるとき

　仕事をしている際に気分が乗って思いのほか捗ることもあれば、なんだか今ひとつやる気が出ないままに目の前の作業をこなしていることもある。このような状況は誰しも経験しているのではないだろうか。会社員のやる気のある時はどんな場合であろうか。まず思いつくのが給与をもらった時である。給与が支給された時は当然ながら喜びに満たされるだろう。しかし、そういった給与の支払いは繰り返されるものであり、毎回同じように喜びを感じ続けるかというとそうではない [1]。生活するために給与は不可欠であり、無ければ困るものではあるが、それだけでは継続したやる気には繋がらない。そこでやる気に必要なのは仕事を通じた満足感と生活の中で感じる満足感である。公私ともに充実している状況が理想的である。

　仕事で大きな満足感を得る状況を考えてみよう。まず大きな仕事を成功させた場合がある。その仕事での成功に対して上司から高い評価を得た際はさらに良い気分になる。それが社長表彰ともなれば望外の喜びとなるだろう。そして次に任されるだろう大きな仕事への期待もあり、次第にやる気に満ちていく。入社時に夢に見ていた職場への人事異動も叶うことになった。憧れの仕事に従事し、順風満帆の職業人生に大きな満足感を感じる [2]。そういった中で同僚からも「出世頭」の称号を得て、ますます頑張ろうという気持ちになる。さらにプライベートでも休日の日は趣味に興じつつ、家族にも恵まれて幸せな気分の中で仕事にも精が出る [3]。これらは仕事での充足は「職務満足」といわれ、私生活での充足は「生活満足」といわれる [4]。

2. 無いとき

　それでは逆にやる気の無い場合とはどのような状態であろうか。それは仕事で成果が上がらず、悪循環に陥った場合である。会社員はノルマや目標という一定期間での成果を要求される。それに向けて一生懸命に取り組んでいるにも関わらず成果が上がらなかったらどうであろうか。努力が成果に結びつかなかった事実は、それだけで会社員のやる気を減退させる。結果に基づく業績評価であれば当然ながら低い評価を下され、給与への影響を考えるとますます滅入ってしまう。職場の人間関係においても同僚や後輩からは「仕事の出来ない人」というレッテルを貼られる。「自分としては頑張っていた」という思いは拭い去れず、努力というプロセスを無視した業績評価への不満も募る。さらに結果について上司から叱責され、上司への不満も募る。仕事が順調であれば叱咤激励として受け取れる言葉もただストレスに感じる。成果への圧力からサービス残業が常態化し、終電で帰宅する日々が続く [5]。事態は好転しないままに転勤や社外への出向の命令を受け、そうした不本意な人事異動によって会社自

---

(1) これは金銭的インセンティブによる動機づけという考え方である。金銭的な動機づけは、「飴」によって行動を引き起こすという考え方であり、外発的動機づけとも呼ばれる。その時の人間モデルは「経済人」である。いわゆる「飴と鞭」で人を動かす。モチベーションについての広範囲に渡り簡便な説明はピンク [271] を参照せよ。

(2) 仕事自体の楽しさによる動機づけという考え方である。非金銭的な動機づけであり、内発的動機づけとも呼ばれる。その時の人間モデルは「自己実現人」である。内発的動機づけについてはデシ [38] を参照せよ。

(3) 宇多田ヒカルの楽曲「travelling」の歌い出しにある「仕事にも精が出る金曜の午後」というフレーズはまさに仕事以外のことで充実している気持ちが表れている。

(4) 職務満足や生活満足などを総合的に捉え、人生における幸福 (well-being) という考え方もある。詳しくは小野 [267] を参照せよ。

(5) 成果を求め仕事にのめり込むあまりに自分自身のコントロールを失ってしまうことがある。そうした中でやる気を喪失してしまうことがある。これを燃え尽き症候群（バーンアウト）といい、これもまた仕事への無気力感を覚えることになる。詳しくは、久保 [169] を参照せよ。

体への不満も高まる。さらに「転勤先には子供の受験もあるので単身赴任で行って欲しい」などと妻から言われる。

このように「成果主義処遇」では高い目標が求められ、成果が出なければ自己評価は低くなる一方である。また成果が出なければ給与にも影響が出ると不安になる。このような競争状態の中で上司からの適切な指導が無ければ、一人でどうやっていけば良いのか見当も付かなくなる。そして、社内でも家庭内でも居場所を失うことで、やる気はより一層喪失する。やる気がある時と無い時の分岐点になるのは、仕事での成果と上司と同僚との人間関係、そして私生活の充実なのである。

3. 沸くとき

それでは最後にやる気が沸いてくる状況である。一つに仕事そのものに没頭してやる気に満ちあふれている状態である。仕事に没頭するにはいくつかの条件が必要である。私たちは課題に対して能力が十分ありその課題の難易度が低い場合に「退屈」と感じ、課題の難易度が高すぎて能力が伴っていない場合に「不安」と感じる。退屈でも不安でも無い、つまりは自分の能力と課題の難易度とのバランスがとれた状態であることが大切である。そして、やればやっただけ上達し結果も出ていると感じる状態を「フロー状態」ということがある[6]。フロー状態のような仕事に没頭し高い成果を出している間、私たちは疲れ知らずで、いつまでも働いていられるとさえ感じる[7]。

もう一つは、会社の成長が著しい時である。自分たちのビジネスプランの可能性を感じ起業した時、ヒット商品が生まれた時、事業が拡大傾向にある時、そういった場合もやる気が沸いてくる。会社の成長と自分自身の成長が連動しているように感じ、努力した分だけ確かに成長していると感じやる気は沸いてくるのだ。創業間もないベンチャー企業や高度経済成長期の日本企業がこれに当てはまるだろう。逆に自身が所属する会社が「存続の危機」を迎えた時にも現れる。会社への愛着心をもって「わが社を救いたい」と思うのか、「この会社はもう駄目だ」と感じるのか、これは大きな違いである。危機的状況を迎え、前者はやる気が沸き、後者はやる気を失う。この差は会社に対する好意 (good will) の差である。この好意は勤労意欲 (morale) にも繋がってくるのである。会社の成長と自分の成長を重ね合わせて、会社の存続に強い関心を持っている会社員ならば身を粉にしてでもその危機を乗り越えようとするだろう。このように会社の状態によって、個人のやる気は大きく影響される。

会社において「またあなたと一緒に仕事がしたい」と仕事を依頼してもらうことは重要である。上司であれ、同僚であれ、後輩であれ、そして取引先であれ、次の仕事も一緒にやろうという意志表示をされた場合、それまでの評価と今後の期待が同時に訪れ、さらに大きなやる気に繋がるのである。こうした仕事を通じた人間関係の中でのやりとりにもやる気のきっかけは潜んでいる。

(高橋哲也)

(6) フロー状態はポジティブ心理学の領域で扱われている。詳しくはチクセントミハイ [36] を参照せよ。

(7) 好きなものをやり続けていても、疲労の蓄積は確実にあることを忘れてはならない。仕事のやりがいという甘味を覚えて、それから脱却できないことから生じる問題もある。それが「やりがい搾取」である。好きなことをやっているのだから低賃金労働でも構わないとか、体を壊すまで働くということは決して健全な状態ではない。やる気は必要だがバランスの取り方も長く働くためには必要なのである。やりがい搾取に関して詳しくは阿部 [2] を参照せよ。

4. 組織におけるパワー

キーワード
権力、権限、命令の受容

1. 組織を動かすパワーとは？

組織を動かすには「パワー」が必要である。これは、肉体的な力というよりも、人々の行動をまとめて目的に向かわせる力、組織の中で重要な決定を通す力、組織の中の人びとに仕事をしてもらう力、外部へ向けて組織をアピールする力、などのことである。これは、社会の中では「権力」や「支配」、そして組織の中では「権限」「権威（オーソリティ）」や「命令の受容」などの形として現れてくる。本節では、まず「権力」とは何かについて概観し、組織における「権力（権限）の源泉や授受」「命令の受容」などについて考えてみよう。

「権力」とは、最も簡単にいえば「人や集団を支配する（命令に従わせる）強制力」のことであるが、その支配を正当化する根拠は様々である。例えば、皇室や王家などのように歴史的に続いてきた「伝統」に基づくもの。国家や政府や自治体などの「法」に基づくもの。また、超人的な魅力で人を圧倒するリーダーなどが持つ「カリスマ性」などがある[1]。もちろん、これ以外にも財力や暴力が支配の源泉になっていることもあるかもしれない。しかし、これは受ける側が制裁を恐れて「嫌々従わされる」面があり、社会的に「正当な権力」とは言い難い。

私達が組織（特に会社など）に入る時、多くの場合には自らの自由意思で選び取り、雇用契約や組織規約などを受け入れた上で、初めて所属が正式に認められる。会社は「法人」（法的人格を持った主体）と呼ばれるが、個人が会社に入るときは、実際に契約を結ぶのは法人の代表としての社長であり、さらに具体的な仕事については、社長から職務を任された各責任者（部長や課長などの管理者）からの指示を受けて行われている。

2. 組織における「権限」の授受

このように、組織の中で特定の職務を果たすために、上司が部下に対して持っている「限定つきの権力」のことを「権限」という。例えばコンビニでは、どのような品物をどれくらい仕入れ、どのように陳列し、どのように販売し、売り上げをどのように記録するかというようなことは、多くの場合アルバイトが勝手に決定できるわけではなく、店長など「上司」によって決定される。なぜならば、店長にはその店で行われる仕入から販売にいたるまでの行為に対して、会社から「権限」が与えられているからである。従って、その行為の違反については、「責任」を取らなければならないという義務もある。この場合の店長の権限は、あくまでも会社で決められた仕事の範囲内に限られており、それを越えて、アルバイトの生活上の自由行動を規制することは許されていない。つまり、そこまで個人行動を支配する権限はない。

なぜ店長がこのような権限を与えられているかといえば、先に述べたように、

---

(1) M. ウェーバー（Max Weber）「正当的支配の三つの純粋型」ほか参照のこと（ウェーバー [369] 30頁）。

店長も会社と雇用契約を結んでおり、その中に職務を果たす上での権限や責任が含まれているからである。また、アルバイトもこの権限に従って自らの職務を果たすことが求められる[2]。

また、店長（正規社員）は一般にはアルバイトよりも、その店のことや仕事についての「知識」や「技能（スキル）」を多く持ち合わせていると考えられており、そのことが「権限」の根拠となっていることもある[3]。組織というのは、見方を変えれば、このような「権限－責任」に基づく「命令－報告」の関係で成り立っているともいえる。

このような関係が常に円滑に動いていれば、職場の仕事は滞ることなく回っていくと考えられる。しかし、現実はそのようになるとは限らない。部下にとって、従おうと思っても意味不明の命令を出す上司もいれば、いつも言い訳ばかりで命令から逃げようとする部下もいる。つまり、命令どおりに行為が行われるか否かは、命令を出す側というよりもそれを「受け取る側（受容者）」によって決まるとも考えられる。従って、ある人に権限があるか無いかは、実は職場のルールやその人の専門知識などによって決まっているのではなく、その人の出す命令が部下に「受容されるか否か」によって決まると言える[4]。

3. 権限（命令）のダイナミズム

それでは、どのような場合に命令が受け入れられない（権限が受容されない）のであろうか。具体的に考えてみると次のような場合が挙げられる。①上司の命令が部下にとって「意味不明」の場合には受け取ることはできない。それは、言葉自体が理解できないことがあるかもしれないし、その人の言っていることの内容がわからないこともある。また、②上司の命令がその組織の目的や目標、あるいは理念などと食い違っているときには、部下はそれを受け入れてよいのかどうか戸惑うだろう。さらに、③その命令が、部下自身の目標や理想と食い違う場合にも、それを受け入れてよいのかどうか、迷い悩むことがあるかもしれない。あるいは、④その命令に従いたくても、その時点で肉体的、精神的に従える状況でないときには、受容することを拒むことがあるであろう。

以上のように考えると、上司が権限を発揮して部下に命令を受容してもらえるためには、命令の伝え方や命令そのものの内容、そして受け取る側の状況などを配慮しなければならないことがわかる。もちろん、このようなことを配慮しなくても、ある上司の命令であれば、盲目的に従おうとする部下が存在することも確かである[5]。そのような場合は、上司にはカリスマ的なリーダーシップがあるということになるのかもしれない。

以上のように、組織における権限（パワー）とは、単に上司（あるいは組織のトップ）が常に持っているというものではなく、上司と部下との関係、つまり「リーダーとフォロワー」との相互作用のプロセスから、絶えず「生まれているもの」と考えることができる。さらには、その相互作用を包み込む全体状況から上司も部下も影響を与えられていることもある[6]。そのような、相互作用によるダイナミックな権限関係を生み出している場こそ、組織というところなのである。

（三井　泉）

---

[2] これを「権限上位説」もしくは「権限法定説」と呼ぶ。つまり、権限の源泉が組織階層状の上位にある、もしくはその根拠が法的に定められているという意味である。

[3] これを「権限職能説」と呼ぶ。

[4] これを「権限受容説」と呼ぶ。この考え方は、C.バーナード（第4章1節参照）が主著『経営者の役割』において「権限上位説」に対して提示した考え方である（バーナード[15]178頁）。

[5] 個人の受け入れる命令の範囲は、①絶対に受け入れられない②受け入れるか受け入れないかの中間③問題なく受け入れる、という3つのカテゴリーがあり、この③の範囲のことを、C．バーナードは「無関心圏」(zone of indifference) と呼んだ（バーナード[15]177頁）。

[6] M.P フォレット (Follett) による「状況による法則」を参照のこと。

さらに知るための参考文献
磯村[121]、三井[200]

5. 会社・職場の「個性」「癖」「掟」

キーワード

社風、経営理念、会社人間

1. 職場の「個性」

会社に限らず、長く続いた人間集団には、その集団に特有の「個性」のようなものがあることに気がつくだろう。例えば、学校組織においても、「校風」や「スクールカラー」という言葉があるように、集団の個性は、行動ルールとその雰囲気などを含んだ全体を表すものとして認識されている。

これは、会社組織においても同じで、日常的な何気ない挨拶、メールや電話での応対の方法、公式的な会議の場から非公式的な飲み会でのふるまい方に至るまで、職場における様々な場面で、職場の個性を感じることがある。このような会社全体の個性は、「社風」などの言葉でよばれる。私たちは、自分が所属している職場に、独特の行動ルールとそれを取り巻く職場の雰囲気の全体を感じながら働いている。

学校や会社、さらにはその中のクラスや部署において形成される、独特な行動ルールやそれを取り巻く雰囲気は、複雑な要因によって形成される。例えば、学校の先生や職場の管理者などが発揮するリーダーシップは、行動ルールや雰囲気に大きな影響を与える要因の一つである[1]。その他には、集団の目的や目標、構成するメンバー同士や他の組織との関係性とそこから発生する役割、過去の成功や失敗の体験、会社や学校全体がもつ文化や伝統なども、行動ルールや雰囲気に影響を与える要因である。

しかし、職場の個性は当然のものとみなされている場合が多く、その職場に所属している成員には、気づかれないことも多い。職場の個性が意識的に感じられるのは、異動や転職などをきっかけとして新たな職場の一員となった時などである。

2. 職場の「癖」

会社のような人間集団は、仕事の効率性の観点から分業がすすみ、部署ごとに役割や責任が異なる機能別組織（職能別組織）[2]となる。機能別組織とは、製造、営業、人事、経理など主要な機能（職能）ごとに分けられた組織のことを指す。会社が機能的に構造化されるのは、多数の人々が働く組織を効率的に統制するため、役割や責任の範囲を必要とするからである。言い換えれば、会社は自らを動かしていくための行動ルールを意図的に創り出し、それに自らを従わせることで管理している。したがって、会社には、機能分化した職場ごとに形成される行動ルールや考え方が固定化されやすい。

会社の行動ルールが長期にわたって確立されるようになると、そこには「経営理念」とよぶような、会社の価値観や規範が生まれる。経営理念は会社の大きな方向性を示したものであり、会社全体を統制する役割を果たす。そしてそれは、その会社での目に見えない構造として機能し、日々の実践の中で教え込

---

(1) リーダーシップが組織文化 (organizational culture) とよぶような組織の全体に与える影響を考察した研究に、シャイン[302] がある。シャインによれば、組織文化とは組織成員に共有されている価値観・思考と行動のパターンであり、リーダーの役割は、組織文化の創造・管理・破壊である。

(2) 小規模な会社や、単一商品しか扱わない会社の多くは、組織が専門分化する過程で、機能別組織を採用する場合が多い。また、商品数が増え、複数の事業を運営するような大規模な会社になると、事業部制を採用する場合が多い。このような事業戦略の変化とそれにともなう組織形態の発展過程を考察した研究にチャンドラー[26] がある。

まれ、組織全体に共有化されることによって、堅い岩盤のように会社を支える基礎となる。

これまでの日本企業は、新卒社員の一括採用と、離職率の低い長期的な雇用関係によって、独特の強固な文化が形成されてきたと考えられている。日本的経営研究の第一人者である岩田龍子は、かつての日本の経営組織を「高圧窯」のようなものであると表現している（岩田 [136]）。終身雇用とよばれる長期雇用を前提とした日本の会社では、仕事における人間関係が、プライベートな生活空間にまで及び、密度の高い人間関係が構築された。つまり、組織からの出口をふさぎ、従業員に圧力をかけることで、組織に対する忠誠心、一体感を高めることに成功したのである。これは、いわゆる「会社人間」の誕生であると同時に、会社に強固な文化を創り上げることにつながった[3]。

こうして、人々が日々の職場での実践において試行錯誤を繰り返し、組織の中に成功や失敗の経験が積み重ねられた結果、一定のルールや規範が、強烈な会社の「癖」となって定着することになる。

3. 職場の「掟」

職場の個性があまりに強固に形成されると、それがいつしか、絶対に守らなければならない「職場の掟」として成立する場合がある。例えば、学校組織でも歴史や伝統のある部活動のクラブなどでは、先輩から後輩へと連綿と受け継がれた「教え」や「しきたり」があり、それが掟として存在していることがある。これは会社においても同じで、会社の掟として暗黙の行動ルールが形成されているケースが少なくない。中には行動ルールが明文化されている場合もあり、極端な例ではあるが、大手広告代理店の電通には、「鬼十則」という行動規範があり、電通の営業マンの掟として、その行動ルールが徹底されていたことで有名である[4]。このような秩序化の力が強く働けば、自分たちのやり方に全てのメンバーを従わせるよう、同調的な行動をうながし、組織のルールを強制しさえもする[5]。

新人は掟のような「組織の不文律」に気づかないことがよくあるが、もし掟を破ってしまったらどうなるのか。上司や先輩から「ここじゃあ、こうなんだよ」と裏でたしなめられるだけではすまず、場合によっては「見せしめ」として、会議で吊し上げられたり、部署を異動させられたり、具体的な制裁を受ける可能性もある。大きな制裁が課せられ、掟を守るように強く強制力が働く会社ほど、ある面では強い組織（個人の行動ルールを縛る力を持つ一枚岩的な組織）といえるのかもしれない。職場の個性は、組織の目的達成にとって促進要因にもなれば、阻害要因にもなる。

職場の個性がプラスに働けば、組織の目的を共有化させ、組織の力を高め、結果として高い成果を残すことができる。しかしそれが行き過ぎると、過労死、燃え尽き症候群、パワーハラスメントなど、職場に関わる様々な弊害を引き起こす恐れもある[6]。職場がますます多様化する中で、職場の個性を強みへと変え、全体としての組織をいかに機能させていくか、これがこれからの企業の課題である。

（渡辺泰宏）

[3] 会社人間という言葉は、1970年代の高度経済成長期に登場した「モーレツ社員」や、1990年代以降に使われるようになった「社畜」という言葉など、時代によって変わってきた。仕事にのめり込みながら盲目的に働く人のことを表した言葉であるが、会社と個人の関係が変化する中で、時代においてそのニュアンスは若干異なる。古くは、ホワイト [371] の著作に巨大組織にからめとられる人間として登場した。

[4] 電通の「鬼十則」という社員の心得は、2015年に発生した電通の新入社員の過労自殺が社会問題化したをきっかけに、翌年には社員手帳から削除され廃止されることとなった。会社が従業員に対して強い忠誠心を求めることをよく示した例証の一つである。

[5] 職場における同調を促す行動（集団圧力）は、集団の研究で古くから観察されている。社会心理学の端緒となったホーソン研究では、非公式集団の発見とともに、集団のルールにしたがわない仲間に対してビンギング（肩を殴りつける行為）とよばれる強制行動が観察されている。

[6] 過労死などの職場の労働問題は、日本全体の生産年齢人口の減少や非正規雇用の増加などの労働環境の変化に関連している。雇用者側である会社は、女性や高齢者、外国人労働者などの新しい働き手にとって働きやすい職場環境を実現するとともに、仕事の効率（生産性）を高めるという課題に直面している。

6. 会社・職場の「ウチとソト」

キーワード
　成員性、セクショナリズム、企業系列と企業集団

1. 会社における「ウチとソト」

　前節で論じられた職場の個性が形成される過程で、個人と組織の関係が深まると、個人は組織に対して帰属意識や、さらには愛着をもつようになるのは珍しいことではない。例えば、「ウチの学校では」とか「ウチの会社では」とか何気なく口にするように、個人は、自分が関わる組織とその他の組織を区別し、組織に対して「ウチとソト」の意識を持つようになる。

　日本の会社では入社式のような儀礼によって、会社の内集団への仲間入りを果たし、職場内教育訓練によって会社の一員として育てられる。つまり、個人は職場のふるまい方を身につけていくことで、徐々に組織の一員らしくなるのである。例えば、大学を卒業して就職したばかりの新卒社員は、上司や先輩社員との協働の中で、仕事の能力を高めるとともに、組織の行動ルールと規範（組織の癖や掟）を学び、一人前の職業人になるとともに、「組織人」ともなる。

　個人がその組織の人間らしさ、つまり「成員性」[1]を獲得していくことで、会社には、仲間意識や共同体意識のようなものが生まれ、いつしかそれは「ウチとソト」を区別するような意識となる。会社と外部環境とを分ける境界、会社内の下位組織としての職場を分ける境界があり、このような境界は目に見えずあいまいであるはずなのに明確に感じられる場合がある。このように会社では、仲間集団の形成によって「ウチとソト」が意識され、明確に区別される。

2. 職場における「ウチとソト」

　このようなウチとソトの感覚は、いつしか「縄張り意識」となり、組織の弊害となる場合がある。これは、前節で述べた機能別組織がマイナスに働いてしまった一つの状態としても理解されるが、「セクショナリズム（縄張り主義）」とよばれる一種の機能不全状態である[2]。前節で明らかになったように、職場における個性は、会社ごとにも異なるし、同じ会社内でも部署が違えば大きく異なる場合がある。大きな組織になればなるほど、となりの部署の顔が見えない、何をやっているのかわからない、ということはよくあることだ。なぜなら、権限や責任の範囲が明確で、規則に縛られるようになると、自分の仕事だけをしていればよい、というような考えや行動に陥りやすくなるからである。部署間の溝が広がり、対立状況が深刻化すると、コミュニケーションがうまくとれず、それぞれの部署が別の方向を向いてしまい、会社全体の経営に支障を及ぼすことも少なくない。

　一方で、このような内的集団の境界線を巧みに利用した会社の生存戦略は、かつて「企業系列」や「企業集団」とよばれた[3]。取引企業を限定した企業グループを形成することで、相互利益を享受するタテとヨコの強固な関係が構築されたのである。複数の企業によって形成された企業集団や業界ルールは参入

(1) 共同体における徒弟制の質的調査から、組織への「参加」を通じた学習過程を明らかにした研究にレイヴ・ウェンガー[173]の「状況的学習論」がある。レイヴ・ウェンガーによれば、個人は共同体への参加の程度を深めていきながら、共同体の先人たちとの「教え、教えられる」相互の学習過程によって、成員性を獲得していき、一人前へと成長する。また、バーナード[15]の組織論における「組織人格」という概念も、組織の中で働く個人が、組織成員としての人格を形成するということを表した概念である。

(2) このような縄張り主義は、「官僚制の逆機能」とよばれる組織の機能不全状態の一つである。官僚制とは、規則に従った合理的な組織を指し、多くの組織はこのような官僚制的な側面をもつ。したがって、規則に縛られるあまり機能不全になるという逆機能は、多くの組織において共通の課題である。

(3) 企業系列とは、その産業を代表する有力企業（例えば自動車産業におけるトヨタ自動車）を頂点として、それに従属する取引企業間に見られるタテの結合関係のことである。日本の製造業の大企業は部品をそれぞれ下請けとなる企業に発注しており、親会社・子会社のような緊密な関係を継続的に構築してきた。一方、銀行や商社を中核とする企業集団は、異業種の有力な大企業が相互に支援しあうヨコの関係である。旧財閥系の三井・三菱・住友、そして銀行系企業集団の芙蓉・三和・一勧の六大企業集団が有名である。

障壁となり、内的集団の秩序を安定化させるのに役立った。しかし現在は、企業系列も企業集団も、経済のグローバル化による業界再編の流れの中で解体が進んでおり、新たな技術連携や共同開発などのゆるやかな「知の結合関係」が模索されている。

3. 境界を越える・壊す・創る

　会社の境界線が明確になると、会社は良くも悪くも外部に開かれず、内部志向を強めるようになる。したがって現代企業の課題の一つは、この境界線を越えたり壊したり、それを新たに創ることである。小説やテレビドラマの主人公のように、自分の正義感にしたがって、組織の境界を壊すヒーローはあこがれの存在ではあるが、現実的には、もっとゆるやかに境界線を越える方法が必要である[4]。会社においては、組織の境界を越える様々な方法が考案されている。

　かつて日本の終身雇用を前提とした大企業の雇用環境においては、定期的に部署を異動する配置転換がこのセクショナリズムを打破するものとして、機能していた一面がある。なぜなら様々な部署を経験することで、それぞれの部署の実情を知るとともに、会社内の幅広い人的ネットワークによって境界線を越えたコミュニケーションが活発になるからである。日本的経営が崩壊したと言われて久しい今日では、例えば、部門を越えてのプロジェクトチームは、組織の相乗効果を生む一つの方法である。各事業部から有能なメンバーを集め、期間限定のプロジェクトを発足させ、普段は交流の少ない他部署の従業員同士が協働できる場を作ることで、コミュニケーションの活性化を促すことができる。

　また、オフィスレイアウトの工夫による、コミュニケーションの活性化の方法として、オフィスのフリーアドレス制を導入する企業も出てきている。通常、職場には決まった自分専用のデスクがあるものだが、フリーアドレス制は固定席をおかず、自由度の高いオフィス空間の中で、部署の垣根を取り払うように設計されたオフィスのことである。現代の情報技術を活用し、オフィスの形を従来とは変えることで、物理的にコミュニケーションの方法や情報の流れを変えることを狙いとしている。

　また、個人においても、従来のように会社に依存しない働き方とともに、社会との「ゆるやかなネットワーク」の中に生きる個人も生まれている。個人が関わりを持つのは、会社に限らず、趣味のサークルやボランティア組織かもしれないし、地域のコミュニティであるかもしれない。そのような様々な組織との関係の中で、個人は社会の一員としての役割を期待されるようになり、他のコミュニティにおける経験が、会社組織における様々な場面で活かされることも可能である。個人にとって会社は、給料だけでなく、能力や地位や人間関係など、多くのものを得る場所であることは現在も変わりないが、会社の境界線に縛られない、地域社会や他の共同体とのつながりが、現代人に求められているのではないだろうか[5]。

（渡辺泰宏）

(4) 例えば、池井戸潤のベストセラー小説『オレたちバブル入行組』はテレビドラマ化され、堺雅人が演じる主人公の半沢直樹のセリフ「倍返しだ」は、その年の流行語となった。日本社会の中で、半沢直樹のようなキャラクターが脚光を浴びるのは、彼が組織という見えない境界線を楽々と越えて、時にはそれを壊して見せる爽快感からであろう。

(5) 例えば、ドラッカー[48]は、個人と会社そして社会との新たな関係の変化をいち早く捉えた。現代の新たな労働者像を「知識労働者（knowledge worker）」とし、会社の寿命が短くなり、会社と個人の関係が変化する中で、現代人にはコミュニティとのつながりが必要になるということを指摘した。

こらむ COLUMN コラム
会社文化の「醸成」─京セラの「コンパ」─

　会社文化の「醸成」、それは事業活動や創業思想、独自の経営方法などによってのみ行われるとは限らない。実は、「運動会」「コンパ」「お祭り」「ピクニック」など、事業活動とは直接関係のない行事の中で、独自の会社文化や風土が育まれていくことも多い。ここでは、創業以来今日に至るまで連綿と続けられ、経営の基本理念「稲盛哲学」や独自の事業システム「アメーバ経営」とともに、会社のもう一つの「顔」にもなっている京セラの「コンパ」について紹介しよう。

　京セラのコンパの歴史は1959年の創業時にまでさかのぼる。その意義について、創業者の稲盛和夫は「仲間と率直にコミュニケーションを図る場であり、同時に、私の考えを皆に理解してもらうための大切な場です。長い時間をかけて、できるだけ多くの人と話し合うことで、お互いに信頼できる人間関係を築き上げてきました」と語り、創業後20年以上にわたってすべての部署のコンパに参加していたという。

　現在でも、忘年会、新年会、社員の歓送迎会のみならず、新規プロジェクトの立ち上げや成果達成など、事業イベントに合わせて多くの部署でコンパが行われ、社内にはコンパ用の部屋（和室）まで設けられているところも多い。以前、私が参加させていただいた京セラ関連会社（2000年から京セラ傘下）では、極めて「真摯」かつ「熱心」にコンパが行われていた。仕事を終えた60名ほどの従業員が社内の和室に集まり、5〜6名ずつが一つのテーブルで鍋を囲み、若手社員の司会により、まず代表者が順番に新規事業への「決意」などを真摯に語った。やがて時の経過ともに会場は熱を帯び（鍋の火のせいだけではない）、上司と部下の壁は次第に溶け始め、テーブルを超えて話の輪が広がっていった。仕事上の問題点やチームの人間関係など、その内容は多岐にわたっているようであったが、最後には新任地へ向かう社員への激励とともに、全員が一丸となって事業への目標達成を誓った。酔いが回り、目標額を一桁多く叫ぶ部下に目を細める上司、全員が大爆笑のうちにお開きとなった。そこで行われていたのは、単なる「飲みニケーション」に留まらない、公式－非公式関係を超えた「濃い会社文化」の醸成であった。そこに京セラの「秘密」の一端を垣間見た思いがした。よそ者の私には、その一体感はやや異様でもあったが、どこか懐かしく温かく、そして羨ましくもあった。

　多くの会社には、それぞれ事業活動とは別のこのような「秘密の仕掛け」があり、それが人と仕事や組織を繋いでいる。それを発見するのも経営人類学者の醍醐味のひとつである。

（三井　泉）

第5章
会社は何をしているのか？

　本章では、会社で行われている「しごと」（業務）には大きく分けてどのようなものがあるか、ということを学ぶ。まず、最初に「会社を起こす」ということを「事業」と「会社（企業）」という二つの側面から学んでいく。次に、「ものづくり」（生産）とは何かということを、人類がものを生み出してきた歴史をたどり、「作る」「造る」「創る」という3つのプロセスに沿って学ぶ。その次には「あきなう」（販売）とは何かについて、「買うこと」「売ること」の根本から考えてみる。その上で、会社に関わる「おかねの動き」について、どのように工面（調達）し、使い、世の中で回していくのかについて学ぶ。また、今日会社経営で重要な役割を担っている「情報」について、その進化の過程を歴史的に俯瞰する。最後に、「企業の社会的責任」について、欧米と日本の比較を踏まえて検討する。この章を通じて、会社の「しごと」とともに「社会での役割」も考えたい。

1. 会社のしごと

キーワード

起業、事業継続、会社のしごと

1.「会社を起こす」ということ

会社を始めることを「起業」[1]と呼ぶ。どのような会社にも始まりはあるが、それは誰か（あるいは団体）の動機から始まる。「このようなものがあったらいいな」「このような店があったら助かるな」「このようなサービスがあれば便利なのに」「このようなことが実現すれば社会がよくなるはず」といった、私たちの様々な願望が起業の動機となる。それは、個人の夢から始まることもあれば、日常生活の必要性から生まれることもあり、社会問題の解決のためのアイディアから起こることもある。このような様々な夢や動機が、実際に会社という形で実現されるには、どのようなことが必要なのだろうか。

起業とは「会社を起こすこと」であると同時に「事業を起こすこと」でもある。会社が行う「ものづくり」や「商品・サービスの提供」などを「事業（ビジネス）」[2]と呼ぶが、会社が継続・発展していくためには、この事業が顧客に受け入れられ、社会的ニーズ[3]を満たしているかどうか、ということが最も重要となる。

事業は、世界中に通用するものあれば、地域社会に特有のものもある。また、時代を超えて存続するものもあれば、比較的短命に終わる事業もある。例えば、自動車や電化製品などは世界共通のものであるが、その国の法規や気候風土、生活習慣などにより、用途や仕様等が変わることがある。また、食品などは宗教や生活習慣により材料や調理方法が異なることから、製造や販売の方法にも地域により違いが生ずることがある。同じ製品を作り続けている会社であっても、時代の変遷により、その製品の使われ方や顧客の好みが変わり、製品の材料や製造方法も変えなければならないこともある。

このように、事業は時代、文化、社会を色濃く反映していることから、起業に際しては、顧客のニーズの背後にある時代的特徴や文化背景なども敏感に感じとり、他の会社が行っている類似事業との差別化[4]を図る必要がある。

2.「事業の継続」と「会社の継続」

ひとたび起こされた事業は、顧客やそれを取り巻く社会が必要とする限り、継続されなければならない。たとえある会社が倒産してしまっても、その事業が多くの顧客から必要とされるのであれば、他の会社が代わってその事業を行うことがある。例えば、大変効果の高い薬品を作る会社が倒産した場合、それを必要とする顧客（患者）がいれば、その薬品の生産はどこかの会社に引き継がれる必要がある。または、その代替薬を作る会社が現れてくるかもしれない。つまり、世の中で必要とされる事業は、会社が消滅した後も生きのびていく。

これとは逆に、立ち上げた会社を継続させていくために、経営者が事業を変化させていくこともある。例えば日本の伝統的和食器を製造、販売していた会社が、時代の変化とともに和食器を使用する顧客が減少し、その変化に対応し

---

(1) 新しく事業を起こすことを「起業」と呼び、起こした人のことを「起業家（アントレプレナー：entrepreneur）」と呼ぶ。「創業」と呼ばれることもある。類似した言葉に「ベンチャー（venture）」があるが、これは革新性や独創性、新市場の開拓などを含むものを意味することが多い。

(2) 事業 (business) とは、会社が営利を目的として継続的に行う製品やサービスの生産・販売のことであり、「会社が行う仕事」のこと。事業を達成するために、会社の各部門で行われる仕事は「業務」、個人個人が行う仕事は「職務」などと呼ばれることがある。本節ではこれらを総称して「しごと」と表記する。

(3) 社会的ニーズとは、社会の多くの人々が必要としていることであり、会社が事業を起こしたり、継続するにあたって、必ずこれを把握する必要がある。例えば、地球温暖化が加速し、真夏の温度が上昇すれば、これに対応する電化製品や衣類、食料品などの需要が増えると予想される。このようなニーズをいち早く掴み、事業化することが企業経営には必要となる。

(4) 差別化とは、市場で競争する他の会社に対して、自社の個性を打ち出していくための経営戦略の一つである。例えば、製品やサービスの質の向上、新しい販売方法やルートの開拓などがこれにあたる。

て、和食器の技術を用いて別の事業を展開する場合や、全く別の商品を製造、販売する会社に転換する場合もある。

　このようなことから、「会社の存続」と「事業の存続」とは異なることがあり、会社を存続させるためには、絶えず会社を取り巻く環境の変化に敏感に反応して、事業を見直していく必要がある。

3.「経営する」ということ

　上で述べたように、「会社を継続」させるために行うことの全体を「経営」と呼ぶ。その中身を詳しく見ると、①目標を設定し、②目標を達成するための手段を計画し、③それに必要な資源（ヒト、モノ、カネ、情報など）を集め、④それをどのように組み合わせていくかを考え、⑤それらを用いて実際に事業（製品を作る、販売する、サービスを提供するなど）を行い、⑥その結果得られた成果をチェックして、もう一度目標や手段を見直して次の実行に移していく、というような流れとなる。これを「経営プロセス（サイクル）」[5]と呼ぶ。

　会社の中では、5年～10年などの長期に及ぶものから、3年～5年の中期、1年以内の短期、あるいは1日～1週間程度の超短期のものなど、期間の異なる様々な経営プロセスが同時に動いており、それを通じて、事業が実現されていく。これらの最も長期で大きなサイクルを対象に全体を管理している層を「経営者（トップ・マネジメント）」と呼び、中期及び中間層を「中間管理者（ミドル・マネジメント）」、現場の運営管理を行う層を「監督者（ロワー・マネジメント）」と呼ぶことがある[6]。

4.「会社のしごと」とは何か

　このような経営プロセスをさらに詳しく見ていくと、会社の中で行われている「しごと」は大まかに次のように分類できる。①元手となる「資金を調達する」②製品の「原材料を購買する」③製品やサービスを「開発・設計する」④製品やサービスを「生産する」⑤人材を「採用、育成、配置する」⑥製品やサービスを「販売する」⑦会計や財務を「統制し、評価する」⑧以上を全体として「管理する」というようなしごとである。会社の規模の大小により、これらのしごとには違いが出てくるが、私たちが「会社に入る」ということは、これらのしごとの何かを担うことを意味する。欧米の会社では、一つのしごと（職種）に限定して採用され、会社にいる間はその一つのしごとに従事する場合もあるが、日本の会社では、新卒一括採用により、まずは「真っ白な」状態で入社し、これらのしごとを横断的に行いながら教育を受け、いろいろな職種に対応できる人材育成を行うところが少なくない。このような経験を積むことにより、同一部門のみならず他の部門での人間関係も広がり、そのような積み重ねによって、将来的に会社全体を見通せる管理者が育まれることになる。

　以上のように、会社の中ではいろいろな種類のしごとが行われているが、これらは全体として統一されることにより製品やサービスとなり、市場で取引されて顧客の元にわたり、その結果として会社の成果が達成されることになるのである。

（三井　泉）

(5) 経営プロセス（サイクル）とは、「計画 (plan)―実行 (do)―評価 (check) →計画…」（PDCサイクル）と一般に呼ばれており、設定された目標を有効に達成するための一連の手順を単純に示したものである。これは会社に限らず、目的達成を目指す多くの組織で行われており、目的達成のための個人行動にも活用可能である。

(6) 組織の階層をさす「トップ」「ミドル」「ロワー」というのは、会社における「社長―部長―課長―係長」などという特定の役職とは、必ずしも一致するものではなく、それぞれの組織において、相対的に決まるものである。組織がこのような階層になるのは、目的が効果的に達成されるために、命令が統一され、管理する部下の人数が限定されたり、権限と責任が明確に決められている必要があるためである。

さらに知るための参考文献
ドラッカー [49]、日置 [99]、片岡他 [145]、中牧他 [225]

2. ものづくり：作る・造る・創る

キーワード

家業、工業化社会、情報化社会

1.「作る」

人類が日常生活において何かを「作る」ことを始めたのは、動物などの狩りを行うための道具（槍や刃物など）や、食物を食べるための道具である食器（陶磁器など）などであったと考えられる。また、寒さから身を守るための衣類として、獲物の毛皮を加工するようになり、革製品などへ発展して行く。その後、村落などの生活共同体を形成し定住して農作物などの食物を「作る」ことを始める。その収穫量が増え、長期保存の必要性などから発酵食品などが生み出される。日本では、味噌・醤油・酒といった醸造品が各集落で作られるようになる。衣類であった革製品は馬具や防具となり、槍や刃物はさまざまな武器や金属製品へと発展し現在にまで至る。

このような農耕社会では、ものを「作る」主体は家族や親族などであったと考えられる。この家業としての「ものづくり」は、技術や資産が現代にまで継承されているものもある。これら初期のものづくり形態は現代においても生き続けており、陶磁器の食器類は現在でも生活必需品であり、有名ブランド品[1]として扱われているものもある。酒についても、ワイン・ビール・ウイスキー・日本酒など、その地域の特性に応じて数多くの種類に発展し、現代に至る飲食ビジネスの基盤を担っている。革製品に代表される衣料品やバッグなどは、高級ブランド品[2]として現代でも人気を集めている。

2.「造る」

18世紀後半、人類は産業革命により鉄という強靭な素材と蒸気機関という大きな動力源を手に入れる。各地に製鉄所や発電所などが整備され工業化社会を迎える。そして、工業製品の大量生産時代となる。その代表が、1910年代の米国T型フォード[3]の「大量生産方式」[4]の確立である。単にものを「作る」時代から、ものを如何に作るのか、方法と規模を競う「造る」時代を迎える。ものを大量に生産し、大量に輸送して市場に届け、消費者へ大量に販売する、「大量生産・大量消費」時代が到来する。これらを担う無数の組織が生まれ、社会生活にとって必要不可欠な「会社」組織として世界中に広がって行く。

その後、ものを「造る」技術が国家間で競争されるようになり、科学技術が急速に発展する。2つの世界大戦により、軍事技術力が国の存亡を左右するまでに至る。第二次世界大戦後も東西冷戦[5]が続き、航空・宇宙技術や核・原子力技術、通信技術など、技術競争が各国間で繰り広げられる。科学技術の発展は軍事から民間に広がり、20世紀は「ものづくり」の世紀となる。家庭用電化製品、自家用自動車、電信電話機器、これら最先端の科学技術と大量生産技術の組み合わせが世界規模の有名な会社を生み出す。欧米では、GEやフィリップス、GMやフォード、AT&TやIBMなどの巨大企業が現れ、国内におい

---

(1) 陶器のブランドとしては、日本のノリタケや英国のウエッジウッド (Wedgwood) などが有名。

(2) 一例として、フランスのエルメス社 (Hermès) は馬具工房として創業し、現在はバッグなどの革製品からファッション全般に及ぶ高級ブランドとなっている。

(3) 米国フォード・モーター社が1908年から1927年頃までに約1500万台を生産販売した自動車。

(4) ベルトコンベヤーを使用した流れ作業による生産方式で、「フォードシステム」とも呼ばれる。

(5) 第二次大戦後、米国を中心とする西側自由主義諸国と、ソ連を中心とする東側社会主義諸国による政治・軍事・経済的な対立構造。

ても、松下電器やソニー、トヨタや日産、NECや富士通など、ものづくりの大企業が登場する。

その後、国家間の競争は軍事力から経済力へ移り、貿易戦争の時代を迎える。ものづくりの競争は、技術力に加えて品質管理やコスト競争力が重要となって行く。戦後、日本製品は品質の悪さに悩まされていたが、デミング博士[6]などから統計的な品質管理手法を学び、やがて日本製 (Made in Japan) は高品質の証となる。その後、トヨタが独自のものづくり思想である「JIT」[7]を確立する。「顧客にとって、必要なモノを、必要な時に、必要な分だけ作る」という考え方は、単なる大量生産技術の域を超えて、トヨタの「経営思想」にまで昇華され、のちに「TPS」[8]として世界中のものづくりに大きな影響を与えることになる。

3.「創る」

1989年の東西冷戦の終結により、東側諸国[9]の市場と労働力が一気に開放され、ものづくりの主役は低賃金の中国などのアジア諸国に移り、欧米先進国では金融や情報通信分野へと経済の中心が移行する。インターネットが急速に普及し、マイクロソフト社のWindows95[10]のヒットなどにより、世界中の人々がパソコンなどを使いインターネットを通じて容易に繋がる情報化社会が到来する。情報通信技術はIT[11]と呼ばれるようになり、ITによる新たなサービスやビジネスモデルが次々と生み出され、ものづくりの形態も大きく変化すると共に、価値の主体が「モノ」から「コト」へと移り、新たな価値を「創る」時代を迎える。

従来のものづくりは、「ハードウェア」と呼ばれる形あるものが殆どであったが、情報化社会では、「ソフトウェア」と呼ばれるデータやプログラム、システムが主体となった。また、ハードウェアの中にもプログラムが組み込まれ、その価値を高めた。ITの進化と普及は、設計情報や製造データの伝送や共有を容易にし、ものづくりの国際的な分業化を加速させ、電子機器の製造を請け負うEMS[12]と呼ばれる巨大製造企業が出現した。その典型例が、米国アップル[13]が生み出したスマートフォン[14]やタブレット端末[15]などである。アップル社は、主に企画開発を行い、実際の製造は世界最大のEMSである鴻海精密工業 (Foxconn) などに委託する形態をとり、短期間に世界市場をカバーした。

さらに、インターネットとスマートフォンの急速な普及は新たなサービスを次々と生み出した。Googleが提供する検索などのインターネットサービス、SNS[16]などのコミュニケーションサービス、YouTubeなどの動画共有サービス、米国アマゾン[17]によるネット通販サービスなど、さまざまなインターネットサービスが世界規模で普及し日常化した。これらは、単なる商品やサービス提供の域を超え、人々の生活スタイルやビジネス形態を変え、多くの産業に大きな影響を与えた。今後は、これらのサービスから得られる膨大なデータが「Big Data」として新たな価値を生むと考えられ、一つの企業が、世界的な価値観や生活習慣、さらには一種の「文化」までも「創る」時代になったと言える。

(北村正仁)

(6) 米国の統計学者で、戦後日本の国勢調査で来日し、日本の製造業経営者に統計的手法による品質管理の重要性を説いた。その功績から「デミング賞」が創設された。
(7) Just in Timeの略。顧客にとって、必要なモノを、必要な時に、必要な分だけ作る生産方式。
(8) Toyota Production System (トヨタ生産方式) の略。「自働化」とJITという2つの基本思想により徹底的なムダの排除を行う経営手法。
(9) 東西冷戦時代のソ連を中心とした共産主義・社会主義国家。東ヨーロッパや中国・ベトナムなど。
(10) 1995年、マイクロソフト社が発売したパソコン用基本ソフトの名称。
(11) Information Technologyの略で、情報通信技術の総称。
(12) Electronics Manufacturing Service の略で、電子機器の受託生産を行うサービスや企業のこと。台湾の鴻海 (ホンハイ) 精密工業などが有名。
(13) 故スティーブ・ジョブズが1977年に創業した米国のコンピュータメーカー。2007年に社名をアップル・コンピュータからアップルに改名した。
(14) 携帯電話とコンピュータ機能を融合した個人用携帯機器。アップルのiPhoneが代表的で、略称として「スマホ」とも呼ばれる。
(15) スマートフォンを大きくしたような携帯情報端末。アップルのiPadが代表的で、個人だけでなく様々な業務で利用されている。
(16) Social Networking Serviceの略語。日本ではLINE、世界ではFacebookやTwitter、Instagram等が有名。
(17) 正式名称はアマゾン・ドット・コムで、1994年にジェフ・ベゾスが創業した世界最大のネット通販会社。

さらに知るための参考文献
大野 [259]、デミング [41]、クレイナー [35]

3. あきなう：買う・売る・欲しくなる

キーワード
商い、異文化、柔らかい視点

1.「あきなうこと」

　私たちは毎日、膨大な種類の財を消費しながら生活している。しかし、それらの財のほとんどは自分が生産したものではなく、他人が市場で販売することを目的に生産した商品[1]であり、私たちはそれを貨幣[2]と交換することによって手に入れている。現代社会は分業が高度に発展した社会であり、生産と消費は同じ主体ではなく、別々の主体によって営まれている。こうした生産と消費の間にある隔たりを、「買うこと」と「売ること」の取引の連鎖によって架橋していくのが商業者[3]の「商い」と呼ばれる活動である。そして、現代における「商い」は商品が「欲しくなる」仕組みを構築し、販売問題を解決しようとするマーケティング[4]へと発展している。

2.「買うこと」と「売ること」

　「商い」の語源としての「空きを縄う」という言葉は、商業者が同じ商品に対する評価の差異を「発見」し、それを取引によって媒介することで利潤を獲得する行動を表したものになる。つまり、商業者は同じ商品が、ある地域では安く評価され、別の地域では高く評価されているという評価の差異を「発見」し、安く買った商品を高く売ることによって利潤を獲得するのである。こうした商業者の「商い」を表したのが下の図5.1である[5]。

図 5.1. 商業者の商い

$$G \underset{\substack{W=700円\\「買い」}}{\underline{\text{【地域A】}}} W \underset{\substack{W=1000円\\「売り」}}{\underline{\text{【地域B】}}} G'$$

(G：貨幣，W：商品，G' ＝ G ＋ ⊿G)

　この図1では、商業者は【地域A】で商品（W）を700円で「買い」、それを【地域B】で1000円で「売る」ことによって300円の利潤（⊿G）を獲得している。ここで商業者が利潤を獲得することができたのは、「買い」が行われている【地域A】と「売り」が行われている【地域B】との間で同じ商品（W）に対する評価が異なっているからである。例えば、商品（W）が「緑茶飲料」であるとすれば、【地域A】の文化圏では日常的な飲み物として低く評価されていたのに対して、【地域B】の文化圏では嗜好的な飲み物として高く評価されていたのかもしれない。こうした、同じ商品に対する評価の差異の発見と取引による架橋は、かつての遠隔地交易の商人が異なる文化圏の取引に利潤を見出した行動と基本的には同じであり、その意味では、商業者の「商い」は異文化間にブリッジを架けることで利潤を獲得する行動であるということができる。

---

[1] 共同体の内部で生産力が発展すると「余剰生産物」が生み出され、共同体間で「物々交換」が発生する。「物々交換」が発展すると、交換される生産物は最初から交換を目的にして生産される「商品」として産出されるようになる。

[2]「物々交換」が成立するためには「欲望の両面の一致」「交換比率」「交換単位（数量）」という課題を解決しなければならない。これを解決するのが「貨幣」である。「貨幣」が登場すると、交換は「売り」と「買い」の二つの交換に分裂することになるが、物々交換の困難性は大きく緩和されることになる。

[3]「貨幣」が登場したとしても、交換は容易に実現されるわけではない。「売り」を行う人は「買い」を行う人を探索し、「買い」を行う人は「売り」を行う人を探索しなければならない。こうした双方向の探索にかかる費用を軽減するために登場するのが「商業者」である。

[4] マーケティングは20世紀初頭のアメリカにおいて、「工場でつくることよりも、売ることの方が難しい」という深刻な販売問題に対処するために現れた新しい「商い」のテクノロジーである。

[5] G-W-G'の図式はマルクス『資本論』の「資本の一般的定式」を表しているが、本稿では、その記法を借用しているものの、異なる意味で用いている。

3.「欲しくなること」

　商業者の「商い」において、同じ商品に対する異文化間の評価の差異が利潤の源泉であるとすれば、利潤はそうした評価の差異が「発見」できなくなったときに消滅してしまうことになる。こうした問題に直面したとき、「商い」は新たな方法によって利潤を獲得する術を開発しなければならなくなる。これを解決しようとするのが、マーケティングと呼ばれる新しい「商い」のテクノロジーである。このマーケティングと呼ばれる「商い」の新しさは、これまでの商業者のように同じ商品に対する評価の差異を「発見」するのではなく、自らがそれを「創造」する点にある。

　たとえば、「緑茶飲料」を製造する飲料メーカーのケースは、こうしたマーケティングのお手本であるということができる。現在では、「緑茶飲料」はコンビニエンスストアなどで身近に購入にすることができ、どこでも気軽に飲むことができる飲料となっている。しかし、そうした消費文化が確立するまでは、「緑茶」はわざわざ急須に茶葉をいれて、屋内で手間をかけて飲むという消費文化が一般的となっていた。飲料メーカーはこうした「従来の消費文化」に対し、缶やペットボトルでどこでも気軽に「緑茶」を飲むという「新しい消費文化」を提案することで[6]、「緑茶」に対する消費者の評価を変えていった。

　ここで注意しなければならないのは、こうした「新しい消費文化」は飲料メーカーの製品差別化やプロモーションなどのマーケティングの働きかけによって生まれたものであり、以前から存在していたわけではないということである。飲料メーカーは現在ではなく未来の消費者が「欲しくなる」ものを先取りし、それを「新しい消費文化」として提案することで、「従来の消費文化」との間に自らが評価の差異を「創造」し、「緑茶」に対する消費者の評価を変えていったのである。その意味では、飲料メーカーによって提案された「緑茶」の「新しい消費文化」は、「従来の消費文化」に馴染んでいた消費者からすると未知のものであり、全くの異文化であったということができる。そのように考えると、マーケティングという「商い」は未来の消費者が「欲しくなる」ものを先取りし、それを現在の消費者に対して異文化として提示することで、自らが同じ商品に対する評価の差異を「創造」していく活動だと捉えることができる。

　以上の議論からもわかるように、同じ商品に対する評価の差異を「発見」するにしても「創造」するにしても、「商い」という活動の基礎には、「ものの見方が変われば、価値が生まれる」という柔らかい視点が存在していることに気づくはずである。一面的な視点からではなく、多面的な視点からものごとを評価する。こうした柔らかい視点でものごとを評価できる豊かな感受性が「商い」においては求められるのである。

（河田祐也）

[6]「緑茶飲料」は 1985 年に伊藤園やサンガリアが缶入り緑茶を発売したことに始まるとされる。

さらに知るための参考文献
伊賀 [110]、石井 [119]、岩井 [129]、内田 [350]

4. おかねは動く：集める・使う・回す

キーワード

資金調達、支払手段、キャッシュフロー

1. 資金調達の現場

映画「男はつらいよ」で太宰久雄扮するタコ社長は印刷会社の経営者としていつも汗をふきながら金策に走り回っていた。おかねを工面することはいつの時代も経営者にとって最大の関心事である。

資金を調達する方法は様々である。会社の外部から資金を調達する場合は銀行借入れや債権や株式の発行が挙げられる。オーナーである経営者が会社に資金を投下することも会社からみれば外部資金の調達である。近年ではマーケティングを兼ねたクラウドファンディング[1]による資金調達も増えている。

銀行から安定的に資金を調達するために会社が特に親しくする金融機関をメインバンクとよぶ。一般にメインバンクはその会社の融資や預金額が最も大きい金融機関であるが、会社とメインバンクの関係は資金調達にとどまらない。経営者の資産管理から従業員の給与振込口座、住宅ローンといった個人レベルでも密に関係する。銀行と会社の担当者はそれぞれ自社で営業目標を課せられると、互いに協力して自分のノルマを達成しようとすることも珍しくない。

利益をあげている会社が内部留保や減価償却[2]によって自己資本を蓄えることも一種の資金調達といえる。また国や地方自治体などによる補助金や助成金もスタートアップ前後の会社や中小零細企業にとっては重要な資金調達の手段である。補助金や助成金の仕組みは分かりにくい面があり、申請の準備も煩雑である。そうした資金があることすらよく知らない経営者や経理担当者も多い。仮に補助金などの制度があると分かっても、小規模な会社では経営者が申請書類の作成まで手がまわらないのが実情である。もちろん限られた予算枠を獲得しようと国会の補正予算成立の動向を注視して募集が始まるや否や申請に走る猛者もいる。

2. お金の使い方、使われ方

お金は使い方によってその価値が変化する。例えば1万円の服を買う人をみてみよう。1万円札を使って支払った場合、買った人の手元からは1万円がそのまま出ていく。しかしクレジットカードを使った場合はポイントやマイルが貯まることがある。ポイントやマイルは一定の条件を満たすことで現金に近い価値を持つ。すなわち支払手段としてクレジットカードを使うことでポイントを得た人は金銭的な出入りをトータルでみると1万円より少ない支出で1万円の服を手に入れることになる。

それでは人は皆、使えるお店では必ずクレジットカードを使うかといえば答えはNOである。1万円より実質的に安い支出で服が買える方法があってもその支払手段を選ばないことがある。同一人物が同じ店で同じモノを買うときでさえ、現金とクレジットカードを使い分けることがある。買い物の現場では買

---

(1) 不特定多数の人、群衆 crowd から資金提供 funding を受ける仕組み。クラウドコンピューティングのクラウドは雲 Cloud の意味であり、これとは異なる。

(2) 固定資産について取得した金額と耐用年数に応じて費用として配分すること。会計上の利益が減るが現金収支は減価償却した分だけ増える。

うか買わないかといった迷いの先に、どのような方法で支払うかという選択が待っている。そこには経済合理性だけで捉えきれない消費者行動の実態がある。

　販売する側のお店では何が起きているだろう。現金でなくクレジットカードが使われると実質的な売り上げは1万円より少なくなる。クレジットカードを使って支払われた金額に対して数％の手数料をカード発行会社に払うからである。服が売れても値札より少ない金額になる、と分かっていても、店は多様な支払方法を用意したい理由がある。それはようやく購入を決断した消費者が望む方法で対応したいからである。買う意思があっても「カードが使えない」となると、支払方法を理由として買わないことも想定される。するとそれまでの店の努力は水泡に帰する。たまに飲食店で「お会計は現金のみ」といった張り紙をみかけることがある。繁盛店で現金だけの取り扱いでも利用者が減らない商売ができれば、クレジットカード会社へ手数料を支払うこともなく利益率は高くなる。もっとも現金の準備や保管コストを考えてお店サイドからクレジットカードでの支払いを望む場合もあり、対応はさまざまである。

　商行為の成立に必ず関わる支払手段、今や支払手段自体が大きなビジネスのターゲットになっている。もっともおカネに代表される支払手段をイノベーションの対象として認識されるようになったのは最近のことである。電子マネーや交通系ICカードが普及し、今はフィンテック[3]によってさらに注目されている。世界中で支払いの現場に先進的な動きが起きている[4]。支払手段や決済サービスの分野では今後さまざまなイノベーションが期待される。

3. お金の動きをみる

　お金の循環に着目したとき、会社は世の中のお金をより大きく、より早く動かす役割を担う拠点と捉えることができる。会社が努力して画期的な製品やサービスを世に送りだせば、多くの人が購入し（お金を手離し）、お金は社会の中で動きはじめる。アントレプレナーシップ（起業家精神）を発揮して新規事業を起こした会社が成功することも、社会の中でお金の流れを活性化させる点で同様の効果を持つ。

　ウォークマンやプレイステーションなど画期的な商品を世界に送り出してきたソニーは、実は経営管理の分野でも挑戦的な取り組みを進めてきた会社である。ADR[5]発行やニューヨーク証券取引所上場など日本企業として先鞭を切った事例は多い。いまや就活では定番のエントリーシートや多くの企業で採用されている執行役員制度を主導したのもソニーである。特筆すべき点は財務会計の領域、キャッシュフローに対する洞察である。会社にとって会計上の利益は意見であり、現金（キャッシュ）の動きを重視して経営すべきという考え方を早い時期から提唱、実践してきた。ソニーが多くのイノベーティブな製品を実現した背景として、財務面における革新的な取り組みも見逃せないポイントである。そこには会社におけるお金の流れを先入見なく観察し、本質を突き詰めて考え抜いた知見があった[6]。

（河野憲嗣）

(3) 金融 finance と技術 technology を組み合わせた造語。先進技術を活用することで革新的な金融サービスの提供を目指す動きがおきている。

(4) レストランで料理を注文するときタブレット端末を操作することで料理の発注から顧客の会計が処理されるだけでなく、レストランの帳簿を記帳したり時間単位での売上を管理できるシステムはその一例である。

(5) American Depositary Receipt の略称。米国以外の企業が発行した株式を裏付けとして、米国で発行される有価証券。

(6) 現在、一般に普及している財務会計や企業統治における多くの制度について、ソニーの伊庭保が果たした役割は大きい。

さらに知るための参考文献
青木・パトリック [10]、
伊庭 [107]、岩本 [133]

5. 情報の進化：計算する・記録する・伝える

キーワード
情報化社会、デジタル化、コンピュータ

1. 情報に関する3つの機能

会社の中にはさまざまな情報が存在する。ヒトに関する採用・評価・報酬などの情報。モノに関する研究・開発・設計の情報や調達・生産・販売などの情報。カネに関する売掛・買掛・借入・返済や決算の情報。さらに、これら企業活動の意思決定を行う会議や決裁の記録。そして有価証券報告書[1]やホームページのように社外に公開する情報などもある。

これら会社にある数多くの情報の中で、特に重要なものとして会計情報がある。商品の売買、売掛と買掛[2]、出荷数や在庫数、借入金や投資の管理など、お金に関する情報の管理は、会社経営にとって非常に重要なものである。この会計情報の管理には、そろばんなどで金額や数値を正しく「計算する」行為や、その出入りや増減を帳簿などに「記録する」行為が必要で、さまざまな工夫が行われて来た。また、郵送などで離れた場所や複数の相手に情報を「伝える」行為もある。このように、情報の重要な機能として「計算する」「記録する」「伝える」の3つがあり、本節ではこれら3つの情報の進化を見てゆく。

2.「計算する」

会社の発展に伴い必要な計算が大量で複雑になると、古来の計算道具であるそろばん[3]から計算尺[4]や機械式計算機[5]など、新たな計算機器が使われるようになる。20世紀に入ると「電子計算機」が発明され徐々に普及して行く。事業規模が大きくなり、複雑で大量の数値を正確に計算する必要に迫られると、IBM[6]などの大型計算機が企業に導入されるようになり、手計算では数時間〜数日掛かる計算が、数秒〜数時間で可能となった。当初は会計計算（決算処理）や給与計算などに利用され、その後、製造業の工場における複雑で大量な生産計画（所要量）を計算する"MRP"[7]として利用されるようになった。1990年代には会社全体の資産（リソース）を管理する"ERP"[8]へと発展した。

3.「記録する」

会社における最重要情報は「会計情報」と言え、これを正確かつ公正に記録する方法として「帳簿」（簿記）[9]が発明された。古くから「紙」に記録されてきたが、情報化社会の到来で、紙の記録から電子記録へと変化した。合わせて電子情報の多様化も進んだ。会計などの数値情報の次に文字情報も電子化されるようになり、その後、音声・画像・動画なども電子化された。現在では、ほぼ全て情報が電子化つまり「デジタル化」されるに至っている。情報の電子化・デジタル化は、情報を記録するだけでなく、伝達することにも大きな影響を及ぼした。

---

(1) 金融商品取引法で規定され、一定規模以上の企業が、事業年度ごとに企業内容や業績などを外部への開示するための資料。

(2) 商品売買の決済を商品の受渡し時ではなく、ある期日を決めて行う信用取引。商品を渡したが未回収の代金を売掛、商品を受取ったが未払いの代金を買掛という。

(3) 珠を用いた計算補助用具。世界各地にさまざまな形態がある。

(4) 棒状や円盤状形態で、乗除算、三角関数、対数、平方根などの計算を行うアナログ式の計算道具。

(5) 歯車などの機械要素を用いて計算を行う計算機で、日本では「タイガー計算機」が有名。

(6) 米国の電子計算機メーカー。正式名はInternational Business Machines社で創業は1911年。

(7) Materials Requirements Planningの略で、生産計画で必要な資材の所要量を計算するもの。

(8) Enterprise Resource Planningの略で、生産・販売・会計・人事等の情報を統合的に管理する基幹業務システム。ドイツSAPが有名。

(9) 会社の経済活動を継続的に正しく記録する台帳を帳簿と呼ぶ。この帳簿の記帳法が簿記で、単式と複式の別があり、商業簿記・工業簿記・銀行簿記などの業種別簿記の種類がある。最終的に損益計算書や貸借対照表が作成される。

4.「伝える」

当初は数値情報だけを扱っていた「電子計算機」は、徐々に文字情報を扱えるようになって行く。これに伴って「コンピュータ」と呼ばれるようになり、会社に1台の大型電子計算機から、1人1台のＰＣ[10]の時代を迎える。複数のコンピュータを繋ぐネットワーク技術が発展し、インターネット[11]が一般に開放される。会社の情報伝達手段は、手紙や書類の郵送、電話による会話、電話回線を利用するテレックス[12]やFAX[13]などから、インターネットを利用する電子メール[14]へと進化する。その後、音声や画像・動画も電子化され、各社のウェブサイトから世界中に公開される。さらに受発注やビジネスそのものがインターネット上で行われ、ネット通販や各種ネットビジネスへと発展する。

5. 情報の進化

情報技術の進化は、会社の仕事形態を大きく変化させただけでなく、社会にも多大な影響を与えた。この情報の進化を1つの図に示した。扱うデータの形態変化を横軸に、それを扱う人数変化を縦軸に示した。次に、道具の変化を横軸に、記録の形態変化を縦軸とし外枠に示した。このデータの進化と使用機器の進化の2つを重ねたものが図5.2である。初めは帳簿に始まり、電子計算機の登場で会計処理、生産管理そして基幹システム[15]へと発展する。文字情報が扱える電子メールが広がり、社内ではグループウェア[16]、社外では豊かな情報発信のホームページ[17]に発展する。最近では、ネット通販やSNSと呼ばれる個人による情報発信。更には個人間での商品売買や個人でのネット起業にまで至っている。これらの変遷を使っている道具から見ると、そろばんから大型計算機そしてPCやスマホへと進化している。また、これら情報の記録方法は、紙による帳簿から、磁気テープなどの電子記録に移り、情報量の拡大に伴いサーバー[18]と呼ばれる大型情報施設に集約され、更に最近では、クラウド[19]と呼ばれる世界中の巨大サーバーネットワークへと発展している。このように、情報化社会の到来により、会社の中の情報の進化も急速に進んだ。

(北村正仁)

図5.2　情報の進化

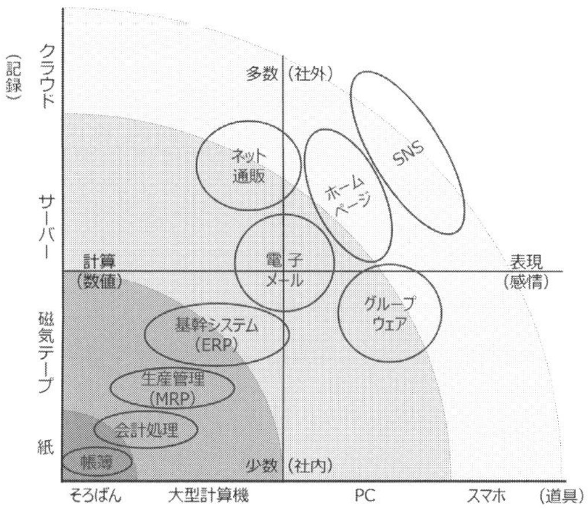

(10) Personal Computer の略。各自が使用する小型コンピュータで、日本ではパソコンと呼ばれる。

(11) 世界中のコンピュータネットワークが共通規格で接続された、ネットワークのネットワーク。

(12) 電話回線や専用線を利用し、遠隔地と文字情報をやり取りする専用機器や仕組みのこと。

(13) ファクシミリの略で、電話回線を利用し、遠隔地に画像情報を伝送する機器や仕組みのこと。日本ではファックスとも呼ぶ。

(14) インターネットを利用して、世界中の誰とでも文書のやり取りが行えるサービス。

(15) 企業の主要業務を行うための情報システムの総称で、会計・購買・生産・販売・在庫・人事・給与などがあり、これが1つに統合されたものが前述のERPである。

(16) 社内のコンピュータネットワークを利用し、様々な情報を共有化するためのシステム。電子メールや電子掲示板、スケジュール管理や電子決済機能などを持つ。近年では、イントラネットとも呼ぶ。

(17) 各会社や組織がインターネット上に情報公開するウェブサイトのトップページや全体を指す。

(18) コンピュータネットワーク上でサービスやデータを管理して提供する側の機器やソフトを指す。サービスを受けて利用する側は、クライアントと呼ばれ、パソコンやスマホなどが使用される。

(19) インターネット上で様々なサービスや情報を提供する機器や仕組みの総称。利用者はどこに何があるのか意識せず利用するため、雲 (Cloud) の絵で表現されたことが由来。

さらに知るための参考文献
梅田 [353]、濱野 [83]、村井 [208]

6. 会社の責任：「市民社会」か「会社世間」か

キーワード
ステークホルダー、市民社会、会社世間

1. ステークホルダーと社会的責任

　会社は社会的関係の中で活動している。例えば、株主や金融機関から資金の提供を受け、原料提供業者から材料を仕入れ、従業員から労働力を提供してもらい、製造された商品を消費者に販売することで利益を得る。このような関係を円滑に繰り返すことで、会社は継続していくことができる。この関係がどこかで滞ってしまうと、会社の経営は滞り成長も望めなくなることがある。このような関係者（集団）―出資者、関係会社、従業員、消費者、政府、地方自治体、地域社会等―のことを「ステークホルダー (stakeholder)」（利害関係集団）と呼ぶ。会社が順調に事業を展開するためには、会社の利益のみならず、このステークホルダーの利益も同時に配慮しなければならないのである。

　一方で、会社は「社会の公器」であると言われることがあるが、それは、会社が市場の中で自らの利益追求を目指す経済的主体であるのみならず、社会の中で雇用を促進したり、政府や自治体に税金を支払ったり、事業活動に伴う地域のインフラ[1]を整備したり、事業活動以外の社会貢献活動を行うなどして、広く社会に有益な活動を行う主体であることを示している。そして、このような社会に対して会社が行うべき活動全体のことを「企業の社会的責任 (Corporate Social Responsibility: CSR)」と呼ぶ。

　ところで、上記のようなステークホルダーに向けた社会的責任の考え方は、主として欧米型（特にアングロ・サクソン型）の「市民社会」[2]を前提としているが、実は日本にはそれとは異なる「世間」という社会のとらえ方がある。「市民社会」と「世間」この二つを比較してみると、そこでの「会社の責任」の考え方もかなり異なって見えてくる。ここでは、そのような比較の視点を示した上で、グローバル化に向けた会社の社会的責任について考えてみよう。

2.「市民社会」と「会社世間」

　ステークホルダーという考え方の背景にあるのは、会社を「利益共同体」「経済主体」として捉え、それを取り巻く関係者を「利害関係」の観点から捉えようとする見方である。このステーク（stake＝所有権をあらわす杭）という言葉には、会社に対する「利権」と「請求権」という二つの権利が含まれている。つまり、ステークホルダー達は、会社から利益を得る権利を持つと同時に、会社から損害を与えられた場合には損害請求を行うことができる、という権利を持っている。それと同時に、会社もまた社会を構成する一員であり、事業活動を行う「権利」を有する以上、当然社会に対して貢献する「義務」ないし「責任」があるという考え方である。

　つまり、欧米型の「市民社会」の個人の権利と義務の関係と同様に、「市民」としての会社（企業市民）にも権利と義務の関係が当然のことながら与えられ

[1] インフラストラクチャー (infrastructure) の略。社会生活や産業社会を成立させるための基盤のこと。道路、水道、ガス、電気、情報網など、生活を支える社会的基盤。

[2] イギリスやフランスの市民革命以降に成立した近代市民社会のこと。そこでの個人（市民）は、政治的、宗教的な自由を保障されており、私有財産や商業活動が政府により認められている。このように自立した個人が契約により他者と結びついている社会。

ており、それを守ることが責任を果たすことになるという考え方である。つまり、会社は利害関係者との関係を通じて、社会と「契約」関係にあると言える。

これに対して日本の場合には、必ずしもそのような関係とは限らない。会社は利益共同体であると同時に「生活共同体」でもあり、周囲との関係は「社縁共同体」[3]とも呼ばれるような相互協力関係によっても結ばれている。その関係は経済的利害のみならず、社会的便益の共有をも含んでいる。このような関係の在り方は、一般に「世間」と呼ばれるものに類似している。

阿部謹也によれば世間の特徴とは、第一に、社会を構成する主体(個人や会社など)が他者と明確に切り離された「個」であるのに対し、世間を構成する主体は、全体との「関係性」から作られるということ。第二に、相互の関係は「権利-義務」の関係ではなく、「贈与-互酬」に基づく「報恩-感謝」の関係にあること。第三に、「長幼の序」(年長者への尊敬)が重んじられるということであり、第四に、「時間意識」が共有されているということ、である[4]。

このように「会社と社会の関係」は、その背後にある文化背景により、大きく異なっていることがわかる。それでは、このような違いを前提とした場合に、日本における会社の社会的責任はどのように理解すればよいのであろうか。そして、グローバル時代の社会的責任へ向けて、どのような点を考慮しなければならないのであろうか。

3. 会社の社会的責任-「社会」と「世間」の間で-

ここで「会社世間」(会社から構成される世間)における「社会的責任」とは何なのかを考えてみたい。上で述べた特徴から明らかなように、会社世間における最大の責任は、個々の主体(会社)の利権を守ることよりも、むしろ会社世間全体の利権を守ることが第一となる。また、互いの利権をめぐって争うよりも、むしろ長幼の序を守り、共通の時間認識(世界観)の中で、時には自社の利益を損なうことがあったとしても、会社世間全体の調和と利益のために貢献する、ということが責任的な行為となる。このようなことのできる会社が、日本の会社世間の中では「大人の」あるいは「成熟した」会社として高い評価を得ることもあろう。しかし、このことにより、個別の利害関係者の利権を無視する結果ともなりかねない。さらに、このような意味での会社世間の「責任」の果たし方は、おそらくグローバル社会においては理解されにくい。実際に、今日の日本企業の不祥事の中には、このような「世間」と「社会」の間で、互いの責任の考え方の違いに端を発するものも多いのではないか[5]。そして、そのことと気づかずに、互いに無益な争いを繰り返している、あるいは一方的に「前近代的」というレッテルを張りつけて退けているのではないか。そのどちらもグローバルとは言い難い。まず必要なことは互いの違いを理解した上で、相互に橋を渡す努力をしていくことである。

実はこのような場面こそ、経営人類学の視点が効力を発揮する。経営人類学はこのような二つの異なる世界観の両方を観察し、それぞれの違いを比較してその特徴を明確にしたうえで、双方が互いに理解できる言葉や概念に翻訳し、さらに当事者が討論できるような枠組みを提示するためにある。　　(三井　泉)

[3]「社縁」とは、職場や学校、趣味や同好会、政治や宗教団体など、共通の目的や関心を持つ人々の集団における関係を広くさす言葉である。しかし、この経営人類学では、主として「会社における人間関係」を意味しており、それに基づいて成立している共同体を「社縁共同体」と呼ぶ。

[4] 阿部[1]95-98頁。

[5] このような事例として、オリンパスの米国における経営不祥事が挙げられる。北村正仁によれば、オリンパスが米国で不正取引と認定された事例では、日本での販売慣行の違いによるところも多いと言う(北村[157])。

さらに知るための参考文献
三井他[196]、三井[197][201]、山本[383]

こらむ COLUMN コラム
英国の陶器継承と経営文化

　日本では、高級磁器や漆器類を除いて、皿などの日用陶器類を家族や親族内で継承する慣習はあまり見られない。一方、英国では、歴史的に陶器を「先祖伝来の家財」(heirloom) として親族内で継承する習慣がある。元来、高品質の陶器（特に磁器）は中国や日本といった「極東」の国々からヨーロッパにもたらされ、18世紀の英国貴族は陶器を貴重な輸入品として扱っていた。そのため、陶器は、貴族の「高貴な家系」の証明に利用され、「一族のステイタス」を増強する威信財として世代間継承された。その消費スタイルは18世紀から19世紀に他の社会階級に追従された。このような陶器というモノの伝播の歴史が、英国において陶器の意味や扱い方に対する独自の経営文化を形成し、陶器の親族継承という慣習を生み出したと考えられる。

　現在、英国の一般家庭で継承される陶器は、すでに親族内で世代を超えて受け継がれてきた陶器だけでなく、結婚や死のような通過儀礼や家族の記念日などに現家族に贈られた陶器、さらに次世代に継承する目的で購入した陶器などである。実際に人々の家を訪ねて調査すると、家庭で親族継承されている陶器は、主に親族の通過儀礼の贈物や相続品であることが明らかになった。それらは、祖母と母親や母方から受け継がれる傾向が強く、祖母から受け継ぐ場合は父方からが多い。それらの陶器は、ほとんどが使用されずに、ガラス張りの飾り棚などに「展示」あるいは食器棚の奥に「保管」されている。

　継承された陶器は「展示」することで威信になり、過去の家族の記憶が居間などの空間に日常的に具現化されて受け継がれる。通過儀礼や記念日などの特別な機会に、継承された陶器を「使用」すると、特別な食事を味わいながら、その陶器にまつわるエピソードが語られ、過去の家族の記憶はより生き生きと人々のなかに甦り、各世代をその系譜に繋げることができる。家族や親族との関わりが希薄になっている現代社会において、継承された陶器が人々の中に親族としてのつながりや一体感が生まれるきっかけにもなる。英国における陶器の親族継承は、人々が現代において自らの帰属を認識し、表現するための柔軟な経営文化であり、継承される陶器は家族や親族というかけがえのない人々を繋いでいるモノといえるだろう。

（塩路有子）

祖母の結婚式のティーセット

家族の写真とともに棚に飾られる皿

第6章
異文化（まれびと）との接点

　本章は、今や日常用語ともなったグローバル時代には、海外はもちろん国内においても、また職場や私生活の場でも、いわば「まれびと」（民俗学者折口信夫が名付けた、異人、の意）同士が交錯する渦中にいることをあらためて振り返り、変化する社会とどのように向き合うのかがテーマとして扱われている。ネットや電子機器、ロボット、AIなど、非人間的で無機質な知的存在に囲まれて日常生活が営まれているように見える昨今でありながら、やはり生身の人間同士の face-to-face の交流・軋轢、喜怒哀楽からは逃れられないこともまた、現代社会のリアリティであると思われる。本章の執筆者の陣容も、日本国籍者ばかりでなく外国国籍者から成り、長年にわたり、国際的環境に身を置き観察・研究を行ってきた人ばかりである。紙面は限られているものの、本章を通じて、グローバル時代の職場の諸相と今後参考とすべき思考の転換へのヒントを見ることができる。

1. 統計で見る海外進出企業

キーワード
日系企業、インバウンド企業、ものづくり大国

1. 海外進出企業とは

　海外進出企業といっても一定の定義があるわけではなく、統一した統計の取り方もないように見受けられるが、一定の基準によって1973年から統計をとってきた東洋経済新報社による『海外進出企業総覧』（国別編）と同社の『外資系企業総覧』（1985年から）に依拠して、数字を見るだけでも、歴史的な変化が概観できる。

　まず、日本の高度経済成長期の後期1970年代を見ると、72年、全産業の上場企業のうち、453社（内製造業323社）が海外拠点を置き、その数は年々増加の一途をたどり、79年には、ほぼ2倍の763社（内製造業530社）になり、現地での雇用者数が初めて100万人に達したという。日本からの派遣駐在員数も2万人程度に達している。現地雇用100万人のうち、アジア圏が61万人、次いで中南米18万人、北米7.6万人、といった数字が見られる。

2. 世紀の展開とアジアのダイナミズム

　これが、2002年には、主要な海外進出企業数だけでも、4,000社を超え、さらに2017年には5,000社を超えている。企業数とは別に、「現地日系法人数」を見ておくと、バブル経済終焉に近づいた1990年には、世界に11,484法人、さらに1997年には18,223法人に増え、2002年18,800、2007年21,226、そして2017年には29,904、と増加の一途をたどり、この四半世紀でほぼ3倍近い法人数になっている。

　進出先を国別あるいは地域別に細かく見る紙面の余裕はないので、特筆すべき増加を見せているのは、やはり、アジア地域である。1990年アジア全体でも4,299の現地法人数に過ぎなかったものが、2017年には18,719法人と、約4倍に増加しており、次に多い法人数を持つ、北米の、1990年の3,286から2017年の4,158への増加数を圧倒している。同時期に、欧州は2倍（2,173法人から4,378法人）で、中南米も864法人から1,488法人と増加が見られるが、中近東、アフリカ、オセアニア、などは法人数3桁で、わずかに増加している程度である。ちなみに、アジアでも中国だけで、1990年の395法人から、2017年6,774法人が記録され、実に17倍となっている。

　付言すべきは、上記のどの地域においても、日系法人が置かれる国の数は増加している。たとえば、アジア・東南アジア地域では、1990年16か国から2017年には25か国となっている。それほど日系の企業が世界の隅々に拠点を展開するようになってきていることが分かる。

3. インバウンド企業

　目を転じて、日本国内に、外国籍の法人がどれほど増加してきたのかも、見

ておきたい。既述の『外資系企業総覧』という資料は、資本金5千万円以上及び外資比率50％以上の1,000社余りの主要企業と、外資比率20％以上の主な外資企業2,000社余りが掲載されているもので、この総覧から傾向を見たい。

　1990年では、世界41の国籍が見られ、2017年になると58か国に増加している。G20を始めとした、世界の各地域の、特に経済力のある国々の企業が日本にも拠点を置いていることが分かる。この四半世紀の日本は「失われた20年」などと経済の低迷を嘆く表現が使われているが、その間むしろ、海外から日本に現地法人を開設する、いわゆる外資系企業、あるいはインバウンド企業とでも呼べる法人数は右肩上がりである。日本にまだまだビジネスの可能性があると判断されているものと見られる。

　その中でも、特に急速に数を伸ばしてきているのが、韓国・中国本土・台湾・香港など近隣と、シンガポールやインドなど、アジアの国々・地域がやはり中心である。数字を見ると、韓国（1990年16社から2017年171社）、以下同じく、中国本土（14社から113社）、台湾（4社から101社）、香港（21社から77社）、シンガポール（5社から57社）、インド（1社から27社）などと大幅に増加している。

　もちろん、北米や英・仏・独などの世界的な主要国もそれぞれ同期間に2倍程度増加しており、最大数のアメリカ1,160社（2017年）、ドイツ374社（同年）、などには、アジア系の法人は数の上ではまだ及ばぬものの、アジア近隣国からのインバウンド企業の増加率には目をみはるものがある。

4．「ものづくり」大国日本製品の評価のゆらぎ

　以上、数字だけをごく表層的に眺めるだけでも、日本企業の世界展開と、海外企業のインバウンド展開は、まさにグローバル化時代のダイナミズムを感じる。ただし数字だけでは見えにくいものがある。それは、「ものづくり」や「おもてなし」で象徴され喧伝される日本企業の製品やサービスが、グローバル化の大波の中でどのように評価されてきたのか、その変遷の実態である。つまり、かつて高度成長期には、日本で製品がつくられ主に国内で消費されていたのが、安い生産コストを求めて海外に進出し、日本に逆輸入されたり、あるいは、貿易摩擦を避けるために、生産国内で消費されたりした。この段階までは、未だMade in Japanのブランドがかなり普遍的に通用したはずであるが、新興国などの台頭の中で、日系企業の製品やサービスが、日本以外の途上国を含めた多くの諸外国でも流通するようになると、非常に厳しい競争にさらされ、明らかに日本製より品質の劣る他国の製品であってもむしろ好まれている。Made in Japanは依然としてブランドではあるとしても、世界的に増加する消費者にとれば、手の届く価格の商品で十分満足できる時代になっていることがうかがえる。日本国内ですら、日本製であるかどうかこだわらず、外国製の安価な商品やサービスを享受するようになっていること、すでに日常的な風景になった。

（住原則也）

2. 日本的経営の現地化

キーワード

日本的経営、経営の現地化、従業員の不満

1. 日本的経営

　日本企業の経営活動が欧米社会から注目されるようになったのは、日本経済の高度成長が始まった 1960 年代以降である。企業組織の考察には、様々なアプローチがあるが、日本の場合には、労働者のモチベーションを引き出す仕組みの解明が根本的な問題の所在として認められる研究が多い。これは、特に、アベグレン（Abegglen[4]）、ドーア（Dore[46]）などの欧米の研究に顕著に見出される特徴である[(1)]。この中で、特に関心の的となったのは、終身雇用、年功序列型の賃金制度、企業内労働組合を中核として形成される日本型の雇用システム（企業内福利厚生、内部育成型人事、集中的で多岐にわたる教育訓練も含む）を通して、従業員がどのようにモチベーションを高めているのだろうかという問題である。これに加えて、日本の企業組織を「共同体」として見て、これらの制度を一つの組織としてまとめ上げる組織文化を考察するのが文化人類学的な視点である。こういった研究の典型的かつ先駆的なものが T. ローレンの *For Harmony and Strength*（Rohlen[286]）である[(2)]。

　ローレンの考察では、入社式に始まる勤労生活と職場の教育訓練を通して、新入社員が会社の一員として育っていく過程が考察されているが、教育訓練は職場だけではなく、寮や社宅での毎日の生活も包み込む。勤務時間終了後の飲み会や週末の運動会や社内旅行、これらすべてが最終的には「会社」という一つの共同体意識を育み、組織の価値観が社員間で共有され、その結果として、For Harmony and Strength（和と力）というタイトルのごとく、組織の結束力と生産性を高めるのに貢献しているというのが本書の論点である（鷲見[322]）。こういった日本企業の制度的および共同体としての特徴に関心を払いつつ、このような経営組織が異文化の土壌でどれだけ現地化されうるのかという問題を考えてみたい。

2. 経営の現地化

　日本の企業の米国市場への進出は、製造業の場合、自動車産業と電子機器産業（ハイテク産業）を中心に 1980 年代以降から盛んに行われた。上で述べたような日本的な経営組織は米国市場進出の中でどれほど現地化されたのだろうか。

　工場では、日本的生産システムが現地に定着しつつある事実が指摘される反面、オフィスにおいては、緩慢な昇進と昇格のペースやトップレベルのアメリカ企業と比較した場合の給与水準の低さなどがアメリカ人ホワイトカラー中間管理職従業員の不満の源泉となるという事実もよく報告されている（Sumi[320]p.285；吉原[394]150 頁）。

　雇用の安定と労使協調を会社の社是として掲げていることでよく知られてい

---

(1) 労働が人間にとり苦痛であると伝統的に考えられている欧米から、1970 年代、経済の高度成長のまっただ中にいた日本企業の"サラリーマン"達の働きぶりを見て、「どうしてあれほど働けるのか」「何が日本人をあれだけ働かせているのだろう」と問うのも、素直な問題意識の現れといえる。

(2) 数多くの労働研究の中で、この研究が注目に値するのは、日本の企業組織の特徴を集団主義、温情主義、家族主義や愛社精神といった伝統的な文化的価値により説明付ける、いわゆる、文化論的解釈をしていることである。ラズが指摘するように、日本の企業組織の特徴を経営家族主義や温情主義により説明付ける文化論的解釈に比較して、日本の実証労働研究では、長期雇用の慣行や年功序列型の賃金制度のような、日本の企業組織のいわゆる「日本的」とみなされる制度の中に「合理性」を見いだそうとする立場が主流である（Raz[277]）。このような方法論的立場においては、結果として特殊性や唯一性を強調する文化論的解釈はさけられる傾向が大きい。しかし、実証労働研究の中で、組織文化が重要な考察の領域として認識されないのかというと、決してそうではなく、これからの研究領域の一つとして補足的に示唆されているにとどまる。

るある日系食品製造企業では、そのアメリカ工場においても雇用の安定を重要視していることも明確にしたい（鷲見[321]236-237頁）。全般的にみて、在米日系製造企業では、ノー・レイオフ・ポリシー（No Layoff Policy）を会社の重要な方針として掲げている企業が多く、アメリカ企業に比べて従業員の雇用の安定を自社の強みとしようとしている傾向が見られる。

　在米日系製造企業は組織制度の側面から見ると、アメリカ企業との類似点は表面的であり、経営の現地化が実際に進んでいるとは言い難い。日本人管理職や技術者の間では、米国にいても、仕事や生活に対するいわゆる「日本的な考え方」とも呼ぶことのできる価値観が共有されている。これらは、幅広い意味で、「働き方」に対する価値観であり、具体的には、時間の使い方、仕事と生活のバランスなどに対する考え方である。米国子会社の職場でも、これらの価値観が、厳格な仕事開始時間、長時間勤務、残業を厭わない仕事態度、（特に中間管理職に対する）自社でのキャリアの進展に対する期待などに反映される場合が多い。これに対して、アメリカ人従業員は、仕事と家庭生活のはっきりとした区別、より頻繁な昇格・昇進や昇給、仕事の明確な定義を好み、日本人従業員で共有されている価値観との間に大きな隔たりがある。

　意思決定の過程についてもここで触れておきたい。在米日系企業は米国現地法人であると同時に日本の親会社の海外子会社なので、親会社からのコントロールがあり、現地の日本人管理職やエンジニアは親会社の上司に目標の達成状況やプロジェクトの進捗状況などを常時報告しなくてはならない。

　例えば、現地の日本人とアメリカ人従業員とで成り立つワークチームで何らかの意思決定を下す必要がある場合、日本人従業員が日本の上司と連絡をとり、承認を得るまではチームとして正式に決定が下せない場合が多いこと、さらに、この過程に時間のかかる場合が多く、これがアメリカ人従業員の不満となるケースも報告されている。また、ファックスで親会社から重要な連絡がある場合、日本語だけで書かれている場合が多く、アメリカ人中間管理職の従業員が、意思決定の過程から、排除されているのではないかと感じ、これが不満の原因になるという例も報告されている（Sumi[320]p.204；吉原[394]136, 276頁）。

　アジアや欧州の日系企業の研究もある。経営の現地化により、商品開発と販売に成功した例の考察もあるが（中野・王[240]）、やはり、ここでも、「日本」対「現地」の軋轢が論点となる。日本人従業員と現地の従業員が相異なる「エスニックグループ」として認識され、日本人社員が優秀なグループとして位置づけられる関係性、そして、日本人社員を「中心」、現地社員を「周辺」として位置付ける権力的な不均衡の問題は、中国やイギリスにおける日系企業の研究でも指摘されている（王[364]; Zhu[398]; 松永[185]）。

　以上、ここでは日系企業の経営の現地化にあたり、文化の相違がどのように問題となるのかを幾つかの具体例を通して説明した。総じて、日系企業は、海外進出において、経営の現地化に関して多くの課題を抱えている[(3)]。

（鷲見　淳）

(3) 文化人類学的な研究には、事例研究に基づき、現地日系企業の経営の現地化（ローカリゼーション）の問題に考察の焦点を当てたものが多い。他方で、海外現地支社の経営は現地化すればそれで良いと言うものでもなく、グローバル企業組織全体の効率性の向上のための経営システムの水準化・標準化の必要性も考慮に入れる必要がある。このように、現地化の必要性と水準化・標準化の必要性のバランスの重要性を考察するグローカリゼーション（Glocalization）の問題も、日系企業の現地経営の実態の理解を深めるにあたり、興味深い論点である。

3. とつぜん海外赴任を命じられる時代

キーワード

海外進出、海外駐在員の仕事、人事異動

1. 日本企業の海外進出

　日本企業の中でも、松下電器（現パナソニック）、ソニー、YKK、キッコーマンなどの大企業は、日系企業の海外進出の中でもパイオニア的存在として知られている。これらの日本企業は、1960年代の日本経済の高度成長が軌道に乗る前の1950年代後半には、日本の国内市場の規模の小ささのために、時間の問題で国内市場が飽和状態になることを予見し、自社の販売拠点を海外に設立するなどして、海外市場進出のための布石を打っていったのである。日本企業のこうした海外進出のなかで、重要な役割を果たしてきたのが、言うまでもなく、海外駐在員である。ここでは、海外駐在員の仕事と役割に焦点を当てながら、日本の製造企業の海外での現地経営の実際について述べる。

2. 海外駐在員の仕事

　日系製造企業では、海外進出にあたり完全所有子会社[1]として現地法人を設立し、トップや経理のポストは日本人である場合が多い。現地法人であるので、現地のローカル人材の採用が基本であるが、製造現場の品質管理関連のポストは日本人の場合が多い。反対に、人事部長のポストには現地の人材が採用されるのが典型的なパターンである。これに加えて、生産技術や工場の製造ラインについての知識・ノウハウのある日本人技術系エンジニアが管理職として数人常駐しているのが普通である。

　海外駐在員の平均赴任期間は3～5年である（JILPT[288]29頁）。本社の人事部から海外赴任を突然に命じられ、1～2か月間で準備をして海外駐在員として現地に赴くことになる日本人社員であるが、大抵の場合は、日本本社での人事異動の為に3～5年間の現地滞在を限度として帰国することになる。年代からいえば30代～40代が圧倒的に多い。そのほとんどが既婚男性正社員である（JILPT[288]49-50頁）[2]。会社周辺のコミュニティーに居を構えることになるが、会社によっては、日本人駐在員が一つの地域に集中して住むことがないように配慮している場合もある（鷲見[321]230頁）。

　海外駐在員は、現地法人の社員であると同時に、日本の本社から特別の任務を与えられて現地で仕事をする社員である。一般的に、日本企業では、共同体としての意識が従業員に強く共有されていて、社員が海外に駐在する場合でも、日本本社の一員としての意識は変わらない（鷲見[322]）。日本本社との連絡のやり取りは、最も重要な任務の一つである。これは駐在員の労働時間に端的に反映される。労働時間の問題は、日本では、今日最も重要な政策上の課題の一つであるが、日本人海外駐在員の場合も同様に、簡単な問題ではない。欧米の日系企業の場合、現地ローカル社員は勤務時間が終了する午後5～6時には皆帰宅するのが普通であるが、米国の場合、日本との時差のため、現地の午後

(1) 企業の海外進出の仕方の一つで、海外現地国に本国親会社が100％出資で工場などの現地法人を立ち上げる方式で、これには、白紙の状態から、全てのプロセスを自社でまかなう新規設立投資（greenfield investment）と現地企業の合併・買収（M&A）とがある。日本の製造企業の多くはこの新規設立投資により海外市場に参入するやり方を採っていたが、最近では現地企業の合併・買収による海外市場参入も増えつつある。

(2) 日本企業の人事異動では、転勤は本社の人事部から突然に要求される場合が多い。国内転勤の打診時期は2週間前から1か月前が最も多く、海外転勤では1か月前から2か月前が最も多い（JILPT[288]29頁）。日本の企業の総合職社員は、勤務形態に関して、時間・場所・職務に限定性のない「無限定社員」と言われる。2～3週間後に地方へ、1か月後に海外へ転勤してほしいと要求されれば、承諾するのが当然といった「制限なく会社の命に従う」社員である。日本の会社のいわゆる「正社員」

5時は日本の仕事開始時間の午前9時に相当し、日本人駐在員にとっては、それから日本の上司への報告が始まる。2～3時間は職場に残り、仕事を継続するのが普通である。これは、いわゆる「残業」であるが、日本本社ではごく普通に見られる正社員の働き方である。事業や工場の立ち上げの場合には、日本人社員（駐在員のみならず、日本からの出張者もふくめて）の長時間労働は一層顕著になる。現地業者への対応と本社からのタイムリミットに追われ、毎晩夜中まで職場に残るエンジニアや駐在員も少なくなく、この日本的な働き方が現地採用の中間管理職から反発を招いた例もある（Sumi[320]p.205）。しかし、在米日系企業の多くは、日本企業ではなく、現地企業としてのイメージを強調することに腐心しており、今日では、日本人駐在員のこうした働き方を極力控えるようにアドバイスしている。

オフィスでの労働時間の問題に加えて、海外工場の現場では、様々なトラブルへの対応が必要となる。現地従業員より日本人エンジニアの方が知識もスキルもあるため、総じて、日本人のサポートが必要な状態にあるといってよい。特に製造現場では、日本の工場のエンジニアが出張して対応することになる。日本の業者や工場から出張してくるエンジニアの調整を受け持つのも現地の駐在員の役割である。工場立ち上げや品質に関わる指導に出向く際などは、入れ替わり立ち替わりで日本から多くの業者の社員やエンジニアが出張する。一握りの駐在者と日本からのエンジニアを中心とする長期出張あるいは単発的な出張で、現地従業員と協力しながら生産設備の立ち上げやラインの構築・修正をするイメージである（Sumi[323]）。

3. 日本人駐在員と現地従業員

日本の製造企業の海外進出の成功と失敗については今までに数多くの記事が書かれ、調査・研究がされてきているが、全般的には、工場の生産現場における日本的生産方式の移転の成功と、これに反して、オフィスでの現地採用のホワイトカラー中間管理職からの「日本的なやり方」に対する反発の例が数多く報告されている（Sumi[320]p.288；吉原[394]156頁）。日本的なやり方の例としては、日本本社中心の意思決定に時間がかかること、昇進や昇給のペースが緩慢なこと、経理における決済に関して現地従業員の裁量権が少ないこと、重要な意思決定が日本人従業員の中で共有され、いわゆる「日本語による経営」が現地でも温存されていること、などがあげられる。現地採用の重役が、自分は経営トップであるにも関わらず、日本人の部下が日本語により日本人社長にコミュニケーションをとり、情報が共有されない、さらに、自分が本社とのコミュニケーションの過程から排除されているといった現地従業員による「不満」は枚挙に暇がない。こういった従業員の不満は特にハイレベルのローカル採用の現地社員に多く見られるが、日本人駐在員の現地従業員に対する思いにもみられ、日本人と現地人とのプライドの衝突といったケースもしばしばである。これは、特に自動車産業の在米日系企業で顕著である（Sumi[320]p.286-292）。

（鷲見　淳）

のことであるが、製造大企業に最も顕著に見られる日本的経営の中核をなす要素である。さらに正社員は男性中心であり、女性は家事に専念するべきといった男性と女性のジェンダーに基づいた社会的分業と家族単位の犠牲や協力が前提にあった。このような社会的システムと企業の終身雇用は相互に補完的な関係にあり、日本の高度成長期以来今日でも、雇用労働者の社会保障（social protection）として機能している点が指摘される（Schoppa[304]37-66頁）。

4. 職場のグローバル化

キーワード

グローバルな交流、異文化の壁、多文化共生

1. 職場はグローバル化の縮図

　本章1節で見たように、戦後の日本人をとりまくビジネスシーンとは、製品ばかりでなく、日本の会社そのものが広く海外に展開し、また海外の会社も日本に現地法人を設立する、というグローバルな交流が右肩上がりに増加してきた歴史と見なすことができる。その傾向は、インターネットが地球の隅々まで普及し、遠隔のコミュニケーションが劇的に便利になっても、ビジネス上、人と人が直接対面する機会が減少するどころか、むしろ増加の一途をたどっている。

　その理由分析は別にして、とにかく、仕事を遂行するとは、海外出張や、駐在員として海外に出向くだけでなく、国内で仕事をしていても、海外からの出張者・駐在員と席を同じくするばかりか、さらに、外国籍の同僚や取引先と、会議、打ち合わせ、交渉などを行わざるをえなくなっている。加えて近年は、海外からインバウンドの観光客が増加すると、小売店やサービス業の店員は、毎日必ずといってよいほど、外国人の客に対応している。逆に客としてコンビニやファミレスに入っても、対応してくれる店員が、外国人であることも当たり前になっている。

2. ことばの壁

　このような国際色豊かな環境の中で、真っ先に問題になるのが、今も昔も、言葉の違いだろう。そもそも、慣れぬ外国語でコミュニケーションをしなければならないのは、ある程度外国語ができる人でも負担に感じることが多い。何十年も前から、「ヨコメシ」という用語が使われていた。読んで字のごとく、多くの外国語は、横向きに文字が並ぶ。したがって、外国語を使いながら、メシ、つまり食事をする機会、という意味になる。そしてそのニュアンスは、少ししんどい、気が重い、といった意味だと思われる。

　ヨコ文字の中でも、ビジネスに最も多用される英語などの教育機会は増大しているが、そのスピードに追い付けないほど、外国人との対面機会も増加している。さらに、アジアを中心に、非英語圏の国々からの人々との交流の場面も増加して久しい。しかし幸いなことに、アジア圏の国々では、日本語を学習して、日系企業などで働きたい人口も増加しており、国際交流基金の統計によれば、2010年代に入り、世界で日本語を学習する人の人口は、統計で調べられる範囲で、400万人近くまで増加しており、その8割近くが東アジアと東南アジアの国々であるという。ちなみに、海外での日本語学習者の数字は、40年前から右肩上がりに増加し、今は当時に比べ28倍にもなっているという。心強い限りではあるが、日本語だけで仕事ができるような海外拠点はほとんど無いといってよい。

　ヨーロッパに駐在経験のある日本人は、英語があまり得意ではなく、発

外国人との食事

音もうまくなかったとかで、ある日、部下の現地人女性に、You are cool（かっこいい）、と、ほめたつもりが、その日本人の発音では、You are cruel（残酷だ）、などと聞こえてしまい、非常に心外な顔をされたという。後で誤解は解かれたものの、一時的にでもいやな空気となった。信じがたいところであるが、実話だという。

3. 異文化の壁

　日本語であろうと英語であろうと、言葉が通じているのでそれだけで万事がうまくゆくわけではないことも言うまでもない。やはり、文化の違いという壁が、異文化間には立ちはだかっている。

　筆者自身の調査体験からこんな実例もある（住原 [324]163-5 頁）。北米に進出した日系企業の現地法人の会社の中で、英語に堪能な男性の日本人課長が、部下である現地人の女性社員に向かって、ある日の夕方、ごく軽口に、「妻であり母でもある貴女が、残業もして仕事をしてくれるのは、私にはありがたいが、なかなかたいへんでしょうね。」といった内容のことを言ったという。プライベートなこともよく話して聞かせてくれる気の良い部下で、日ごろから良い関係が築かれている、と安心して放った言葉であった。ところが、彼女は突然厳しい顔つきをして、「○○さん、私のことを思いやってくれていることは理解していますが、どうか二度とそのようなことを言わないでください。」と毅然とくぎを刺されたという。

　その日本人は、少しショックを受け、純粋に思いやりのつもりであり、彼女の家庭生活にも気にかけてあげたつもりなのに、どうしてそのような反応が返ってきたのか不審に思い、次の日、やはり気安くしている、女性の社内弁護士に尋ねてみたという。弁護士の説明では、もちろん課長の発言には、マナーや法的な違反など全くないものの、その部下が既婚で子持ちの女性だからといって、上司が特別な忖度をすることになれば、例えば、大切な仕事が彼の部署に舞い込み、何人かの部下のうちの誰かに受けもたそうと考えとき、その思いやりが災いして、チャンスのある仕事が、男性あるいはライバルの同僚に行ってしまうかもしれない。そんな無意識に行われるかもしれない判断が、結果として性差別につながってゆくかもしれない、というのである。日本人上司にとれば、そこまで考えてしまうほどのことなのか、と納得しかねるところだろうが、「思いやり」という日本的な美徳ですら、場合によれば、性差別との関連で解釈されることがあるというのだ。

　東南アジアのある国で働く日本人駐在員に聞くと、現地人の部下が、ミスをして、厳重に注意をする必要があるときでも、他の現地人社員がいる前では、叱咤するようなことは避けているという。人目につかないところで行っているそうだ。日本人以上に、面子を重んじる文化のある国であれば、不用意に逆恨みを残すようなことになりかねない場合があるという。このような事例は枚挙にいとまがない。

　一様の解決策は無く、多文化共生時代を意識した、地道な異文化理解の努力が求められる。

（住原則也）

5. 海外日系企業で働く現地従業員

キーワード
マネジメント、現地文化、心構え

1. 海外日系企業における課題

　1980年代から始まったとされる日系企業の海外進出は、製造業を中心とし、北米や欧州への進出が多かったが、近年、日系企業はアジアへの進出が増えていることに加え、中小企業の海外進出も増加し、事業規模に限らずグローバル経営戦略が重要視されるようになった。海外進出する企業に共通している課題は、現地人材のマネジメント及び人材マネジメント方式（グローバル統合型、ローカル適応型、ハイブリッド型、日本型など）の選定である。海外日系企業の人材マネジメントは、グローバル経営の実践から程遠いという指摘もあるが、どのような実態があるのか。「心構え」というソフトな面から実例を交えながら考えていく。

2.「日本型」経営システムによるコンフリクト

　海外と日本が経営システムにおいて共通する点は多々あるが、興味深いのは、筆者がアジアと北米における日系企業の調査を行った際、多くの現地従業員が「日本」という単語を使い、長期的な雇用（終身雇用）や年齢や勤務年数による昇進システム（年功序列）を語っていたことだ。例えば、英国の某日系銀行では、現地従業員が比較的頻繁に転職を通じたキャリアップを目指す傾向が強いと認識しているものの、企業への忠誠心や帰属意識を向上する目的で、長期的な勤務を望んでいた。しかし、「長期的な勤務＝高い忠誠心」とは限らないと意識し、より現地に適応したシステムを模索している。もう一つの事例は、東アジアで事業展開する某日系小売業である。当企業は、過去に昇進速度の低下によって、有能な従業員が多く離職してしまったため、今では昇進速度の速さにこだわりをもっていた。このように、「日本の常識は海外の非常識」との意識をもつだけではなく、現地の事情に応じて軌道修正する必要がある。

3.「ツール」としての言語

　英語を事例として考えてみよう。現在、より多くの日系企業が英語検定をキャリアアップの条件とし、なかには英語を公用語として掲げる企業もある。しかし、英語は万能薬なのだろうか。実際、より重要なのは「心構え」や「思考力」なのではないか。例えば、筆者が日系飲食業（米国）、日系コンサル業（カナダ）、小売業（中国）で出会った日本人駐在員の中には、拙い英語でも、現地従業員の輪に入り、グループを導いていた。これら駐在員に共通するのは、現地従業員を客観的に観察し、彼らの視点に立って物事を考えるという意識だった。次に、某外資系IT企業では、なかなか海外の従業員が自分たちの主張を聞いてくれないという課題に対し、日本では一般とされている「起承転結」のロジックを、結論から始まり科学的データを証拠とする海外方式に変更することで、

このようなコンフリクトが大いに緩和されたという事例もある。つまり、言語検定では測れないソフトなスキルセットも必要だということだ。

4. 異文化の尊重

　近年、企業では異文化を尊重すべきという動きが活発化しているが、どのような行為が異文化を尊重していると言えるのだろうか。ここでは、「おもてなし文化」を紹介する。人をもてなす慣習は多くの文化に存在するが、異なるのは、その表現方法だ。例えば、中国でのおもてなしは、食べ切れない程の料理を出すことだが、日本では食べ残す行為はあまり良いと思われていない。その一方で、日本のおもてなしを世界で最も素晴らしいと考えている日系企業もいる。実際、日本で提供しているサービスが海外でも同様に受け入れられるのか。例えば、ボストンにおける某日系ラーメン店では、日本でおなじみの「いらっしゃいませ！」が雑音だと度々クレームが寄せられたため、声のボリュームを小さくした。ただ、同じラーメン店でも、ニューヨークでは、好まれているという。もう一つの事例は、フランスに出店した某日系居酒屋である。店員が膝をついて顧客よりも下から注文を受けることは、日本ではおもてなしだが、現地の顧客にとっては不愉快に感じることもあるため、立って注文を取るように決めた。つまり、「おもてなし文化」といっても、現地の慣習は多様であるため、個々の特性に適応した施策を考える必要があるだろう。

5. 異文化環境で働くということ

　異文化環境と聞くと、海外を想像する人が多いが、実際、日本にも多く異文化環境が存在している。特に、近年日本企業で様々な文化的背景を持った人と働く機会も多くなってきている。ここで強調したいのは、「○○人」だからとはいえ、個々の価値観や考えが全く同じとは限らない。そのため、異文化の場面に遭遇したとき、「相対的」に他の文化を考えることが重要になってくる。つまり、自分の価値観で他者を測るのではなく、「他者」の視点に立って物事を考えることが、今後われわれにとって必要不可欠なスキルなのではないだろうか。

（朱　藝）

社内の英語会議

6. 外国人が日本ではたらくということ

キーワード
外国人社員受け入れ取り組み、仕事観、文化的な違い

1. 日本企業の外国人社員受け入れ態勢

日本で働く外国人従業員数は、厚生労働省の発表によれば 2017 年 10 月末時点では約 128 万人に達し、前年同期比で 18％増、5 年連続の増加である。その背景には人口減少で人手不足問題があり、日本が今後も経済大国としての位置を維持しつづけるためには、女性や高齢者を活躍させるだけではなく、外国人を積極的に受け入れなければならない、という意識の高まりがある。また、多様な文化的背景をもつ社員が仕事に加わることで組織が活性化していくという経営側の期待もある。

近年、日本企業のグローバル化が加速しているなかで、大手企業の外国人雇用に関する取り組みが注目されている。たとえば、アジアで最も働きやすい企業になろうという目標を掲げたイオンのアジア展開やデジタル性の強化、ネットサービス企業を中心とした通年採用への変革、社内での公用語を英語に変更した楽天の取り組みなど、それぞれのダイバーシティ経営が話題になった。

しかし、このような取り組みは決して一般的ではない。2017 年に実施された全国の企業調査によると、外国人雇用の際にビジネス上級レベル以上の日本語力を求める企業は文系 85.8％、理系 79.1％であり、また外国人社員受け入れのための社内的な取り組みを実施していないと答えた企業が 7 割を超えるという結果となった[1]。他方、「実施している」取り組みで最も多かったのは、幅広い場面での適切な日本語力の研修である。つまり、外国人社員の受け入れに際して、言語の壁が最も大きな問題として受け止められており、外国人と日本人社員の相互理解を深めるための施策ではなく、外国人社員を対象としてコミュニケーション力をアップするための取り組みにとどまっているのである。

2.「空気が読めない」外国人社員

この数年は外国人雇用に関して新卒一括採用が積極的におこなわれており、外国人新入社員を日本人と同じ土俵で時間をかけながら育成していくことが望ましいとされている[2]。その場合は長期雇用が前提となるため、日本語力が重要視されることは無理もないかもしれない。しかし、今一つ忘れてはいけないのは、仕事観や職業倫理、職場の人間関係をめぐる文化的な違いの存在である。現状としては、少数派である外国人が日本の価値観に合わせる必要があり、仕事がスムーズに進むという意味で「和」を大切にする共同体感覚や「場の空気を読む」能力、組織への忠誠心や団結が求められている。

しかしながら、目上の人を敬う姿勢や周りに合わせる力、どんなときでもひたすら「がんばる」という精神は、多くの日本人社員に共有される美徳・価値観だったとしても、外国人にしてみれば決して受け入れやすいものではなく、強い違和感や抵抗感を生み出すことも多々ある[3]。実際、プライベートの時間

[1] ディスコ [44]。

[2] 新卒一括採用は日本的雇用システムの特徴とされており、初めての会社に長期間勤務することになるため、企業への忠誠心が生まれやすく、職業倫理を植えつけやすいと考えられる。

[3] 茂戸 [206]。

を大切にしたいため、会社の飲み会や社内旅行への参加を拒み、定時退社にこだわる外国人社員がいるが、それはいわゆるKY（＝空気が読めない）行動として避けるべきだと感じている人も少なくない。また、KYと直接的に言われないまでにも、「気が利く」他の社員（日本人）の心構えを讃えたりする上司の言葉に不愉快な思いをした外国人もいる。さらに、徹底した報連相などの仕事の進め方、周囲に配慮した言動や休暇の取り方など、必ずしも言語化されない「暗黙のルール」が存在しているのである[4]。このような会社の「ケ」と「ハレ」にかかわる外国人社員の経験から、多様な考え方や価値観を意識して組織に取り組むのではなく、共同体の雰囲気や慣行に合わせてほしいという、同化一辺倒を求める考え方がいまだに強い傾向がうかがえる。

3. 「郷に入っては郷に従え」という考え方

2014年7月13日に放送されたNHKスペシャル「超人手不足時代に秘策アリ！？」で、外国人看護師の離職率改善策として、ある病院の興味深い取り組みが紹介された。それは「多数派の日本人が、少数の外国人に合わせる」という政策である。結果として、病院の風通しもよくなり、外国人が働きやすくなったことで離職率も減ったそうである。しかし、番組を見た人から、このような政策が病院で働いている日本人に対して差別的であり、安全面においても支障が出る恐れがあるなど、批判が相次いだ。同じように、介護職や看護師として日本で働いているムスリムの女性が宗教的な理由で巻いているスカーフを職場で取るべきかどうかに関するニュースのコメント欄には、外国人が日本で働くのだから日本の制度に合わせるべきであり、それができないなら国に帰るべきだといった意見が圧倒的に多い[5]。

しかし、実際のところ、外国人社員の雇用をきっかけとして休暇の取り方や残業などの見直しは、社員全員のワーク・ライフ・バランスの改善、また業務が効率化されたことによる生産性の向上につながったケースがある[6]。日本で働く外国人が増加しつづけているということは、職場も日常生活も多文化していくということであり、日本にいながらも、身の周りが多文化社会化していくことである。そして、外国人が社会の活力維持に必要不可欠な存在として、日本社会で持続的に活躍していくことが望ましいとされているなかで、従来の「郷に入っては郷に従え」という考え方は通用さなくなると予想される[7]。なぜなら、それは既存の慣行に従わせるだけであり、人口減少による人手不足問題の対策という意味でも、異文化組織で期待されるシナジー効果による会社の活性化という意味でも有効ではないからである[8]。

これからの日本の会社では、それぞれの目的に沿って試行錯誤を重ねながら、多様な背景を持った人びとが生き生きと参画できるような新たなマインドを創造することが求められている。少数派が職場を変えるといったケースもあるように、「世界で最も働きやすい国ランキング」における日本のランクインはそれほど遠い将来ではないかもしれない。

（マリア・ヨトヴァ）

---

[4] 日本の企業体質に対して多くの留学生が感じる違和感については、安部[3]に詳しい。

[5] 林[90]。

[6] 内閣府の立ち上げた「仕事と生活の調和の実現に向けて」というサイトでは、ワーク・ライフ・バランスの要点や取り組み、成功事例などが紹介されている（http://wwwa.cao.go.jp/wlb/）。

[7] 異文化が組織に与える影響について、アドラー[6]を参照のこと。

[8] シナジー効果とは一人の成員が持ち込む価値観、思考法の差異を超えて、組織の方針、構造、慣習などを超越した新たな形態が生み出され、そのことによって組織が活性化し、機能が向上することを意味する。

さらに知るための参考文献
中牧・日置[231]、Świtek[329]

こらむ COLUMN コラム
企業で活躍する文化人類学者、その背景

　ビジネス人類学と形容される研究群はおおまかに3つに分けられる。(1) 組織人類学、(2) マーケティングや消費者行動、(3) 製品やサービスのデザインである (Jordan[139])。これはそのままビジネスの文脈での文化人類学（者）の活用を説明することにつながろう。例えば、E. Briody 博士は 24 年にわたってゼネラルモーターズ（GM）の研究開発部門で働いた経験をもつ企業内ビジネス人類学者のパイオニアである。1980年代半ば、文化人類学会に GM のリクルータが訪れたことで、博士課程修了間際だった彼女は面接を受け、採用された。以後、組織内の効果的な協働をめぐる課題解決や、GM と日本の自動車会社との提携をめぐるコンフリクトの解決に携わるなどしている。彼女は (1) 組織人類学を実務に応用・活用していると言える。(2) については、消費者のニーズや価値観の把握に、文化人類学的手法、とりわけエスノグラフィを活用するものである。アンケートやインタビューでは得られにくい消費者の潜在ニーズを、主に行動の観察を通じて把握する。当事者（消費者）が必ずしも明瞭に言語で表現しない、例えば「消費者にとってのアンチエイジング（抗加齢）とは何か」といった洞察（インサイト）を人々の無意識の行動の観察から抽出し、製品・商品やサービスの開発に活かす、といったものである。さらに、(3) 製品の設計変更・改良のためのユーザビリティ調査のような、デザイン／工学とオーバーラップする領域の調査に用いられるものもある（伊藤[125][124]）。

　日本企業は、この文化人類学的手法（エスノグラフィ）を活用し始めている。しかし文化人類学者を雇用する例は現時点ではほぼ皆無であり、その手法のみを企業人（とくにエンジニア）が援用している。日本企業は、インテルなどの米国企業のように文化人類学者を大量に雇ったりはせず、エスノグラフィの手法（ノウハウ）のみを社内に移転しようという傾向（内部化する傾向）があるが、そこには雇用形態の違い（雇用の流動性の高低）も関係している（伊藤[125]）。日本では文化人類学の学位取得者のほとんどは大学教員を目指すのであり、多様なキャリアに開かれている北米や欧州とは対照的ですらある。米国では、大学以外の場で職を得るのが文化人類学の博士学位取得者の半数を占めるという報告もある。米国人類学会は、文化人類学の学生が卒業後に企業で活躍できるよう、ウェブサイトの情報なども整備しており、インテルやマイクロソフトなどのハイテク企業や、ジェネラルミルズのような食品・消費財のメーカー、ウォルト・ディズニーのような会社が人類学者を採用していることを紹介している。米国では文化人類学専攻学生向けのキャリア本なども出版されており、そうした本には文化人類学者を採用している企業リストが掲載され、企業などで活躍する文化人類学者の事例集や履歴書の書き方指南までが収められている (Ellick and Watkins[54])。米国や欧州には比較的小規模の、文化人類学者が数人で立ち上げたような調査・デザイン会社もあれば、フリーの自営業的な文化人類学者・エスノグラファーもいる。前述の Briody 博士も、GM 退社後は小さな会社を立ち上げ、組織人類学やエスノグラフィを専門とするコンサルタントの仕事をしている。2000年代半ばの情報ではあるが、Roberts[279] によれば、英国・米国で130ほどの会社がエスノグラフィを提供しているという（伊藤[124]）。

（伊藤泰信）

第7章
日本の経営者像

　どの企業にも経営トップはいるが、どのような経営のスタイルをとるかはかなり異なっている。リーダーの行動様式についての研究はリーダーシップ論と呼ばれるが、経営学では経営者の特異な能力に着目して、企業家という概念で分析する。組織リーダーの研究は軍隊から始まっている。いずれも文化による差異は存在しないという前提でスタートした。しかし、現実の経営では文化によってかなり異なっており、企業が海外進出した際の管理は容易ではない。これに対して、東アジアは、アメリカ起源のリーダーシップ論とはかなり異なるリーダー像を持っている。さらに、その中でも日本には独自のリーダー像の複合がある。日本独自のカリスマ継承を前提とした組織形態として、イエモト組織の概念が紹介される。

1. 企業家精神

キーワード

企業家、革新、新結合

1. 企業家精神

企業家とはドイツの経済学者ヨーゼフ・シュンペーターによって唱えられた概念[1]で、社会発展の原動力として企業の革新を考え、それを引き起こす経営者を企業家と呼んだ。企業家は、経済学での生産要素である資本と労働と土地の結合の新しい形態を開発する新結合を引き起こすものとされる。経営学ではさらに多様な経営資源として、技術や市場、それに組織なども含めて新規な結合を考えるが、それを達成した経営者が社会を発展させていくと考えた。

社会発展が個人の活動によって引き起こされるという考えは、それまでマルクスが提起した社会発展は階級間の相互作用（階級闘争）によって引き起こされるというモデルとは大きく異なっている。技術変動や社会制度の変化といったマクロの要因から引き起こされた階級間の関係が基本であるとする考えに対して、個人が歴史を変えることがあるという点で斬新なものであった。これを受けて、企業家による企業の革新を歴史的に見ようとする企業家史学（企業者史学）が開発され、研究が進められた。

企業が現在のような大きな生産力を持ち始めたのは19世紀以降のことであり、それ以前では企業家の活動が企業によって増幅され、最終的に社会発展になっていくほど大きな影響力を持っていなかった。その当時は、鉱業が社会全体に大きな影響を持っていたが、製造業は小規模で、むしろ海運や鉄道などの輸送業が大規模であった。生活全体を変えるほどの影響を与えるのは燃料としての石炭や金属素材の普及である。19世紀の後半になって工場の動力として蒸気機関が導入されて生産規模が拡大してくる。

2. 創造的破壊

このような中で企業が新製品を開発し、それによって社会に変動をもたらすケースが多くなっている。家電製品や通信装置などはこの5、60年で発達し、生活を大きく変えた。例えば、携帯電話は現在では当たり前の製品になっているが、1980年代終わりにようやく製品化されたものである。それが大きく生活を変えたことは、発明されてから生まれた人には実感がわかないかもしれないが、実に大きな変化であった。また、テレビの普及も生活を大きく変え、家事では洗濯機と炊飯器の開発が主婦の生活を大きく変えた。家事労働の時間が激減した。

このような製品開発の裏に、それぞれの製品の開発を目指した企業活動がある。それを主導する経営者の役割は非常に大きく、特に革新的な企業行動を引き出す特徴が企業家精神と呼ばれるようになった。また、新結合は製品を発明・開発するだけではない。いち早く商品を取り入れることも企業家としての能力である。ビル・ゲイツがMS-DOS（Windowsの前身）を売り出したのは、パ

[1] シュムペーター [306] 第2章。

ソコンのオペレーション・システム（O.S.）というそれまで誰もが商品にしようと思わなかったソフトであったが、O.S. としての品質は決して高くないとされている。

ところで、企業家史学をはじめとする研究で、企業家精神とはどのようなものであるかについては明確な結論が出ていない。自立しているとか、他人を信頼するといった傾向はある程度見られるが、このような特徴を持っていれば企業家精神であるといった明確なものではない。それは当然で、革新を引き起こす一般的な法則があるわけではなく、こうすれば革新が引き起こせるというノウハウも存在しない。

その時期やその社会に即した条件があって、革新（創造的破壊[2]）は引き起こされるが、革新を引き起こそうとする意思がなければ何も起きないことは明らかである。しかし、革新を目指すという意思だけで自動的に革新が起きるわけでもない。企業者学は大きな革新を引き起こした企業家たちが、どのような属性を持ち、どのような努力をしていたかを研究したが、明確な傾向が明らかになったとはいえない。

[2] シュンペーター [305] 第7章。

3. 革新の格差

これまでの経緯を考えると、特定の社会、特定の時代に企業家が続出するという傾向は指摘できる。例えば、明治時代に企業の創業や革新が起きたことは明らかである。他方、ほとんど社会変動が起きず古い時代のままの社会も少なくない。企業家精神が生まれにくいという要因があるのか、革新が引き起こされない要因があるのか考える必要がある。

社会全体が大きな変革期であるとされる時代は存在するが、その実体は何であるのか。それに企業が関連するのか。他方で社会進歩が停滞状況にある社会も存在する。企業家が出現すると、その企業家をモデルとして自分も事業を新たに創出したいとする後続の人間が出てくるという可能性も存在する。しかし、そのメカニズムは明確ではない。

他方で、革新がほとんどなく停滞しているように見える社会が存在する。文化人類学では直線的な進化を仮定するという視点を排除するために未開―進歩という概念は用いないが、社会によって変化の速度が違うことは確認できる。現在でも、狩猟採集の状態の文化があり、それが革新の欠落の結果であるとすると、革新がおきなかったことの理由がどこにあるのかについての考察が必要となる。

人工的に企業家精神を植えつけることが可能なのか、つまり、教育によって経済を発展させることができるのか、試みはあるが現在のところ成果は出ていない。また、現在の事業展開が必ずしも技術開発を伴わない点にも注意すべきだろう。スティーブン・ジョブズは既存の技術の組み合わせでタブレットなどの新製品を出したし、ザッカーバーグのフェイスブックも技術開発を伴わない。その時代ごとに新事業の状況は変化する。

（日置弘一郎）

2. 創業者

キーワード
カリスマ、合理的合法的支配、業績原理

1. 創業カリスマ

　成功した創業者は何らかの意味で、革新者であることが多い。成功した創業者は同時にリーダーでもある。経営人類学にとって、革新的リーダーについての先行研究は、シュンペーターの企業家概念だけではない。社会学者のM. ウェーバー[1]によるカリスマがある。ウェーバーは、近代社会がどのような経緯でできたかについての研究の中で、人間が人間を支配する状態を類型化する。

　ウェーバーの類型の第一は伝統支配である。これは以前からの支配が伝統となり、それが持続することによる支配である。第二の類型はカリスマ支配である。カリスマとは超常的な能力を持って、人を引きつけるという人間で、その人間の支配に服従することによる支配である。第三の類型が合理的合法的支配であり、合法的な権威がその集団に高い業績をもたらす可能性が高い場合、服従することが自分にとって利益になるという合理的な判断による支配が成立する。近代社会は第三の類型によって成立したとする。

　ウェーバーは近代におけるリーダーがそれまでとは異なる選出方法によると主張する。業績（アチーブメント）の原理が属性（アスクリプション）の原理を排除して、近代的な組織（官僚制）が成立すると考える。つまり、実力が評価されてリーダーとなるわけで、出自でリーダーになることが排除されて近代的な組織ができあがる。もっとも、この原則が完全に守られているわけではなく、前近代にも実力によるリーダーの選抜があり、近代以降でも属性による選抜が行われている。

2. 王権論

　ウェーバーの類型では、きわめて異質な人間（カリスマ）がリーダーとなり、そのリーダーの子孫が権力を引き継ぎ、伝統支配へと移行すると考えることができる。カリスマ性を引き継いでいるとは限らないとしても、カリスマの子孫であることが一定の権威を保つことになる。このようにして権力の継承がなされるならば、それが王権を構成することになる。王権論は文化人類学の関心領域の一つで、人間社会に広く見られる王という存在がどのようにして発生したのか、どのような類型を持っているかについての理論である。

　王権は世代を超えて血縁で継承されることが普通であるだけに、ウェーバーの理論は近代がそれまでとは別の時代であるということを主張しようとしている。王権はさまざまな形をとり、社会の存立に寄与しているが、それが安定的に推移するかは別問題である。王権は権力の中枢であるだけに、それを巡る争いは当然成立する。王権の維持のためにさまざまな制度が用意されるが、王以外にも文化人類学ではビッグマンという世襲ではないリーダーの存在も示され

---

[1] 20世紀を代表するドイツの社会学者。主著に『世界宗教の経済倫理』や『経済と社会』、『プロテスタンティズムの倫理と資本主義の精神』がある。

ている（本章末コラム参照）。

さらに、前近代社会で能力によるリーダー選出の例として首長制(chieftainship) がある。これは狩猟採集や遊牧民などが移動する場合のリーダーであり、移動の決定や移動の方向など経験や知識がなければリーダーになれない場合には生まれと関係なくリーダーの役割を果たすことになる。

逆に近代以降でも出自がトップになるための条件であるケースは少なくない。企業の場合には創業者同族がトップの地位を継承することが少なくない。これは、創業者が株式の過半数を保有しているというケースばかりではなく、株式が分散しても創業者の一族がトップ経営者層に含まれていることはかなり多くある。パナソニックやトヨタ自動車なども創業者の三代目になり、株式の保有はかなり少なくなっていてもトップ層に一族がいる。

3. 疑似カリスマ

創業者はすべてがカリスマというわけではない。しかし、どんな経営者でも10年あまりも決定の最終権限を握っていると、否応なくワンマンになる（もちろん、10年以上もトップを続けるということ自体がすごいことなのだが）。部下はトップの意向を気にして、トップの顔色をうかがう。現象としてはワンマンとカリスマの区分はつきにくい。しかし、カリスマは特に意識しなくとも周囲に影響を与えている。少なくとも組織の中ではワンマンはカリスマと区分することは難しい。

ワンマンは組織をこえて自己の能力を証明したがる傾向がある。組織外からの顕彰を得ることで自分の功績を評価して欲しいという欲求にさいなまれる。このため、財界でのポスト、表彰、勲章などをほしがるという経営者は多い。しかし、本当の意味のカリスマは外部の顕彰にはあまり興味を示さない。パナソニックの松下幸之助やホンダの本田宗一郎といった伝説的な創業者は社会的評価にはさほど関心を持たなかった。

さらに、威圧感のあるキャラクターでもなかった。カリスマというと他の人間を圧倒するような存在であるかのように思われるが、松下幸之助は決して威圧するような性格ではなく、平凡な感じであったとされる。また、京セラ創業者の稲盛和夫氏も威圧感はない。さまざまなタイプのカリスマが存在する可能性は否定できないが、カリスマを装う疑似カリスマが存在することも明らかであり、それが社会ごとに異なっている。

つまり、カリスマを偽装するノウハウが存在するという可能性も否定できない。アメリカなどの大統領選挙を見ていると、カリスマを装うための工夫が多くなされ、当人の個性によらないカリスマの演出といえるような工夫がなされている。情報化が進んで選挙では多くの演出がなされているが、組織の内部では密室としての側面があるので、今後の推移が注目される。 （日置弘一郎）

さらに知るための参考文献
ウェーバー [368][370]

3. リーダーシップ論

キーワード
リーダーシップ、PM 理論、実験社会心理学

1. リーダーシップ論

　リーダーシップの概念は最初はカリスマと同様の意味で用いられていた。ナポレオンやヒトラーといった特異な性格のリーダーがどのような特性を持っていたのかを研究することが研究関心であった。

　それが変化したのは 1950 年代のアメリカである。このころ、アメリカと旧ソビエト連邦の間は冷戦と呼ばれる緊張状態にあり、いつ戦争が始まってもおかしくない状況にあった。この状況で軍事にかかわる研究が盛んにおこなわれた。その一つがリーダーシップである。

　部下を有効に統括し、意欲をかき立てる。通常であれば、士官に対してだけリーダーとして兵を率いる訓練を施せばよいと思われるが、この時点ではかなり厳しい戦闘が想定されていた。軍隊は激しい闘いで死傷者が出ても常に上下の関係は維持される。最上位の司令官が死傷して指揮できないときには、次席が指揮をとる。士官がいなくなっても兵の中で最上位のものが指揮をとり、同じ階級の兵だけになったとしても、その時は先任順で指揮官が決まる。最後の二人になっても指揮官と部下の関係は維持される。

　このために、全員がリーダーになる可能性があり、それに対応したリーダーシップの理論が要請された。これは社会心理学の研究対象であったが、観察や実験によってリーダーがどのような行動をとれば集団のメンバーが高い成果をあげるか、また、メンバーの満足につながるかなどが研究された。数多くの研究がなされたが、どうやらリーダーシップには二つの要素があることでは大きく一致した。

2. リーダーシップの構成要件

　一つはタースク（課業）の管理である。集団がなさなければいけないしごとをリーダーが指示を出し、メンバーの役割を決め、仕事の情報を伝達する。もう一つは、集団の維持である。メンバーを元気づけ、コミュニケーションをとり、メンバー間の融和を図る。この両者がリーダーとして必要であるということについては多くの研究が一致した。

　この結論を非常に単純化して明確な図式として提示したのが三隅二不二の PM 理論である（三隅 [193]）。彼は、課業達成（パフォーマンス）についての要素を強く推進する P 型リーダーと推進が弱い p 型のリーダーを区分する。同様に、集団の維持（メンテナンス）を強く推進する M 型リーダーと推進の弱い m 型リーダーを分ける。この区分をかみ合わせると、両方の機能を共に促進する PM 型、一方の機能のみが強い Pm 型と pM 型、両方とも貧弱な pm 型というリーダー類型ができあがる。自己評価でリーダーシップ型を測定し、集団の成果と対応させてみると、PM 型が最も高い成果を上げ、メンバーの満

足も大きかった。pm型は低い成果と満足で、Pm型、pM型はその中間になったという研究が提示された。

この議論はわかりやすく、かなり広い影響力を持った。他方で、過度のPや過度のMもあり得るので、本当に望ましいのは適度なPと適度なMの組み合わせであるという図式（マネジリアル・グリッド）も提唱された（ブレーク・ムートン [20]）。三隅の理論はブレーク・ムートンを更に単純化したといってよく、この方が日本では普及した。

3. 状況とリーダーシップ

この後に出てきた理論は、リーダーシップが適合するためには、タスクの性格や集団のあり方など状況要因がからみ、どんな場合にも最適といえるリーダーシップスタイルは存在しないと論じられた。要因を精密に追求していくと、さまざまに影響する要因が出現し、結局複雑すぎて使い物にならない議論になってしまった。

人間集団は非常に複雑な相互作用から構成されているために、個別の行動のレベルで最適を示すことは困難であるだろう。むしろ、このような方向でのリーダーシップは有効ではないという点を明らかにすることが有効であるのだろう。少なくとも専制的なリーダーよりも民主的に意見を聞くリーダーの方が有効であるという研究は多くなされているが、それすらも、危機的状況の場合には意見を聴取するリーダーよりも明確に方向を示すリーダーの方が有効であるとする研究もある。常識的には危機で情報が不足している状況では決断してくれるリーダーが望ましいだろう。

4. リーダーシップ実験

経営におけるリーダーシップも、その企業が順調である場合と、倒産の危機にある場合では同様であるとは思えない。どのような状況でどのようなリーダーシップスタイルが有効であるのかという点は明らかになっていない。さらにこのような条件を考えると、文化という要因もリーダーシップに関連している可能性はある。これまで、文化の違いがリーダーシップに影響しているという研究はほとんどない。

このような実験社会心理学の元になっている理論は、K. レヴィン（英語読みではルーウィン）のグループダイナミックスによっている（レヴィン [175]）。この理論は、人間とは白紙の存在で、状況に応じて行動が引き起こされるとし、その人間の属性などは影響しないとしている。実験社会心理学では日常ではない実験的な状況を設定して、その中に被験者を置くことでどのような行動が引き起こされるかを見るもので、それまでの生きてきた要因を、いわばはぎ取って、実験状況の中に投げ込むことがおこなわれる。

非日常的な状況に対してどのような行動がとられるかという点では、それを一般化して人間行動の一般理論としてよいかという批判も可能である。文化がリーダーシップに与える要因になり得るという点は次節での議論を参照のこと。

（日置弘一郎）

4. 東アジアのリーダー像

キーワード
儒教、仁、人格的リーダー

1. 理想のリーダー

　リーダーシップの理論とは別に東アジアのリーダーの理想像は他の地域とはやや異なることは特記してよい。東アジアの中国・韓国に加え日本にも同様の傾向がある。

　中国での代表的リーダーといえば、誰になるだろう。理想のリーダーとされる人物は決断力があって、部下に指示を出す人間と思われるかもしれないが、どうもそうとはいえないようである。決断力に乏しい柔弱な人間が理想のリーダーとされている。典型的なのが、『三国志演義』に出てくる蜀の劉備である。一国の王でありながら、すぐに泣き出し、女々しいとしかいいようのない決断しないリーダーなのである。

　劉備にとどまらない。小説『水滸伝』での盗賊集団のリーダーは呼保義宋江という人物であるが、このリーダーもまた優柔不断で敵を捕らえるとすぐに許してしまう。これが続くものだから、捕虜にした敵を部下が殺してしまい、首だけを宋江にしめすようになる。実在の宋江は農民一揆の頭目であったらしいが、それでもこのような人物像として小説に描かれる。

　さらにイメージとしては『西遊記』の三蔵法師も、これに重なる。あらわれてくる妖怪を信用して一行の旅を危うくすることが繰り返される。寛容が行きすぎて読者にはもどかしさを感じさせる性格に設定されている。

　小説であるから現実の王や盗賊の頭目とは異なるとはいえ、リーダーとはこのようなものである、あるいはあって欲しいという読者（この両方とも正確には語り物の台本であるから聴衆ということになる）の期待を示しているのは間違いない。このような軟弱なリーダー像が聴衆に受け入れられている。

2. 仁という徳目

　この理由は明白である。儒教における仁という徳目を持った人間が人の上に立つべきであるという儒教思想が浸透して、その結果としてこのようなリーダー像が生み出されたものであるだろう。儒教の徳治という徳のある人間が世を治めるべきであるとする思想において、仁が最も代表的な徳目とされるが、仁の実態はよくわからない。寛容さとか優しさがその内容に含まれるだろうという想定はできるが、それが仁のすべてとはいえない。

　治世者として人民に対して過酷ではないという性格はある程度了解できるが、それを強調したリーダー像が劉備や宋江に設定されると、軟弱な、とてもリーダーとは思えない性格の人間になってしまう。むしろ、逆に暴虐を尽くすような性格の皇帝は中国史の中にいくらもいるために、そうでないリーダーを求めることになったのかもしれない。

　しかし、このようなリーダー像は決してフィクションだけの世界ではない。

中国の現代における指導者についても、なにがしか仁という徳目を持っているという演出は認められる。毛沢東というかつての指導者は、人民に対する態度として生活のレベルにまで下りて、慰撫するという行動をとった。人民の父親といった演出をおこなっている。

儒教の教えを守っているということを中国の指導者が明言することは、社会主義のタテマエ上あり得ないが、リーダーが強さを抑えた存在であるという印象は否めない。過酷な権力闘争を生き抜いてきたリーダーが柔和な表情を見せている。

韓国でも同様のことがいえる。韓国での理想のリーダーは李舜臣である。豊臣秀吉の二回にわたる朝鮮侵攻の際に、韓国水軍を率いて日本軍を責め立てたために、理想のリーダーとされている。その李舜臣については文献的に多くが残されておらず、多分に庶民に伝わる口承伝説的な側面が強く、人々が期待する英雄像になっている。

その李舜臣が日本からの侵攻があったときに父母の喪に服すために三年故郷にこもっていたとする説を以前に見かけたことがある。国家の存亡に関わるときに、私的な都合で三年間戦線離脱ということはあり得ないと思っていたが、検索しても事実であるという確認はできなかった。おそらく、理想のリーダーであるためには儒教の教えを遵守しているという要件が必要であるために民間伝承として語られていたのだろう。

3. 上位者としての資質

日本でもある程度の影響を受けている。日本でもリーダーが人格者であることを求められているという側面は強い。具体的に仁という徳目でなくとも、人格的に高潔であるというフィクションを用意することが必要とされ、むき出しの権力志向や人格的欠陥のある人間は忌避される。

確かにできれば組織トップは人格者であってほしいが、能力で選抜された場合には必ずしも人格は要件とされない。ヨーロッパでの指導者は必ずしも人格者であることは要件とされない。ナポレオンに人格者を期待することは必要ない。リーダーのスキャンダルも賄賂や政策介入に対しては厳格だが、不倫などの個人的スキャンダルには寛容であるように見える。アメリカでもニクソン大統領の選挙妨害に対しては厳しく、クリントン大統領の不倫は許容したという事例がある[1]。

東アジアの政治経済でのリーダーは、共通して人格者であることが期待されているといってよい。日本の経営者の場合には人格者であるということを演出することが行われている。朝礼などでの訓示はしばしば論語などの中国古典を引用するといったことが行われる。人の上に立つものは人格者であるべきとされることは、人格者であることだけがリーダーの要件になりかねない。トップとしての能力についての検証をおろそかにすることになりうる。（日置弘一郎）

[1] アメリカの第37代大統領R.ニクソンは、対立する民主党の本部に盗聴器を仕かけた。これがスキャンダルとなり、辞任に追い込まれた。第42代大統領W.クリントンはホワイトハウス実習生のモニカ・ルインスキーとの不倫関係が明らかになったが罷免は免れた。

5. 三傑論

キーワード

三傑論、現場主義的リーダー、実験社会科学

東海の三傑

(1) 平凡社東洋文庫から全20巻で復刻されている。

(2) 江戸時代の刑罰。体の前に手錠をかける。

1. 東海の三傑

　東海の三傑と呼ばれるのは、織田信長・豊臣秀吉・徳川家康の三人である。日本史の中で重要な人物がいずれも愛知県出身の同時代人であり、しかも、かなり異質なリーダーであることから、この三人の対比が三傑論として論じられてきた。

　信長「鳴かぬなら殺してしまへホトトギス」、秀吉「鳴かぬなら鳴かせてみせようホトトギス」、家康「鳴かぬなら鳴くまで待とうホトトギス」という川柳は、江戸時代後期に平戸藩主を隠居した松浦静山が、随筆集『甲子夜話』[1]に書き留めている。この三人の性格をよく表しているので、広く知られるようになった。おそらく江戸時代の中頃までには成立していたと思われる。

　短気ですぐに結果を出すことを要求する信長に対して、じっくり結果が出るまで待っている家康を対比し、それに秀吉の成り上がりを反映して思いの通りにさせようとする態度が鳴かないホトトギスに対する対応として示される。最終的に天下を取ったのは家康であるが、家康のリーダー像が理想であるとは見ていない。むしろ、家康は漁夫の利を占めたような印象があり、手放しで賛美しているわけではない。

　これを示すのが、ほぼ同時期に、落首「織田がつき　羽柴がこねし　天下餅　座して喰らふは　徳の川」に着想を得て描いたとされる錦絵で、歌川芳虎という浮世絵師が手鎖[2]五十日の刑にあっている。この落首をそのまま描いたのではなく、二人の武将が餅をついたりこねたりして、それを横目で見ながら餅を食べる武将がいるという図柄である。その絵がおとがめを受けた。信長・秀吉が苦労して天下を取ろうとしたものを家康がさらっていったという家康に対する非好意的な評価が底流になければ、手鎖といった刑罰を受けることはないだろう。家康は必ずしもリーダーとして賛美されているわけではない。

2. リーダーのタイプ

　ほとんどの国でリーダーの理想像は単一である。中国の仁に対して、ヨーロッパではナポレオンに見られるような率先垂範があげられる。リーダーのスタイルに違いはあるが、望ましいリーダー像は一つに固定される。日本の三傑論のような三つのリーダー像を対比して、三種のどれもが成立するという議論はおそらく日本だけである。

　この三人のリーダースタイルを三隅二不二のリーダーシップの理論（三隅[193]）で考えてみよう（本章3節）。明らかに信長はPm型である。仕事の達成を強く要請し、部下の面倒を見るという要素は希薄である。それに対して家康はpM型といってよい。達成よりも部下に対する配慮が主となる。それで

は秀吉はどうなのだろうか。秀吉は実験社会心理学では抽出できないタイプのリーダーといってよいだろう。

社会心理学では実験参加者は拘束時間に限定されて、リーダー役は最初から決めておくことが普通である。その上で、与えられたタイプの行動をとって、集団セッションを展開していく。自然状態に置いておき、リーダーが自然発生的に現れるまで時間をかけることはなされない。実験者が関与せずに、集団過程の中でリーダーが発生するまで集団を維持しようとしたのではどのぐらい時間がかかるかわからない。

秀吉は最下層の雑兵から、次第にリーダーとしての地位に上り詰めていった。このリーダーとなっていくプロセスの研究はなされていない。これまでのリーダーシップ研究では最初からリーダー役であるという条件を満たしているために、信長や家康のタイプは抽出できるが、秀吉タイプは困難である。信長も家康も生まれたときから殿様であった。

秀吉の実像もこのことを示唆している。次のいくさの大将が秀吉であるとわかると兵隊たちは大喜びしたそうである[3]。武将としての秀吉の戦い方は、多くの場合、兵糧攻めであった。時間をかけて城を取り囲み、食糧が尽きて弱るのを待つ。疲れ、飢えてから戦闘になるので、秀吉の軍隊は戦死者が非常に少ない。高松城の水攻めが有名であるが、そのほか鳥取などでも兵糧攻めを行い、完膚ない勝利を収めた。城中に住民が逃げ込むのを確認して、封鎖を開始した。この頃の城には一般住民が避難するスペースを持っていた。住民を巻き込んで兵糧攻めにしたわけである。

城にこもった将兵があきらめて降伏するか、絶望的な最後の戦いを行うか、いずれにせよ戦死者が少ない。兵たちは手柄を立てる可能性よりも生きて帰ることを優先した。現場の兵隊が何を望んでいるか、たたき上げの現場主義リーダーである秀吉はよく知っていた。このようなリーダーのあり方を実験条件で作り出すことはできないだろう。

3. リーダーシップ研究の方法

三種類のリーダー像のどれが効果的であるかという議論はなされていない。現場主義的リーダーを実験的に研究しようとすると、とんでもない時間と、従って費用がかかる。実験社会心理学は変数の削減という理由で通常ではあり得ない状況を設定して、その状況に置かれた人間行動を一般化しようとするが、それで人間行動が理解されるわけではない。

このような状況と人間行動の対応はあたかもハリウッドのパニック映画のように思える。あり得ない状況の中で人間がいかに行動するのかを作り出している点では行動科学と呼ばれる実験的な社会科学はかなり問題があるといえる。同じような現象を扱うとしても経営人類学とはかなり異なる方法ということになる。

三傑論という歴史上のエピソードがたくまずして科学的理論とされているものの欠陥を指摘したことになっている。経験的に対比されたタイプ分けが、理論の前提を掘り起こしているわけである。

（日置弘一郎）

[3] 歴史学者笠谷和比古氏の教示による。

6. カリスマの継承

キーワード

イエモト組織、王権、人格関係

1. 比較社会

日本の組織の特徴を説明する理論にイエモト組織論がある。これは中国系アメリカ人で心理人類学を提唱したフランシス・L・K・シューが自分の出身である中国と居住しているアメリカと、フィールドとして研究しているインドを比較した理論からの発展である（シュー [106]）。

シューは家族の特徴から社会組織の原型が三つの社会で異なるとした。中国では父系同族が社会の基盤となっており、同族内で高い地位を占めるために自分が人事権や予算権を持った場合に、それを同族に振り向けることは当然であるとされる。インドではカーストが社会組織の基盤であり、職業と深く結びついているために職業の自由は制限される。また、アメリカでの社会組織は自由に参入退出ができるクラブがモデルとされ、このために人事が能力によって可能となる。ウェーバーの主張する、能力によるトップの選出に対応している。

実際、現在でも中国では同族を優先する傾向が強く、腐敗として糾弾されても簡単にはなくならない。インドでも、カーストと結びつかない職業、例えばIT技術者などに殺到し、社会的上昇の機会を得ようとしている。社会に深く根付いているといえる。

2. イエモト組織

シューは日本は中国の類型で説明できると考えていたが、実際に日本に来てみると、かなりの違いを感じ、社会学者の濱口恵俊の協力を得てイエモト組織の理論をまとめ、その後濱口による研究が続けられた[1]。イエモト組織論は芸道などでの家元制がモデルとなる。新たに参入しようとする志望者は、どの流派の誰に入門することも可能である。しかし、いったん誰かを師匠とすると、原則的には師匠＝弟子の関係は永続する。

流派の中心は創始者の血統を引き継いだ家元であり、形の上ではイエモト組織のメンバーは全て家元の弟子であることになる。家元の周辺には高弟がいて、家元の直弟子となる。この直弟子の弟子が次の階層を形成する。このような階層が積み重ねられ、末端では弟子をとる資格が設定され、無資格で弟子をとることは許されない。師匠＝弟子関係の連鎖によって階層が形成される。

ここで、家元自身が業務の全てを掌握することは少なく、特定の直弟子に業務を任せることが見られる。芸道の家元だけではなく、広く日本の組織に見られるもので、トップが直接に統治するのではなく、トップは象徴的存在で、実質的統治は別の人間がおこなう。江戸時代の商家では大番頭が統治し、各藩では国家老が行政に当たる。多くの芸道での家元は、象徴的に弟子を教えるが統治はしない。統治を担当する高弟をここでは執行高弟と呼んでおこう。企業でも創業家の社長ではなく、執行高弟に当たる重役が経営に当たることがある。

(1) 代表作に『間人主義の社会日本』（濱口 [78]）がある。

これは天皇制とも関係する。

日本の天皇制は歴史的にはかなり早い時期から天皇による直接統治ではない。日本の天皇は世俗的な統治よりも祭祀をおこなう神聖王権であるとされる。世界的に見て、神聖王権が長く持続するのは珍しいとされるが、基本的に天皇は穀霊を予祝する祭祀を司ることが王権の実態とされる祭祀王である。この王権をモデルとしたのがイエモト組織であるともいえる。

このようなイエモト組織は、かなり広く日本の組織に浸透している。芸道や武道の組織だけではなく、やくざの組織は組長を家元とするイエモト組織であるといえるし、大相撲の部屋制度もイエモト組織の変形と見ることができる。さらに、日本の企業はかなりの程度イエモト組織を母型としているといってよい[2]。

まず、日本の企業では組織内の人間関係が機能関係であるよりも人格関係であるといえる。これは上司＝部下の関係がイエモト組織における師匠＝弟子の関係と同様に、人格的な関係であり、組織内だけでの関係にとどまらず、組織外でもその関係が維持される。また、機能関係としての対人関係は上司＝部下の関係が解消すればただの知人であるが、日本企業ではかつての上司はいつまでも上司として扱われる。

[2] 親分、親方など疑似親族になっていることに注意。

3. イエモトの継承

日本の家族制度は運命的に決定される同族という枠組みの中で、跡取り息子（総領息子）が選択される。つまり、運命的な要素と選択原理が同時に用いられている。これは息子の中での選択だけではなく、婿養子や養子によって、血統と関係ない継承もあり得る。江戸時代の商家には、実の息子がいながら養子に継承させるといった事例は少なくない。運命的に決定されているのではなく選択意思が働く余地がある。このために実力も勘案されたトップが生まれうる。

有能な弟子は最終的には家元の直弟子になる。もちろん入門したときの師匠は依然として師匠であり、形式的には二人の師匠がいることになる。入門時の師匠は弟子が昇格すると師匠の家元組織内での地位も上がっていく。大相撲協会の理事などの役職は、本人の現役時代の地位が反映することが多いが、弟子に有力な横綱がいると、師匠の地位も上昇していく（濱口[77]）。

また、イエモト組織では組織内の革新が可能である。家元が革新を推進しそうな人間に対してスポンサーとして機能する。革新のスポンサリングはイエモト組織にとってきわめて有効である。家元が権威を保持しつつスポンサリングを行えば、そのスポンサリングに成功した場合は家元自身が高く評価され、革新が不成功の場合には革新の担当者が処分されるということになり、家元の権威は傷つかない。イエモト組織は革新に対応できる。

このイエモト組織は、疑似官僚制として機能すると、シュー＝濱口は説明する。ウェーバーの近代化の条件をイエモト組織はかなりの程度満たしており、それが日本を非西欧国では最も早く近代化した理由であるとしている。

（日置弘一郎）

こらむ COLUMN コラム
ビッグマン

　ビッグマン (big-man) とは「メラネシア地域、とくにパプア・ニューギニア、ソロモン諸島、ヴァヌアツに典型的に見出される伝統的な政治的リーダーのこと」(吉岡 [396] 627 頁) である。吉岡政徳によると、その地位は首長 (chief) のように生得的ではなく、自己達成的で個人の能力と努力によって獲得される点に特徴がある。その力の源泉のひとつは富であり、多くの妻をめとることによってサツマイモやヤムイモなどの収穫物や貝やブタなどの財を蓄積し、儀礼や祭りの時に食事を提供したり、婚資 (bride price) や借財の肩代わりをしたりする。そうして支持者を増やし、集団のリーダーとなるが、村落レベルを超えることはない。ビッグマン同士は競合するが、互酬的な財の交換によって名声をかちえていく。また弁舌能力も重要であり、仲裁者として活躍することも多い、という。

　ビッグマンと称される男性はメラネシアではチーフ（首長）と対比されるが、現代社会においてもよく似た対照的な人間類型を見出すことができる。文化人類学者の春日直樹は「カイシャ人類学のススメ」という副題をもつ著書でビッグマンとチーフを対比させ、誌上アニメでバトルを展開させている（春日 [144] 144–155 頁）。その筋は省略するが、対比の主題は権力と権威をめぐる個人 vs 伝統であり、実力 vs 血統でもある。

　このような対比は会社にも当てはまると春日は主張する。たとえば「トヨタ王国」では、かつては豊田家の血統によるチーフ型の支配だったが、やがて実力派が台頭しビッグマン型に移行し、最近はふたたびチーフ型に戻りつつある、と。春日はさらに踏み込んで、会社と宗教組織との類似性にも注目する。会社員が会社のために一所懸命になるのは会社が宗教性をもつからだ、と想定する。むき出しの競争や損得勘定を和らげてくれるのが宗教性である。野球にたとえれば、「わが栄光の巨人軍は永久に不滅です」と結んだ長嶋茂雄のように会社員も「巨人軍」がほしくてたまらないのだ、と結論づけている。

　春日の構想するカイシャ人類学はわれわれが本書で展開する経営人類学と気脈を通じている。社縁についても入社式や年齢階梯制度についても言及がある。会社が何のためにあるか、その正体を知る手がかりが随所にちりばめられているのも共通する点である。

（中牧弘允）

第8章
「サラリーマンはつらいよ」

　会社で働く人について、経営学では重要かつ特徴的な経営資源の一つとして労務管理や人的資源管理などと称して様々に論じてきた。研究対象は人であってもその視座は経営する側にあり、会社を発展させる人材の追求という問題意識が前提となっている。

　ところで会社で働く人、サラリーマンに目を転じたとき、彼らからみた会社や経営とはどのような存在なのか。会社で遭遇する出来事、そして忘れ去られていく無数の瞬間こそがサラリーマンにとっての会社であり、経営である。これらを既存の経営学で捉えるには限界があり、かといって自然現象のように観察することは容易ではない。それでも一人ひとりが自らの実体験を粛々と言語化して積み上げることは可能である。先入見をもたず意味づけを急ぐことなく、ただ会社で起きた事柄を人類学のアプローチで観察した結果、そこにあったのは「サラリーマンはつらいよ」という古くて新しい問題であった。

1. 会社を勤め上げる

キーワード
終身雇用、籠城する社員、たそがれ研修

1. 終身雇用

多くの日本の企業は今も終身雇用制であり、採用では定年まで働くことを前提として選考にあたる。選考は本来、業務を担う能力を見極める場である。しかし終身雇用のもとでは社員は長く同じ会社の一員として働くことが想定される。そのため選考では業務処理能力の有無に加えて仲間として付き合えるか、ある種の会員制組織への入会可否が審査されるといった要素も少なくない。日本では就職ではなく就社と表現される所以である。

終身雇用の功罪には様々な議論がある。社員が長く会社に留まる前提があるため、社員の能力開発にかける教育投資の回収が期待できる。社員も将来の不安なく仕事に集中できるメリットがある。一方、終身雇用が普及した社会では、産業構造の変化や景気の停滞時に、個々の企業の枠を超えて社会全体の労働力が適切に再配置される環境は育ちにくい。

流動的な労働市場が整備されていない中、サラリーマンは好むと好まざるとにかかわらず、人生の多くの時間を会社に捧げることになる。資産運用におけるリスク管理の格言に「卵は一つのカゴに盛るな」というものがある。仕事として様々なリスク管理業務に従事するサラリーマンは多いが、こと自分の人生をリスク管理するという点では時間という資産を勤務先という一つのカゴに盛ったままでいることは珍しくない。

2. サラリーマンはつらいよ

終身雇用の恩恵を十分に感じている人であっても、一つの会社に勤め続ける中でその環境を苦痛に感じる瞬間はある。真面目に仕事をしていても、ミスや失敗は必ず起きる。ちょっとした行き違いで職場の人間関係がギクシャクしたり、自分に非がなくても謝罪しなければならない状況もあるだろう。その都度、気持ちを入れ替えることで精神のバランスを保つように努めていても、積み重なることでストレスが顕在化する人も少なくない。

そもそも会社は大半の社員にとって居心地が悪くなる構造になっている。例えばピラミッド型組織[1]の会社では、組織の上位にいくほど要職といわれるポストは少なくなる。同期入社者がたくさんいれば、その分ポストを獲得することは難しくなる。同期が全員部長になれるわけではないし役員ともなると前後の年次の社員をあわせて1人いるかいないか、といった状況は普通にある。もちろん役職に就くことが幸福と同義ではない。しかし本人が「役職にこだわらない」と言っても、周囲や家族も同じ考えだとは限らない。そうした状況は本人に有形無形のプレッシャーを与えることになる。個人の努力や姿勢にかかわらず社員を苦しめる構造をもつ会社にあって、勤め上げる以外の選択肢がないと本人が思いつめてしまうところから「サラリーマンはつらいよ」の幕は上

(1) 階層型組織ともいわれる。一般に社長をトップとして部長、課長、係長といった中間管理職と一般社員で構成される組織。上下関係や指示命令系統が明確で部・課・係単位で各々の所属長には権限と責任が割り当てられる。これに対してフラット型組織は上下関係が最小限に抑えられており文字通りフラットな関係性を重視した組織である。

がる。

3. 籠城する社員

　初々しい新入社員であったサラリーマンも、会社人生で山谷を何度かくぐり抜ける中で自分なりの処世術を身につけるようになる。真面目な気持ちで仕事に取り組む余り、仕事への思い入れが強くなってしまい自ら担当する業務に「籠城する」かのように行動する社員もでてくる[(2)]。業務を処理する手順やノウハウを他の社員と共有すると自分がその職場から離されてしまうとの気持ちが高まるのかもしれない。部下を指導してスキルを共有するよう正論を説いてみても事は簡単には運ばない。籠城する社員は表面上、反対する素振りはみせないものの上司の指示をのらりくらりとかわす。本人にとって、この「籠城」は会社を勤め上げるための一つの戦法である。

　こうした籠城は公共性の高い分野や業務の継続性が求められる業種で起きることが多い。利用者からのプレッシャーが大きかったり現場を回すことが優先される会社でよくみられる。業種にかかわらず小規模な会社や創業間もなくて人材が不足している会社でも起きやすい。当該業務の運営に支障が出ることを恐れる余り経営者といえども籠城する社員に強く指導できない。終身雇用を前提としているため社員間で形成されているコミュニティへの遠慮が働くことも経営者が手を出しにくい理由となる。

4. たそがれ研修

　早いところでは40代を過ぎた頃から「たそがれ研修」などと呼ばれる教育プログラムに参加することが求められる。会社で定年がみえてくる時期、本人に見合うポストが少なくなるタイミングで、会社以外で過ごす人生に目を向けさせる狙いがある。そこでは社員に人生や家庭を振り返らせつつ、第二キャリアについて考えさせる機会が与えられる。「たそがれ」というネーミングから、出世競争から外れた哀愁ただようおじさんのための研修、がイメージされるかもしれないが実態は必ずしもそうではない。肩たたきやリストラをくぐり抜けて勤め上げた者だけが受けられる研修であり、定年退職前の儀式の一つとしてある種の達成感や安堵感を見出す者もいる。会社にとっては終身雇用制の節目となる仕事である。定年を迎える社員を会社が手厚く支援し、円満にリリースする様子は在籍する他の社員の会社への忠誠心を高める手段ともなる。

　たそがれ研修では退職後の生活について公私に渡って指導される。仕事の面では関連会社や子会社、また取引先への出向を斡旋されることもある。そのまま会社に残る場合でも現場の一線やラインからは外され、部下もつかない。部付部長や参事役といった、それらしい肩書きが与えられる。団塊の世代ジュニアの退職予備軍の増加によって、大企業でも社員への就職斡旋に苦心する時代となっている。もっとも少子高齢社会を迎えて、社員自身にも意識や行動の転換は不可避である。たそがれ研修の位置づけや意味も大きく変わろうとしている。

（河野憲嗣）

(2) 社員が仕事を属人化して他人とノウハウ等を共有しない状況をここでは籠城と呼んでいる。同様の事象は個人だけではなく職場単位でも起こりうる。組織が高度に専門化、複雑化した縦割りとなる様子をジリアン・テット[341]は「サイロ」と呼んだ。

さらに知るための参考文献
菅山[318]

2. 仕事ができる

キーワード

仕事の評価、職務規定、ほうれんそう（報告、連絡、相談）

1. 仕事の評価

「きみ、できるねえ」と職場で言われたら、まずは素直に「仕事」ができると褒められていると受けとめておくとよい。特に仕事の出来が周囲の期待を上回るときに用いられる表現である。現場の感覚でいえば日々の仕事の成果はその出来ばえだけでなく、仕事の発注者の満足度を加味して評価されている。例えば発注者が締切厳守を最優先とするとき、仕事の出来が理想の60%であっても期限内に提出されれば満足度は5割増となり全体で90%の成果だと評価するイメージである。逆に仕事の処理内容が100%でも締切を過ぎて納品されれば発注者の満足度は5割減となり、最終的に50%の出来と評価されることは覚悟すべきである。

一方で、研究者や芸術家に対する成果の基準はサラリーマンとは異なる。利益追求を一義とする企業で働くサラリーマンと違い、彼らに対して時間厳守が求められる場面は少ない。期待されているのは成果物の内容そのもの、例えば人類の進歩につながる発見だとか、思いもよらない発想で感動を与える作品である。このとき時間の制約は相対的に重視されていない。仕事が「できる」基準はその職業によって異なるが、どの世界であれ、その世界で望まれる以上の結果を出したとき、人は「できる」と評価される。

2. 仕事の中身

米国ではjob descriptionとよばれる職務記述書に従って働くことが通例となっている。日本では米国ほど厳格に明確化されてはいないが、やるべき仕事は職務規定として記述されていたり、権限や組織分掌などが社内規則とされている。国際化に伴い自国をでて諸外国で活動する企業も増えているが、仕事の概念は国によって異なる。現地の文化や社会に沿った対応と会社のルールをいかにバランスさせるかが成功の鍵となる。

仕事の捉え方は国によって異なるだけでなく、同じ国、同じ会社にあっても人それぞれ多様である。職務として規定されていなくても、サラリーマンとして生きる上で重要な仕事もある。例えば上下関係だけでなく同僚や他部署の人たちと良好な関係を築いておくことは、明文化されていなくても職務を遂行する上で外せないスキルである。もちろん人間関係の中でも上司との関係が最も留意すべきポイントである様子は世界の至るところでみられる。

そもそも仕事という言葉は「仕える」ことを意味する漢字があてられている。上司に対する部下の対応を示す言葉として「腰巾着」「ゴマをする」「ヒラメ社員」といった常套句があるくらい仕事における上司の存在感は大きい。実際、会社で本来処理すべき業務に対する誠実な取り組みよりも、上司との関係を重視する人は存在する。オフィスで上司が近くにくると作業の手をとめて卒なく愛想

をふりまく光景は珍しいものではない。同僚との付き合いは悪くても上司からの夜の誘いにはいそいそとついて行き、上司の指示とあれば宴会や社員旅行の幹事を熱心にこなす人もいる。こうした社員に対する「できるねえ」の声かけには軽い皮肉も混じっている。

もっとも上司と部下の関係は多様化している。例えば「ボス・マネジメント」という考え方がある。これは部下が自分の仕事をよりよく遂行するために自ら上司に働きかける様子を表現している。現代社会ではそれぞれの業務分野が高度に専門化しており、科学技術の進展も早い。外部環境や将来はますます予測不能となる中で、完璧な指示を出しつづけられる上司の存在を前提とするにはもはや限界がある。上司から部下への一方通行的な管理ではとらえきれない多様な関係性の普及は時代の要請ともいえる。

3. ほうれんそう（報告・連絡・相談）の本質

仕事の基本としてよく引き合いにだされる言葉に「ほうれんそう」がある[1]。上司や先輩社員が部下や新入社員を指導する際に「ほうれんそうを忘れないように」など指導する場面が思いうかぶ。しかし、ほうれんそうは、元々「部下が報告・連絡・相談しやすい環境を上司がつくることが大切である」との発想から生まれたともいわれる[2]。「何故、ほうれんそうを忘れたんだ！」などと怒鳴る上司がいれば、言葉の本質を理解せずに使っているともいえる。

仕事の基本を学ぶ企業研修などでよく使われる質問に「あなたは、自分に任された仕事が達成できる可能性が何％くらいの時に、ほうれんそうをしますか？」というものがある。「70％」と答えると、それはほぼ大丈夫だが達成できない可能性も30％あるという意味である。「10％」といえば9割方達成できない状態になったときにほうれんそうするという意味である。

ここで期待される回答例は「100％」である。達成できる可能性が100％、すなわち確実に仕事を遂行できるときでも、ほうれんそうは常にすべきである、との考え方に基づいている。ポイントは「ほうれんそう」であって「相談」ではない点にある。もし「相談するのは何％のときか」と問われれば、達成できる可能性が100％の時には相談はしなくて良いかもしれない。しかし達成できる可能性が100％であっても「報告」や「連絡」は常に行ってほしいのが上司である。会社で働く人にはほぼ必ず上司が存在する。その上司にもさらに上の管理者がいて、部下に任せた仕事を完了させる役割を担う。万一その仕事が完了しない可能性があれば上司は何らかの代替策を講じる必要もでてくる。上司にも上司がいる、ということまで想像できれば、仕事を任された部下は常に上司へ「ほうれんそう」をすべき、となる。

もちろんたんに「ほうれんそう」すればよいわけではない。上司にも様々なタイプがいる。ほうれんそうを文書で読みたい上司、報告者から口頭で聞きたい上司、あるいは報告者の顔色から判断する上司もいるだろう。こうした上司の特性に応じて臨機応変にほうれんそうができるようになればサラリーマンとしては上等である。こうした対応への「きみ、できるねえ」という声かけの意味は、より純粋な賞賛へと変わるだろう。

（河野憲嗣）

(1) 報告・連絡・相談の略語。1982年に山種証券（現SMBCフレンド証券）の山崎富治社長が社内で「ほうれんそう運動」をはじめたことが契機となり言葉として普及した（山崎[385]）。

(2)「ほうれんそう」とは部下の心得というよりは、風通しのよい会社を作る手段として、管理者が銘記すべき標語として掲げられたといわれる。

3. サボリーマンと窓際族

キーワード
　サボタージュ、20％ルール、窓際族

1. サボリあれこれ

　暑い夏、公園脇の道路の木陰でエンジンをかけたまま停まっている車をみかけることがある。見るともなく車中に目をむけると背もたれを倒して目の上にタオルを置いたサラリーマンが横たわっているだろう。公園の中に目を転じるとベンチはネクタイやスーツ姿の人で満席だ。平日の公園はオフィス街だけでなく住宅地に至るまでサボっているサラリーマン、いわゆるサボリーマンの宝庫である。

　サボるとはフランス語のサボタージュ sabotage に由来する。単語をフルで表記すると労働争議など大げさなイメージとなるが、サボる、と省略することで一般に怠ける意味となる。会社では労働時間に応じて休憩時間をとることが法律で定められている[(1)]。就業時間内に休憩以外で仕事に従事していない時間はいわゆる「サボり」であり、就業規則に違反していることになる。

　サボリは外回りの営業マンだけの特権ではない。サボる場所は会社の外だけとは限らない。例えば社内の給湯室や洗面所。女子社員の聖地ともいえるこの場所で数名の社員が顔を寄せ合って小声で話している様子は不思議なくらいどの会社でも目にする光景である。さらにいえば執務場所であるオフィスでもパソコンに向かい合った状態でサボることは可能である。もちろん会社は各人のパソコンの使用状況や閲覧履歴を管理しているのであからさまなサボりは難しい。しかしパソコンに向かいキーボードを叩いていたり考え事をしている素振りをしていれば、それが仕事かサボりかをリアルタイムでは見分けられない。パソコンの画面を覗き込めば判別できるかもしれないが、サボる側も心得たもので、1クリックで仕事の画面に戻れるようにしていたりと備えは怠りない。

2. サボリの効用

　営業職のサラリーマンは上司に尻をたたかれて朝一番から外まわりに出る。しかし外出してお客様の所へ行くことが仕事とはいえ、資料の準備など社内で仕事をしたいときもある。営業部門の上司が社内の目を気にして体裁だけで部下を外へ追い出すのだから営業マンたちはたまったものではない[(2)]。追い出された営業マンたちは会社をでるが、そのまま取引先へ行くことはない。向かう先はちょっと人目につきにくい喫茶店である。営業マンたちは「今日はRで」「いやSにしよう」などと喫茶店の頭文字を暗号のように伝え合い、バラバラに会社を出た後、目ざす喫茶店へと集合する。

　こうして朝から喫茶店にたむろするサラリーマンはスポーツ紙や雑誌を読んだり仕事の愚痴をこぼしたり、あるいは前日の飲み会の疲れを癒して机に突っ伏したりと思い思いに時間を過ごす。しかしよくよく観察していると、営業チームが喫茶店で同じ時間と空間を共有していることには単なるサボりではない意

---

(1) 労働基準法第34条で、労働時間が6時間を超え、8時間以下の場合は少なくとも45分、8時間を超える場合は、少なくとも1時間の休憩を与えなければならないと定めている。

(2) 外回りを主とする営業部門の社員が朝から社内にいることは仕事をしていないとみなされる風潮が日本の会社にはある。

味がみえてくる。例えば喫茶店は上司や他部署の目を気にする必要のない、ある種安心安全な場所である。社内の公式なスペースでは話せない情報やノウハウを交換したり、自由な発想を話しあえる空間となっている。喫茶店でサボるという罪悪感の共有でチームの結束が強まる効果があるかもしれない。喫茶店での時間があることで営業チームの関係性が良くなり、成績のわるい同僚の分まで営業ノルマを果たそうとチームが一丸となり、目標が達成されるとしたら、サボりには無視できない効用があるといってよい。

　店頭で接客している時に友人が来店して話しているとサボりだと指摘されるかもしれない。実際、接客する側も相手が友人であれば、その場は仕事ではなく息抜きの時間となる。接客する担当者のなかには、こうした状況にヒントを得て、取引先の担当者や来店客を「友人」にしてしまう猛者も現れる。コンビニのレジや銀行の窓口などでみられる光景である。このように顧客を友人にしてしまうことはサボりだろうか。店頭でサボる時間を作るために、それまで赤の他人であった来店者と友人のような関係性を構築し、結果として商売に良い影響をもたらしたとすれば、サボるためのモチベーションはむしろ仕事に役立っている。

　サボりを制度化する企業もある。3M社の15%ルールやGoogleの20%ルールなどは、サボりの効用を認めて制度化したものといえるかもしれない。この制度によれば勤務時間のうち15%、20%を通常業務以外のこと、自分の好きな研究に費やしてよいとされている。ふだんの仕事とは離れたことに従事する時間を半ば強制的に作る仕組みでもある[3]。

3. 非自発的なサボり～窓際族、天下り

　社員が高齢化するにつれて、年齢に応じたポストや仕事は限られてくる。その結果、仕事の一線や主要なラインから外される中高年が増えてくる。座席もオフィスの壁際や窓際などへ移されることからこうした社員は窓際族とよばれている。窓際という語感から想像されるのは、定年間近の社員が日がな一日、新聞を読みながら窓際の西日が差すオフィスで時間を過ごすイメージだろうか。言葉が普及した当初は否定的な意味合いで使われていたが、現在では仕事もしないのに給料がもらえる、ある意味優雅でうらやましいライフスタイル、と解釈する若者も少なくない。

　天下り社員も一見、窓際族と同じようにみえるかもしれない。取引の関係先や親会社など社外から受け入れた社員である彼らも、窓際族と同様、やはり本人の意思とは別に実質的に仕事がない状況で就業時間を過ごすことが多い。その意味で窓際族、天下りとも非自発的なサボりともいえる。もちろん窓際族や天下りの社員には「俺はまだまだやれる」とばかりに勇んで仕事に関わろうとする者もいる。会社に非自発的なサボりを黙認するようなポジションが存在するのには相応の理由があるわけで、窓際族や天下り社員は現役社員や現場の迷惑にならないよう職場で適切に振舞う作法が暗黙裡に求められている。

（河野憲嗣）

[3] 3M社ではこうした時間を活用してポスト・イット®が開発されたともいわれる。サボりの効用に着目して、サボりを公式に認めることで会社が競争力を高めた事例である。

4. 企業倫理の臨界

キーワード

企業倫理、グレーゾーン、判断業務

1. 経営者の企業倫理

企業に関わるすべての者は企業倫理を遵守すべきである。特に企業の経営者には高い倫理意識が求められる。そもそも代表取締役と会社の関係は契約関係ではない。代表取締役とは会社法に基づいていわば強制的に設置されるものである。すなわち会社が成立すると同時に代表取締役は存在する。言い換えれば経営者と会社は信任関係で成り立っているともいえる。例えば、会社が誰かと契約する、ということは代表取締役が法人としての会社としてサインをして契約するということである。もし代表取締役が会社の経営者としてではなく自分の利益のために行動したらどうなるか。経営者が会社を私物化しても会社自体はそれを見つけたり抗議することはできない。しかも経営者は会社の内部事情について多くの情報を持っている。したがって経営者がその気になれば、会社だけでなく株主や従業員などを容易に欺くことができる。こうした立場にあるからこそ経営者は会社の利益を第一に考えて私心なく行動すること、高い倫理観をもつことが求められる[1]。

(1) 本項をより深く学ぶには岩井[130]を参照。

2. 企業倫理の難しさ

会社の不祥事が明るみになるたびに企業倫理の重要性が声高に叫ばれる。会社は企業倫理を周知徹底するために倫理委員会を組成したり倫理綱領を制定する。倫理教育プログラムを策定してオフィスで企業倫理の規定集やコンプライアンス・マニュアルの読み合わせを行うこともあるだろう。こうした一連の対応によって企業倫理は制度化されていく[2]。しかし企業倫理とは人の意識に関わる問題であり、ある目標を達成したらそれで終わりではない。常に自分の仕事に関して企業倫理を問い続ける姿勢が重要となる。

(2) 企業倫理制度化の詳細については中野・高編[238]を参照。

実際、サラリーマンにとって企業倫理の問題をさけて通ることは難しい。会社で仕事をしていると組織の一員として果たすべき役割と人としての正義感の間にギャップが生じる場面は少なくない。歴史を振り返れば会社に関わる人種差別や人権問題、また会社がもたらす公害や戦争の武器製造への関与が問題視されて企業倫理が問われた時代があった。近年では談合や贈収賄が問題となることもある。いずれのケースにも当事者となる社員がいたわけであり、彼らは社会正義との狭間で悶々とすることもあっただろう。

もっとも世に知られる不祥事の大半は明らかに事件性があったり法令に違反していることが多い。しかし企業倫理の難解さはこうした事例とは別の次元にある。法による処罰の対象とまでは言えないながら、関係者の常識に照らして不条理を感じるといったケースである。法的には白黒つけにくいグレーゾーン、企業倫理の臨界[3]ともいうべき世界はサラリーマンの日常生活のすぐそばにある。

(3) 法律やルールには抵触していないが、一般的な感覚からみると疑念が残る領域をここでは「臨界」と呼んでいる。

3. 事務処理と判断業務

　事務処理で金額や日付を誤るといったミスが起きたとき、そのミスが悪意による行為か単純な過失かを見きわめることは難しい。ただし事務処理の場合は、プロセスや結果を物理的にチェックしてミスそのものの発生を回避することがある程度可能である。そのため事務処理で倫理的に悩ましい行為が起こる割合は相対的に少ないといえる。

　一方で経営者や管理職の職務とされる判断業務はどうだろう。判断の適否を定量的に評価することは難しい。定量化が難しい内容だからこそ決裁権限を付与された権限者が判断したという理由で正当化されている面もある。一般に意思決定した内容の結果が出るまでには時間がかかる[4]。結果を評価し、判断を下した者の能力の有無を正して更迭といった必要な対策を講じるにはさらに時間がかかる。経営者や管理者の下した判断が会社に不適切な内容だったとしても、判断した時点からあまりに時間が過ぎており、彼らの所業は裁かれることなく忘れ去られていく。

4. 仕事に潜むグレーゾーンの事例

　創業後10年ほど経過したある会社Aでは人事制度を見直す企画が現場の社員によって進められていた。人事担当の役員と部長はその報告を受ける一方で人事のコンサルティング会社Bを導入しようとした。会社Bの社長は会社Aの人事担当部長と同じ大学、学部の出身者である。会社Bは社長が大学卒業後に設立して間もない時期であり、コンサルティングの実績はおろか会社概要さえホームページで確認できない状況であった。ちなみに会社Bの社長の大学時代のゼミの教授は会社Aの社長の同級生であった。

　会社Bによる人事業務のコンサルティング導入を検討するにあたり、会社Aの人事部門の担当者たちには何の説明もなされなかった。しかしコンサルティングの導入は決裁されて、会社Bには数百万円のお金が支払われた。本件はその会社の規定上、人事担当役員による決裁が可能な金額であり、導入の決定に法的な問題はなかったかもしれない。しかし導入の経緯や狙いすら明らかにされず、他社との比較検討もしない状況で会社Bの導入を決定した会社Aの人事担当役員による判断は現場の担当者にとって極めて不可解であり、後味の悪いものであった。しかも会社Bが会社Aの人事業務に対するコンサルティングを実施した形跡は人事部門の現場にはついに示されることはなかった。

　サラリーマンが日々仕事をしていると、犯罪とは言い切れないながら「なぜそのような判断がなされたのか」と疑問に感じる場面は少なくない。しかしたとえ不可思議な意思決定であっても一般の社員がそれに口を挟むことは難しい。そもそも会社経営に関する情報は決裁権限者のほうが多くもっている。大所高所からの判断、経営の視点から総合的に判断したものである、などと言われれば一介の社員には為す術もない。だからこそ社長を頂点とする判断業務を担う決裁権限者には、適切な説明責任、無私で高潔な倫理性が求められる。

(河野憲嗣)

[4] ソニーの盛田昭夫は「経営首脳の不思議なところは、ミスをしてもその時にはだれにも気付かれず、何年もそのままでいられる点である。それは経営というものが一種の詐欺まがいの仕事にもなりかねないことを意味する」と述べている（盛田[204]）。

5. 内部告発　不祥事の萌芽から

キーワード
　　内部告発、内部監査、内部通報

1. 内部告発をめぐる葛藤

　手抜き工事や意図的な欠陥製品の供給、あるいは粉飾決算や虚偽報告といった不祥事は外部からは極めて分かりにくい。こうした事例が明るみにでるきっかけは主に内部告発である。内部告発は歴史ある大企業や名門と呼ばれる会社にさえも時に壊滅的な打撃を与える[1]。それほどの威力をもつが故に内部告発者は多くの葛藤を抱えて悶々とする。

　葛藤の原因は内部告発がもつ影響力だけではない。サラリーマンが会社の一員であり、かつ社会の構成員であるという二つの立場を両立させようとすることから生じる葛藤がある。会社員として自分や家族、そして会社の仲間の生活を守る立場にある自分がいる一方で、社会の一員として守るべき法や道徳を意識する自分がいる。その狭間に自分がいることに気づき、二者択一を迫られる状況も精神的に大きな負荷となる。

　さらに内部告発者やその予備軍とおぼしき社員の心情や自問自答する様子を観察すると、そこにあるのは自己保身という見たくない現実である。自らの生活の糧を得ている会社が傾くことは自分の利益を損ねるが、それでも内部告発する必要があるのか。内部者しか知り得ない情報を暴露することで自らが守秘義務違反に問われないのか。内部告発したことで会社に居られなくなるのではないか。そもそも世話になっている組織を裏切るようなことは人間として正しいことなのか。会社で不条理な出来事に遭遇して社会正義という言葉が脳裏をかすめた人は同時に保身を考える自己と対峙することとなり、悩みを深める。

2. 内部監査の実際

　最近では法令や社会道徳を遵守するために、内部告発者を保護する法令が整備されている[2]。社内通報窓口や内部監査制度を設ける会社もある。例えばある会社では内部監査を実施する際、監査対象部署の社員へのアンケートによって現場から直接情報を得る仕組みがある。所属長へのヒアリングとは別に管理状況や不正等の予兆を把握する狙いである。アンケートには部署の課題や評価を具体的に回答させる設問があり、以下はその抜粋である。

　　個々の業務に関する「事務的」な改善活動だけでなく、「意思決定」における改善や適否の検証があってよいと考えています。たとえば昨年度、人事部門で人件費管理の業務で予算計上のミスが生じた際、不具合の原因は「業務量に対するマンパワー不足である」と経営は判断しました。しかしそもそも管理監督者である人事担当役員が適正な単価を提示しなければ担当者は正確な処理が進められません。適正な単価を見極めて指示すべき担当役員の能力の有無は「マンパワー不足」とは別の次元で問うべき「質

---

(1) 例えば輸入牛肉を国産と偽り詰め替えたという取引先の告発をきっかけとして2002年に雪印食品が解散。2007年には消費期限のラベルを張り替えて出荷しているという元社員の告発で食品加工卸会社が自己破産した。

(2) 2006年に公益通報者保護法が施行され、内部告発者が懲戒処分など不利益を被らないように保護されるための要件などが定められている。

の問題ではないでしょうか。このミスが業務量と人員数という「量」の問題にすりかえられて対策がなされたとすれば、このすり替えが行われた原因自体が問われるべき課題だと考えます。

ここでは内部監査を通じて当該部署の担当役員の業務遂行上のミスが指摘されている。しかしこのアンケート内容は当の担当役員にも還元される仕組みとなっていた。結果としてこの情報は握りこまれ、具体的な改善にはつながらなかった。

3. 内部通報制度の実際

内部通報制度とは事業者内部に窓口を設置して内部告発を受ける仕組みである。主な通報手段は電話やメールである。他には「職場の健康診断」などとよばれるアンケート調査を利用するケースもある。

ここでは傘下に3つの子会社をもつ親会社が実施したアンケート調査を事例として紹介する。このアンケートの狙いは各社の人的リスクの所在やセクハラ・パワハラの発生状況、社員の心の健康状況を把握して職場改善の課題を探ることにあった。アンケートには所定の設問の他にフリーコメント欄が設けられている。以下の文章はフリーコメント欄から抜粋したものである。

> 自分や部内メンバーの現状をみたときメンタルケアやハラスメントの危機を実感します。いま社内には「言いだしっぺがやる」「社員はお客様」といった耳ざわりのよい言葉があふれています。しかし本当に生き生きと働いている人がどれだけいるか、社長は思い浮かびますか。職場環境の改善でいえば、例えば「誰に権限を持たせるか」と「パワハラ」の区別は説明が難しく、問題が顕在化しないのを良いことに横暴がまかり通っていませんか。ほんの一例ですが密室での議論を現場へいきなり投げる手法、運用への落としこみを軽視する管理監督者の下で部員のモチベーションは上がるはずもありません。

会社ではこのコメントが書かれた翌年のアンケートからフリーコメント欄が削除された。アンケートに基づいて、対策を講じる立場にある人事担当役員と部長の間では次の会話があったという。

> 「どうせフリーコメントにはいろいろ書く人がいるから」「そうですね」

ちなみに他の2つの子会社ではアンケートのフリーコメント欄は削除されることなく設定されていた。フリーコメント欄を削除した会社では人事担当役員が社長に対して「回答者の負担軽減」と説明したといわれている。よくよく考えればフリーコメント欄への記入は回答者の任意であり、回答者の負担になっているとは思えない。まさに経営者が「耳ざわりのよい」言葉の表層だけをみて都合の良い解釈のもと、思考停止している様子がみてとれる。　　（河野憲嗣）

6. 過労死と新型うつ

キーワード

ストレス、過労死、新型うつ

1. 出社までのストレス

「サラリーマンは気楽な稼業」と謳われた時代があった。際立った能力がなくてもなれるのがサラリーマンであり、出社さえすればきちんと給料がもらえる安定した職業、といったイメージだろうか。たしかに自営業のような不安定さはなく、創業者のような重い責任もない。大学卒業後の進路として起業や独立を選ばず、企業や官公庁への就職を希望する学生が今も多数派であることから、現代でも通用するフレーズといってよい。

しかし実際にサラリーマンの生活を観察すると一概に気楽とはいえない。会社にたどり着くまでにもサラリーマンには様々なストレスが待っている。第一の関門は毎朝の起床である。前夜に何があっても、翌朝会社に間に合うよう起きなければならない。寝つけない日の睡眠不足の蓄積は心身をむしばむ要因のひとつである。家を出たあとには満員電車や遠距離通勤といった通勤地獄が待っている。通勤に伴う身体的なつらさだけではなく、朝会社に行かなければならないという精神的なプレッシャーも見過ごせない。ある部長は会社では優秀なサラリーマンとして働いているが、じつは毎朝会社に行くのがつらくて奥様が駅まで付き添って電車に乗せていたという。それでも電車に乗れた人は幸いである。朝の東京は人身事故でダイヤが乱れる状況が日常茶飯事である。ただでさえ憂鬱な朝の出勤時に迷惑な話だ、と憤慨しつつも、一方で「またどこかのホームで誰かが飛び込んだのか」と他人事で済まされない複雑な感情が満員電車の中に漂う。

2. 過労死

会社は会社でストレスのネタには事欠かない。もちろん人が集まる場所では何らかのストレスが生じることは避けられない。しかし社員自身の努力だけでは逃れようもない構造的な原因によるストレスはやっかいである。長時間労働やサービス残業を強要する会社はブラック企業などと呼ばれるが、そこでの負荷はストレスを超えて生死にかかわる問題となる。ストレスを抱えたサラリーマンにみられる典型的な症状は頭痛、だるさ、吐き気、メンタルヘルスの不調やうつ病といった精神疾患である。過労死や自殺へと至ることもある。弁護士が相談に応じる「過労死110番」は1988年にはじまったが、30年たった今も廃止されていない [1]。

死ぬくらいなら会社を辞めればよい、ということは簡単である。しかしそのことに気づけないほどに追い込まれる状況こそが「サラリーマンはつらいよ」本番である。会社の外に別の世界を見いだせる人は救いがある。「没頭できる趣味がある」「気に入らないことがあれば会社を辞める」という選択肢がある人はサラリーマンの本当のつらさを知ることなく過ごせて幸いである。

[1] 平成27年の自殺者数は全体で24,025人。うち「被雇用者・勤め人」は6,782人で全体の28.2%を占める。近年の自殺者数は減少傾向が続いているが、15～34歳の若い世代で死因の第1位が自殺となっているのは先進国で日本だけといわれている。
https://www.mhlw.go.jp/wp/hakusyo/jisatsu/16/dl/1-03.pdf

3. 長時間勤務と残業

　職業生活において、強い不安、悩み、ストレスがある労働者は全体の60%以上にのぼる。ストレスの内容をみると、仕事の質や量の問題を抑えて職場の人間関係の問題が40%を超えている。2000年以降の労災補償の請求件数ベースでみると、精神障害等は概ね増加傾向であるが、脳や心臓疾患は必ずしも増加基調ではなく増減の波がみられる。サラリーマンのストレスは、肉体よりも精神、仕事よりも人間関係から表面化するといってよい。社員がメンタルヘルスの不調をきたした理由として会社が挙げるのは「本人の性格」の問題が64%、「家庭」の問題が35.2%、「上司・部下のコミュニケーション不足」が30.6%である[2]。この数字からみえるのは、メンタルヘルスの不調は上司と部下の関係性という経営が関わる原因よりも本人や家庭の問題だとする会社のスタンスである。

　メンタルヘルスの不調が顕在化する要因として長時間勤務が挙げられる。常軌を逸した時間外労働は肉体へ直接ダメージを与えるとともに精神にも影響を及ぼす[3]。時間外労働が長時間でない場合でも、サービス残業の運用の仕方が精神的なダメージを与えるケースもある。例えば、ある営業所では本社から毎月の利益目標が提示されている。営業所では目標を達成するために人件費を抑制する目的で社員の残業時間を管理者があらかじめ指定して勤怠管理表に記入させている。なかば公然と法令違反を強制された社員の中には会社への忠誠心と仕事へのモチベーションを低下させる者もでてくる。また残業が多いことは生産性が悪いと評価されることを恐れて、個人の判断で残業を申請しないケースがある。残業代がつかないよう社外に持ち出して仕事をすることもあるだろう。疲れ果てた若手社員が、家で仕事をするために持ち出した機密書類を電車の網棚に載せたまま寝過ごして書類を紛失してしまい、解雇されるといった例もある。

4. 新型うつ

　職場のストレスから発症する一般的な精神疾患が「うつ病」である。最近では「新型うつ病」が注目されている[4]。普段はうつ病のような症状に悩まされるが、職場を離れると症状がなくなるという。精神不調で会社を休んでいるのに海外旅行で楽しく過ごす写真をSNSにアップするといった行動もみられる。症状の合い間にみられる言動が「ゆとり」と称され、辛抱強く何かに耐える機会がなかったと思われている若手社員世代のイメージに重なることから、病気であるにもかかわらず若手社員を批判する材料として使われることもある。

　上司に怒鳴られながら会社の掲げる高いノルマ達成に奔走した旧世代のサラリーマンには、新型うつは甘えにしかみえず、病気とみなすことができない者もいる。こうした旧世代のサラリーマンは同志の過労死さえもやむをえない事とするのだろうか。新型うつを病気として認めることは、旧世代だけでなく社会全体が多様性を受け入れ、過労死を減らすための身近な試金石となるかもしれない。

（河野憲嗣）

[2] 複数回答。出典はhttp://www.mhlw.go.jp/file/05-Shingikai-10901000-Kenkoukyoku-Soumuka/0000060315.pdf

[3] 一般に月間80時間以上の時間外労働が過労死ラインといわれている。

[4] 新型うつは「現代型うつ病」と呼ばれたり「非定型うつ病」との関連で語られるなど専門家の間でも評価や治療方法は定まっていない。

さらに知るための参考文献
与那覇 [388]、今野 [164]

こらむ COLUMN コラム
トイレ掃除の精神

　トイレ掃除をするだけで企業経営が直ちに成功するわけではない。しかしトイレ掃除を基礎に社内外が清潔に維持され、整理整頓された労働環境のもと、良き社風が築かれ、信頼感の高い会社となって、ビジネスの持続的な発展に結びつくことが経営学の研究対象となるようになった。この方面の研究では大森信の一連の研究が突出している。大森の恩師である加護野忠男によれば欧米的な目的志向の経営とは異なって、手段を第一にする日本流の経営の特徴が掃除を一生懸命、愚直に行うことに表れていると指摘している（大森［256］）。掃除の徹底は「凡事徹底」という用語に集約され、企業における掃除を50年続けてきた鍵山秀三郎（イエローハット創業者）がこの言葉を愛用している。鍵山の経営哲学は掃除道とも称されており、その実践団体である「日本をきれいにする会」という全国的な組織も誕生している。

　社員の精神を鍛え、規律を生むトイレ掃除を企業経営に自発的に取り込んできた日本の経営者は多く、筆者は鍵山掃除道派、ダスキン派、独立派、コンサルタント系の4つに分類している（村山［212］）。バブル崩壊以降、成果主義がはやる中で改めて人本主義的な掃除系企業が見直されるようになった。大森はさらにマックス・ウェーバーの近代的な資本主義がプロテスタントの禁欲の精神によって生まれた理論と対比して、掃除を通じた精神が日本人の勤労倫理を培ってきたことを論証している（大森［256］）。日本の資本主義の精神についてはすでに山本七平が『勤勉の哲学』（1979年）の中で鈴木正三や石田梅岩の勤労＝修行であるという日本人の勤労観をとりあげ、働くこと自体が日本人の宗教であると論じている。

　掃除は塚越寛（伊那食品工業会長）が指摘しているように思いやりや優しさなど人間に根源的なものを涵養する上で大切だが（大森［256］）、それ以上に掃除を通じた内面の磨きは「心磨き」とも呼ばれ、根源的に人類の救済に重要であることを筆者は天理教の教説を引用しながら指摘した（村山［212］）。独立派を代表する熊谷直幸（菱幸運輸会長・南部塾塾長）も人間の心が及ぼす人の運命や企業存続の在り方について「南部通信」によって毎月伝達している（村山［213］）。トイレの神様は本当にいるのだろうか。トイレ掃除は人間がいる限り、誰かがしなくてはならない義務であるが、それ以上に、誰もが切望する人間作り、さらには人類救済に至るところの大きな秘密の鍵を握っている。

（村山元理）

第9章
退社、転職、独立

　多くの人はいつか働く場から去る。それは受動的、能動的、個人的、組織的理由などさまざまである。本章では長期間、企業で働き、社縁共同体の一員になった人々が組織から離別する時に起こる事象について示す。1節では社縁共同体で育まれた関係からの離別の例を示し、次の人生行路の始まりについて概観する。2節では社縁共同体からの離別として個人的理由、組織的理由の例を示す。3節では居場所としての社縁共同体からの離別が意味することとして、集団における役割、地位からの解放とアイデンティティの喪失状態について示す。4節では社縁共同体から円満な離別として企業の「のれん分け」の事例を示す。5節では社縁共同体からの長(おさ)経験者の卒業、6節では社員の卒業の例を示し、長期間関わった集団からの離別と次の居場所に移行する人々の生活について考える。

1. 社縁共同体からの次の居場所へ

キーワード

社縁共同体、離別、人生行路

1. 社縁共同体で育まれた関係

人々は長期勤続により、社縁共同体（日置 [96]）の一員となり、企業の中で「当たり前」と考えられる規範[1]や制度などを内面化する。日本の企業の場合、新卒の学生には専門性を求めず、自社のイニシエーション[2]としての新人教育によって、企業の業務に適合的なスキルを身につける社員を育成することが多い（中牧 [230]）。自分の名前が入った名刺を受け取った時、その組織の一員になった事を感じる人も多いことだろう。新人は1人で仕事ができるようになる前から給与が支払われ、OJT[3]、Off-JT[4]などで、職場の先輩たちから多くの指導を受けて成長していく。先輩は自分たちが先輩にしてもらったように後輩の面倒をみて次の世代を育成する。そして職位が上がれば上がるほど、社縁は広がり、社内外に多くのつながりをもつようになる。個人ではできないような経験を、その企業の一員という「組織の信用」を借りてできる仕事の面白さ、大きさを感じながら就業する社員も少なくないだろう。社員は職場における多くの神話（良いことも悪いことも）を内面化しながら、組織人として社縁共同体の成員となる（三井 [195]）。特に転職を経験していない人にとって社縁共同体の存在は唯一であり、その経営理念[5]は、徐々に重要な存在となり、ゆっくり共有、浸透されていくのである（住原・三井・渡邊 [326]；三井 [199]）。

2. 社縁共同体との離別

社縁共同体の中で育まれた関係は、能動的、受動的、個人的、組織的理由による成員の離脱という別れの局面を迎える。人々が会社を辞める時、すなわち社縁共同体から離別する時とは、どのようなパターンがあるのだろうか。退社によって、その後、無干渉な関係になる、あるいはポジティブな関係が維持されるのは、長期的に社縁共同体と関わった後に離別する定年退職という組織の制度による受動的退職[6]がある。そしてのれん分けという退職パターンは、組織的制度と個人の決断によるものであるため両方の性質を持つ。社員自身の理由による転職は、転職サイトもあり、多くの若者にとって想定される出来事である[7]。

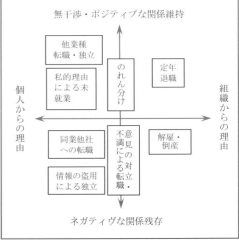

図9.1 退職理由と組織、個人の関係

(1) 規範は社会や集団において個人が同調することを期待されている行動や判断の基準、準拠枠であり行動の望ましさも含む（古畑 [67]46頁）。規範は人々に内面化された価値体系であり、社会成員の行為において追求されるべき価値の基準とその実現のために採られるべき行為の様式に関する指示とを含んでいる。規範は慣習、習律、法に分類される（濱嶋・竹内・石川 [84]67頁）。

(2) イニシエーションとは、なんらかの社会的集団に加入する際に行われる儀式である。その過程は分離・過渡・統合の三段階から成り立ち、通過儀礼の典型である（中牧 [230]127頁）。

(3) OJT(On-the-Job-Training)とは、働きながら行われる訓練をさし、職場の先輩が後輩を教えるような場合を指す（佐藤博樹・佐藤厚 [296]23頁）。

(4) Off-JT(Off-the Job Training)とは、職場を離れて行われる訓練・研修を指す（佐藤博樹・佐藤厚 [296]23頁）。

(5) 経営理念とは、もっとも一般的にいえば「経営体を貫く事業の基本的信条や指導原理」のことであり、創業者などの価値観や信念を反映しつつ組織全体に浸透し、構成員全員の行動原理として機能する点に特徴がある（住原・三井・渡邊 [326]28頁）。

(6) 受動的転職とは、組織の事情で解雇や倒産により、会社を辞めなければならない事態になり、他の会社への就職をしなければならないという場合の転職を指す。能動的転職は、自らの意思で所属組織を退職し、別の会社に移籍するような転職を指す。

(7) ただし、中根千枝によれば、1960年代でも彼らは失うスキ

その他、独立や個人的事情（家庭の事情、本人の健康状態）により、定年までに会社を去り、未就業という状態での退社もあるだろう。組織からの理由でネガティブな関係になるのは、経済危機による解雇、倒産による突然の共同体の解散などによる退社である。個人の理由による転職の場合、同業他社のライバル企業に移籍するような場合、険悪な関係になることもある。のれん分けと異なる非承認の同業での独立や全く別業種で独立した場合、関係は途絶えがちである。

3. 社縁共同体からの卒業

人々は企業のために、多くの時間を費やし、会社で過ごした時間は自身の人生行路において大きな意味をもつ（スゴウ [319]）。定年退職という受動的退社の場合、長時間、会社で過ごすという慣習に身も心も置いてきた人々にとって、その慣性からの離脱は、その後の生活のペースを確立するのにエネルギーを要する。これまでの慣性に精神がある中、家庭以外で次の自分の役割や位置づけを確立できるような居場所が退職までに作れていない場合、それを見つけるまでに適応努力が必要になる。組織との関わりが強く、長期であるほど、その関係を剥がされることの痛みは強い。しかし、退社する人々は全ての縁を絶ちきられる訳ではなく、「同期」（中牧 [230]）や先輩、後輩という社縁は組織外でも残存し、その役割は、重要な友人関係の維持だけでなく、退社後、次の所属集団や共同体への参入までの間、個人を包んでくれるセーフティネットの役割をしており、企業人としてだけではなく、一般人への適応過程にも役立っている。

4. 次の人生行路の始まり

定年で社縁共同体を去る時というのは、現代では 65 歳が多い。平均寿命が女性 87.26 歳、男性 81.09 歳（厚生労働省 [165]）であり、健康なまま定年を迎えた場合、男性は約 16 年間、女性は 20 年以上、退社後の人生が待っている。多くの人が約 40 年〜50 年働き、その後は「老後」と考えられがちであるが、実はそこからまだまだ長い人生が待っている。人は幼少期、学校教育を受ける時期、企業人の時期と変態 (metamorphose) [8]（スゴウ [319]）を繰り返して、定年後は数年間の適応期間を経て、第 4 の人生を歩み出すのである。これまで日本型経営の中で企業は「男性文化の園」であったが、非正規雇用労働者、専業主婦であった女性達は、社縁の代わりに地域縁を形成しており、退社後の男性は最終的に「女性文化」の比率が高い社会で柔軟な楽しみ方を獲得しながら生活することになる。家族の生活を支え、また自身の重要なアイデンティティとしての企業人時代が長かった人々は、社縁という固定縁の中にあったが、上野千鶴子によれば趣味の会など加入・脱退が自由で拘束性のない選択縁（上野 [352]）という流動的な関係にも身を置くようになる [9]。そして選んだ集団に入る時、人々はニューカマーとしてのイニシエーションを経験し、いくつかの新たな集団との関係の中でライフスタイルを築き上げて行くのである。以下の節では本節の内容をより具体的な事例を紹介しながら述べていく。

（藤本昌代）

ルが少ないため「近頃の若者はよく転職する」と述べられていることから、若者の転職は現代に始まったことではなく、昔からよく見られた現象であるといえよう（中根 [235]）。

(8) 変態（メタモルフォーゼ metamorphose）とは、いも虫が蝶になるような状態の変化を指す。

(9) ただし、高田は「縁」は選択するものではなく、偶然に発生するため、「縁」を選択するという上野の概念には同意していない（高田 [331]）。また住居に依存する地域縁と趣味の会が重複していることもあるため、趣味の会などが選択縁として拘束性がないとはいえない場合もある。

2. 社縁共同体からの離別

キーワード
転職、円満退社、社縁の断絶

1. 社縁共同体からの離別

　日本の場合、正規雇用されると終身雇用を前提とされることが多いが、社員は定年までに何度か退社を考えることがある。たとえば、入社年次の浅い社員は、社縁共同体への関与が弱かったり、一員という感覚を持たない人もいる。新卒一括採用された数年間は、会社の友人、知人より、学校時代の友人の方が気を遣わずに本音で話せるインフォーマル集団として機能していることが多い。しかし、就業時間の長さもあり、一日の大半を職場の人々と過ごすうちに、社員同士は困難にぶつかった時に乗り越えた経験を共有し、職場での信頼関係を形成する。そして、それが友人関係に発展したり、また、上司がメンター[1]となり、信頼関係が築かれた時、組織への思いも強くなる。自分の仕事の悩みや大変さをわかりあえるのは異なる会社で働く学友ではなく、同じ会社の仲間であることに気づく人々も少なくない。そんな中、上司・同僚との関係がうまくいかなかったり、仕事にやりがいを見いだせなかったりした場合（若いうちは力不足もあり、できる仕事が単調だったり、嫌な仕事だったりすることがある）、あるいは昔からの慣習の押し付けなどに適応できず、組織からの離別を考える人が出て来る。

2. 個人からの断絶と組織からの断絶

　個人が職場を去るのには、職場の人間関係が悪い時、好条件の選択肢が組織外に存在する時、家庭的、個人的事情などがある。現代はオンラインでの求人サイトで自身の市場価値を予測し、給与、福利厚生、仕事の内容に惹かれて転職を考える人々も少なくない。これまでは35歳を越えると求人が激減するため、35歳までに転職をしなければ、条件がどんどん悪くなると考えられてきたが、近年では知識、経験を積んだ即戦力系の中高年向きの求人サイトがあるため、40代の転職も珍しくなくなってきた。特に中高年の場合、20年近く就業してきて、自身も社縁共同体の一員と考えているにもかかわらず、辞めることを決断するような事態に遭遇することもある。たとえば組織、職場での意思決定に非常に失望したような時、これまでの組織の在り方を真剣に考えて関わった人ほど離別を考えることがありうる[2]。それは組織のためを思って発言したことが組織の執行部の意見と合わなかった時、個人は組織に居場所を失うのである。そして組織からの断絶による離別は、倒産、解雇、契約更新なしなどによる雇用契約の終了がある。社縁共同体は結束が強い時は人々の間の規範、制度は維持されやすいが、結束が弱まると何が大事で何をすべきか、何をしてはいけないかなどの理念の継承は困難になる。社縁共同体は成員を守り、居場所を与えるが、居場所を与えられなくなった共同体に個人は留まらない（留まれない）。ただし、組織と個人の関係が良好であっても、組織外部に魅力的な

---

[1] メンターとは、仕事上の指導者を指し、たとえば、新入社員の指導役、助言役などのサポートをする担当者がそれに当たる。また、上司が部下の成長を促す上で相談にのり、適合性を見極めた選択を勧めたり、機会を与えたりすることもメンターとしての仕事として考えられている。

[2] ハーシュマン [102] 85-117頁。

条件(興味深い仕事の要請、好条件の処遇の提示、友人の強い誘い等々)が存在する場合、人は社縁共同体から離脱していく(マーチ・サイモン [179]、藤本「64」)。

3. 社縁が継続する転職、独立

前職のノウハウを活かしつつの転職として、たとえば、キャビンアテンダントが、企業で受けたトレーニング、就業で培ったノウハウ、社縁共同体が大切にしている規範などを全身に染み込ませた上で、マナートレーニングのコンサルタントとして転職、あるいは起業をすることがある[3]。また、酒造業の場合、中小企業では、杜氏は1人しかなれないため、経験を積んだ中堅の酒造技術者は他蔵で杜氏の要請を受けると転職することがある。その場合、造りの技術などの情報交換は元の職場の人々と継続されることが多い[4]。また同業他社ではあるが、のれん分けのような社縁が継続する独立もある。その他には家庭の事情、健康上の理由等で、自宅に近い他業種への転職、あるいは昔からの夢の実現など、所属組織の事業に悪い影響を与えないような転職、独立の場合、社縁が継続し、かつての同期、先輩、後輩との交流が社外で続くことがある。

4. 社縁が断絶する転職

同業他社への転職の場合、情報、ノウハウの盗用などの問題があり、ネガティブな関係になることがある。たとえばソフトウェアを開発する企業で、ソフトウェアのライブラリやシステム構築のパターンは各社、ノウハウがあり、現在は持ち帰れないように法制化されているが、20〜30年前は法制度が整備されていなかったために、元の会社に大きな損失を与える辞め方をする人々もあった。またデータを盗用しないまでも、ノウハウは当事者の知識として構築されているため、制限のしようがないこともある。特に日本の企業の場合、長年教育費を投じて育てる傾向にあり、それが社縁共同体としての人と人との関係性を強める要素の1つではあるが、そこで教育された人が、海外の企業に技術を提供することで、技術流出の問題が起こる。またバブル崩壊やリーマンショックなどの経済危機が起こると企業は人々をリストラすることがあるが、企業に解雇された人々は、終身雇用だと信じて転職せずに勤続していたのに、明日からの生活を保障されないという事態になると、社縁共同体からの裏切りと感じる。その場合、その人々が同業他社や外資系企業に出て行くことは止められず、特許等を犯すことはできないが、ある程度のノウハウの流出も止められない。つまり、経済的危機に直面し、社縁共同体を守るために一部分を切り崩さざるをえないという事態は共同体の信頼関係を壊し、また残った人々も、次は自分かもしれない、この組織は自分を裏切るかもしれないという疑心暗鬼にかられる状態になる。このような事態の中で転職した人々とは社縁の継続は難しい。

(藤本昌代)

[3] キャビンアテンダントの就業については八巻 [381] に詳しい。

[4] 藤本・河口 [63]128-140頁。

3. 退社後のアイデンティティ

キーワード
　　　退社、アイデンティティ、居場所

1. 居場所としての組織

　日本の会社で働く場合、多くの人々はタテのキャリア（昇進）とヨコのキャリア（異動）を経験しながら、仕事の能力を高めていく。その際、社員は職種と職位が割り当てられ、その役割と地位を認識する[1]。若い時期に転職をした人も30代以降になると長期勤続する人が多い[2]。組織に雇用されるということは、何らかの業務を遂行することで労働の対価を受け取ることになる。欧米のように業務内容に対して雇用された人が割り当てられる職務等級制度ではなく、日本の場合その業務を遂行する能力があると認められた人に対して給与が支払われる職能資格制度であるため、定形の仕事以外に個人的能力によって業務が遂行されることが多い。そのため、組織も非個人的な組織の共有知識の構築より、その個人の努力や技能に依存し、個人の内部に蓄積された知識や技能に頼ることも多い。それは個人にとって頼りにされている、自分にしかできないという自負、働きがいにつながる（そのため、日本型の組織の場合、アウトソーシングするための業務の切り分けに苦労する企業がかなりある）。企業がいつの間にか自分が最も能力を発揮できる、自分らしく働ける居場所として大きな存在になっていくのである。

(1) 佐藤博樹・佐藤厚 [296]。

(2) 藤本 [61] 1-20 頁。

2. 役割と地位からの開放

　人は何にも縛られなくなった時、どのような状態になるのだろうか。『自由からの逃走』というヒトラー政権の下、盲従した人々の特性についての研究があるが、人は依拠するモノを失う恐怖から逃げることがある[3]。読者も先生から「何を書いてもいい」と言われると、「たとえば？」と、テーマの傾向のヒントを求めたり、「何枚くらい書いたらいいですか？」と分量の基準を求めたりしたことはないだろうか。何の基準も制限もない状態になると、人は制約されるルールや人に基準を決めてもらいたがる傾向があり、意識的、無意識的に他者にある程度決めてもらうことを望むことがある。組織に雇用され、出勤時間、業務が決められ、「来ることが義務づけ」られ、組織の一員として地位、役割が割り当てられ、自分が誰かと聞かれたら、その組織の中の地位と役割を自己紹介で提示する生活を40年〜50年行ってきた人々が、定年制により、組織の一員でなくなり、地位と役割から解放される状態に置かれるのである。そして、企業名、組織の中の地位、役割を用いずに自分が何者であるかを人に伝えなくてはならなくなった時、その慣性に抗い、自分について自律的に思考する作業に戸惑うことがある。

(3) フロム [60]。

3. アイデンティティの形成と喪失

　アイデンティティとは、自我によって統合されたパーソナリティと社会との

関わりを説明する概念であり、同一性、主体性、帰属意識などと訳される（濱嶋 [85]）。新入社員の時から定年退職まで長きに亘り、組織の一員であった人々にとって、組織の成員でなくなる、その組織で地位も役割も失うというのは非常に大きな出来事である。多くの社員が業務上、電話で話す時、他社の人と話す時（時にはプライベートな状況でも）、「〇〇（社名・部署名）の〇〇（個人名）です」と挨拶を繰り返し行ってきた。社員にとって、名刺はただの紙切れ、連絡先のメモではない。自分が何者かを示すアイデンティティ表出、他者から信頼を得るための身分証明書的な重要な意味をもつ。特に有名企業、大企業、上位職であった人々にとって、その社会的属性を示す名刺は、交渉の際に企業名、職位により、相手の対応が変わったりする（会社の戦略的にも）重要なカードである。相手の名刺を見て、相手への印象、態度、行動を戦略的に変える人々もある。名刺はそのような重要な交渉に立ちうる自分の威力を示す非常に重要なシンボルとなりうるのである[4]。

(4) 高田 [331]。

4. アイデンティティの亡霊

人は所属する集団を失うと「むき出しの個人」のままで社会に向かわなければならない[5]。そして人は集団・組織への所属欲求を持っている[6]。自分のアイデンティティが立脚していた組織から離別するという事は、無所属でむき出しの個人として社会に対峙することを突きつけられるという事でもある。人々は社縁共同体に長く関わることで、その一員というアイデンティティを形成し、それが長時間であればあるほど、心の中に強く根ざすため、時にはそれが新しいアイデンティティ形成の邪魔をする。その所属組織が有名な大企業であり、また、その上層部にいた人は、多くの関連企業の人々、部下からもその地位にあることに敬意を表されて企業人としての就業を終える。その人にとって自分の成長、努力、経験の全てであったその会社の一員であったこと、そして重役であった自分を誇りに思う気持ちが強いことだろう。しかし、退社後、「一般人」になった彼は、周囲が関連企業の人々や部下のように自分を敬ってくれないことに慣れなければならず、名刺を出して自分がどのように偉かったかを示すこともできない。そのため、「元　〇〇株式会社　部長　〇〇（名前）」と書いた名刺を他者に渡す人もある。あるいは、起業し、社長1人の会社の代表取締役社長の職位を獲得し、それを示した名刺を作る人もいる。その他、老人ホームで男性が生き生きとするのは、役割を書いた名刺（「園芸係　主任　〇〇太郎」）を作り、それを交換する時だという例や地域の趣味仲間で集まった際も「バイクツーリスト野郎（チーム名）　〇〇太郎」といった趣味の会の一員であるという名刺をもつ人の例もある。「三つ子の魂百まで」とも言える、名刺をもつこと（組織名、集団の成員であることが明確である）が、彼らのアイデンティティにとって非常に重要であることが伺える。デュルケムやマズローが述べるように、集団所属は人間にとって重要であり、それを求めることは自然な欲求なのである。人生の半分以上を過ごした社縁共同体によって与えられた地位と役割を過去のものとして受け入れ、新しい自分を再構築する作業は容易ではないのである。

(5) デュルケム [51]。

(6) マズロー [181]。

（藤本昌代）

4. 巣立ちとしての独立

キーワード
独立、のれん分け、社縁の継続

1. 社員の独立－反目と円満

所属する会社から社員が独立しようとする際、その道筋は大きく分けて反目型と円満型のいずれかになるだろう。前者は、社員が会社への不満あるいは自らの野心のために独立を強行する（得てして会社の資源を奪い取る）というタイプである。この場合、「後足で砂をかける」という形になり、古巣と元社員の間の社縁はそこで完全に断絶する。一方、後者は、社員が会社の理解の下で独立を果たす（得てして会社の独立支援を受ける）というタイプである。この場合、「飛ぶ鳥跡を濁さず」という形になり、古巣と元社員の間の社縁はその後も長く継続することになる。

本節は、社員の独立のなかでも特に円満型の独立（「社縁の継続」）について論じるものであり、それに当たりまずは、かつて日本の商家に広くみられた奉公人の独立支援制度「のれん分け」について確認する。

2. のれん分けとは

「のれん（暖簾）」とは、本来、店の軒先に吊るす日よけ用の布のことであるが、江戸時代に多くの商家が商標や屋号を染め抜いて用いるようになってから、店の信用や格式を象徴するものとなったといわれる。また、この言葉は、店のさまざまな経済的資源（得意先、仕入れ先、商売のノウハウなど）をも意味している。

のれん分けとは、商家の奉公人（たいてい非血縁者）が長期にわたる忠勤への報奨として「別家」を許されることを意味している。別家となった元奉公人は、本家から商標や屋号の使用を認められるとともに、得意先や仕入れ先などの経済的資源をも与えられる。この制度は、奉公人に対して、いつかは独立して自らの店を構えるという夢をもたせ、仕事へのモチベーションを高めるという機能をもつ。また、のれん分けの後も本家と別家の関係は継続するものであり、別家は本家に対して奉仕の義務をもつとともに、危機に際しては本家から支援を受けることができる。

このようにのれんを中心に形成される商家の共同体的関係は「暖簾内」と呼ばれ、専門用語では「商家同族団」と称される[1]。それは、伝統日本社会のコンテキストにおいては「イエ」の一形態であり、そこには本家と血縁関係にある分家だけでなく、非血縁者の別家もまた正式なメンバーとして参加を認められる。このようにイエが血縁関係に限定されない経済的共同体であるという点は、日本の商家とそこから発展した「会社」組織の文化的特徴を考える際にも非常に重要な意味をもっている[2]。

(1) 「商家同族団」については、社会学者の中野卓が戦中～戦後初期に京都市内で現地調査を行なっており、それをもとに詳細なモノグラフを発表している（中野 [239]）。この中野の研究は、商家同族団研究のマイルストーンと位置付けられる。

(2) この点に関しては、台湾出身の文化人類学者、陳其南が西洋社会、中国社会との比較のなかで日本の伝統的家族制度と企業組織の特徴を考察している（陳 [27]）。

3. 現代に生きる老舗企業の伝統

　以上のような商家ののれん分け制度ならびに「暖簾内」共同体は、総じて近代化の波を受けて衰微していった。しかしながら、近代以前より長期にわたり脈々と事業を受け継いできた老舗企業のなかには、伝統的な商家の様相を今にとどめる例もみられる。

　ここでは、筆者が調査した京都の老舗企業、ツカキグループ（以下ではツカキ）の事例を紹介する。ツカキは近江商人の流れをくむ呉服問屋であり、幕末の1867年に3代目当主が京都に出て創業した。ツカキでは、創業当初より、のれん分けした別家と、独立せず番頭として勤め上げた者（別家待遇）をメンバーとする「別家会」が設けられ、重要な役割を果たしてきた。現社長の6代目塚本喜左衛門氏によれば、別家会は、会社の経営に対する一種の「監督権」をもっており、本家にさえ「モノ申す」存在であるという。この別家会が果たしてきた役割は、現代風にいえばリスク・マネジメントということになるだろう。

　今日、ツカキの別家会は永年勤続者のOB会という形で存続している。毎月1日、OBが本社役員室（歴代メンバーの顔写真が紹介文付で飾られている）に集まり、互いの近況報告、現役役員との面談などを行なっている。塚本氏は自社の別家会を「運命共同体」と呼んで重視しており、その特徴を「分と対等」というフレーズで表している。この「運命共同体」における人間関係は、主従間（上下関係）の分別意識と、従が主に「モノ申す」ことのできる対等意識の両方を包含しているという[3]。

　今日のツカキの別家会は、もはや伝統的なのれん分け制度を前提としたものではないが、そこでの人間関係のあり方は、かつての「暖簾内」共同体の名残を今にとどめるものであるといえよう。

4. 現代版のれん分け

　伝統的なのれんわけ制度はすでに過去のものになっているが、のれん分けという言葉自体は現代においても使われており、インターネットの検索エンジンで検索すると、社員独立支援制度とのからみで多くの情報にヒットする。特に多くみられるのはサービス業においてであり、具体的には、飲食店や美容室、ビジネスホテル、学習塾など枚挙に暇がない。

　「現代版のれん分け」[4]というべき社員独立支援制度は、社員にとってのメリット（モチベーション向上）だけでなく、会社にとってもさまざまなメリットがある。そもそもサービス業においては独立志向の強い人が多いため、会社が社員を長期にわたってつなぎとめることが容易ではなく、会社の資源を社員に奪われるリスクも高い。また、のれん分け制度は、意欲の高い求職者を引き付ける仕掛けとなり、求人難の時代にあっては一つの武器にもなり得る。このように、現代版のれん分け制度は、人材確保、人材育成、リスク・マネジメントなどさまざまな機能を果たしながら、円満型の社員独立と本社（本店）を中心とする共同体的関係（「社縁の継続」）を生み出しつづけているといえよう。

（河口充勇）

[3] 塚本氏によれば、このような対等意識の背景には、多くの近江商人が帰依してきた浄土真宗の人間観（平等主義）の影響があるという（寶・河口[47]）。

[4] 「現代版のれん分け」に関しては、商業界編集部他[314]において、さまざまな成功事例が紹介されている。

5. 定年① 長(おさ)の卒業

キーワード
卒業、長仲間、新しい役割

1. 社縁共同体からの長の卒業

日本の会社は部長以上の幹部、社長は、「はえぬき」[1]であることが非常に多い。したがって、幹部や社長などの社縁共同体の長を勤める人々は、勤続年数が長い人々が多い。そして彼らは管理職になって以来、自分自身のこと以上に部下、社員を優先して社縁共同体を取りまとめ、組織を牽引してきた。彼らは組織と一心同体のような感覚で、組織を体現して生きていた時間が長い人々と言っても過言ではない。しかし、組織は常に競争に晒され、社会の変化に瞬発力と豊富な経験をもとに意思決定する長を求め続けるため、リーダーには体力的、年齢的な限界がやってくる。また、現在の長にその力が残っていても、長くその地位にいることが後継者育成を阻み、末端までの組織の新陳代謝に影響を及ぼすため、同族企業では例外もあるが、多くの組織では後継者にバトンを渡す準備が行われ、長の交替が行われる。社長は会長や相談役として徐々に組織の意思決定、責任を担う立場からフェードアウトし、最後は社縁共同体を去る[2]。

2. 社友、長仲間

前述したように、一度も転職せずに、勤続してきた企業人は同一組織で40年〜50年就業する。そこに張られた根の深さは非常に深く、そこから去る時の寂しさは非常に大きい。人生の半分以上の時間、起きている時間のうち、家族より長い時間を過ごした社縁共同体での生活は、人々の生き甲斐でもあったはずだ。特に、長く幹部に残る人々は、「雇われている」のではなく、自身が運営しているという主体的感覚で組織に関わっているため、幹部、社員との信頼関係を形成することに注力してきた。日本の男性社員の場合、非常に長時間労働を求められるため、地域での生活は家族に任せきりとなりがちであり、自宅近辺に友人を多くもつのは困難である人が多い。したがって、長年、経営理念、組織規範を共有する社員同士は、友人関係になる傾向がある。社長や幹部は、大きな危機に直面した時、社員を路頭に迷わせてしまわないよう倒産、解雇の回避に苦慮したり、ライバル企業に負けたり、大きく業績を落としてしまうような状況を乗り切ったり、共に踏ん張った仲間としての結束を強くする（幹部内に派閥がある場合もあるが、それぞれで結束している）。そして社長は、常に孤独な決断をしなければならないが、他社の長との信頼関係を築いている場合もある。若い時代から、主任、係長、課長、幹部以上の各層別で企業横断的に将来に向けて幹部になった時のために社外ネットワーク育成制度（商工会議所[3]主催の企業横断的懇談会等）がある地域が多い。そこで形成された気心の知れた人々との関係は幹部になっても、退職しても継続される。

---

(1) ここで言う、はえぬきとは、新入社員から一度も転職せず、自社内で育成された社員のことを指す（佐藤博樹・佐藤厚 [296]）。

(2) これについては、中牧 [230] 155-157頁に「王殺し」という儀礼によって、長の交代が行われることが述べられている。詳しく知りたい場合は参照のこと。

(3) 商工会議所法に基づき、市など一定地区内の商工業者によって組織される自由会員制の非営利法人。商工会議所としての意見の公表・具申・建議、調査研究、証明・鑑定・検査、技術や技能の普及・検定、取引の仲介・あっせんなどを行う（小学館 [313]）。

3. 新しい役割

　大企業の社長や幹部は、本社を退社した後も何らかの社会的役割を依頼され、新しい地位を得ることが多い。たとえば、子会社の社長であったり、完全退社後は、他社の社外取締役やコンサルティング業務のアドバイザーなど、企業人としての実績を評価され、次の企業の知恵袋としてスライドすることが少なくない。70歳くらいまで、あるいはそれ以上、現役で企業人として活動する人々が多い。また、自身で経営アドバイザー、コンサルタント業を起業する人もおり、大企業の長で経験した多くの事業、苦難を乗り越えたノウハウ等への社会的信用は退社後も継続する。またそれ以外にも、たとえば、アジア地域に出向していた大企業幹部などは、同じ時期にその産業集積地に支社を構えた下請け企業へのアドバイザーや現地社員教育係として、再就職することもある[4]。アジア諸国では、日本のノウハウを求める企業が多々あり、体力、気力が十分あるまま定年退職した人々は、新たな場所で企業人として日本企業のノウハウ、考え方、制度の伝播をしている。担った役割が大きいほど、その慣性は強く、長く長を勤めた人々は経済的必然性がなくても仕事を継続する人が多い。

[4] 藤本 [62]。

4. 新しい共同体へのソフトランディング

　日本の高度経済成長期に働いた世代は、夫が長時間労働で家事・育児に従事する時間が短く、妻が専業主婦、もしくはパート労働で家事・育児を一手に引き受けるパターンが多かった。しかし、その分、女性達の地域縁は非常に広がりをもち、シームレスに高齢期を迎える。それに対して企業人であった男性は、地域縁が少ない中、急に地域での生活に適応しなければならない。特に長経験者の場合、地位が高ければ高いほど、その慣性は強く、ペースダウンしても仕事のネットワークの中にいる人が多い。彼らは、以前ほど勤務時間は長くなく、地位と役割の重さを徐々に減らし、以前の社縁、特に同期縁、そして妻の地域縁、家族との交流に助けられながら、ソフトランディングの準備をする。長仲間の集まり、同期の集まり、地域内外の趣味の会等々でいくつもの集団に属する生活に移行し、次の人生行路に踏み出していく。

　また、商社のように海外生活が長い人の事例では、たとえば、アメリカ支社長を務めたA氏の場合、退社後、日本に戻らず、アメリカに生活の基盤を置き、仕事以外の友人との関係の中で、趣味の時間を増やしつつ、コミュニティで公的な役割で社会貢献を行い[5]、さらにそれまで培った能力を生かしながらコンサルタントとしてビジネスも行っている。仕事中心の生活から、趣味と社会貢献など、社会とのつながりのウェイトを自分で意識して方向付けている。

[5] 報酬を受け取らないボランティアではあるが、市会議員は市政を運営する重要な役割であるため、選抜審査（経歴や所得等々）が非常に厳しい。

　このように多くの長経験者は定年後も仕事と完全に無関係の世界の住民になる人々より、何等かの形で前職と関わりがある仕事に従事しながら歳を重ねる人が多い。日本の長経験者の場合、友人は地域より地域外の仕事を通じた人々との交流が多く、趣味活動もその友人との交流の中で行われる傾向にある。

（藤本昌代）

6. 定年② 社員の卒業

キーワード

卒業、同期、フラットな世界

1. 社縁共同体からの社員の卒業

　現在、定年後の人生を送っている人々のうち、正規雇用の社員だった男性は、定年まで転職を経験せずに勤続してきた人々が少なくない。多くの人は定年制度により、長年働いた社縁共同体から卒業する時期を迎える。定年を迎えた後も、管理職は退くものの、任期付き雇用の「嘱託」などの立場で5年程度の期間（それ以上の人もある）、組織で就業できることが多い。この期間に少しずつ管理職として就業していた立場からのソフトランディングがなされる。この期間をもって、40年〜50年の長期間の労働人生から卒業する時が来る。しかし、毎日、会社に定時に出かけていたライフスタイルが激変し、「行かなければならない」場所、地位、役割を失うことの喪失感は大きい。

2. 同期の存在

　その中で同じ時期に同じ経験をしているのが、「同期入社の仲間達」である[1]。何も出来なかった新人時代から、中堅で仕事がよく理解ができ、手応えを感じられる時代、管理職になり、大きな責任、困難を乗り越えた苦しさを共感できる仲間として、各部署に配属されている同期入社の仲間は、退社時期も同じであり、その胸に去来する思いを家族以上に共感、実感できる人々でもある。そのため、退社後も「同期」との社縁は継続され、年に1〜2回集まり、互いの近況を語り合える仲間として重要な存在であり続ける。特に日本型の残業が常態化した就業スタイルの中で長時間働いてきた人々が定年退職前から地域縁を築いておくのは至難の業である。多くの人々は自宅で毎日を過ごす生活になってからの数年間は新たな地域縁を築くのに時間を要する。所属集団を失った人々にとって、かつての自分の経験、活躍、努力、達成したこと等々、何者かであった自分を知ってくれている同期、社縁はソフトランディング期の心の支えになる大きな存在である。

3. 新しい集団への帰属

　しかし、人々はそのような喪失感を感じる状態に、長い間身を置いている訳ではない。社縁共同体の一員だった自分から、一般人の自分へと脱皮していく。それは企業人だったことを忘れる訳ではなく、一般人として新たな集団の中に適応していく中で、現在の自分にとって企業人だった自分は思い出となり、現在の生活の中で優先順位が変化するのである。多くの場合、パートナーがいる場合、たとえば、妻に地域の趣味の会への参加を強く勧められ、地域縁構築の努力がなされる。身体的な健康維持のためだけでなく、人と会わない生活は精神の健全性、社会性の低下につながる。定年後の数年間は、次の自分の居場所を得るために、すでに地域縁を築いている人々への挨拶、集団への参入のため

(1) 中牧 [230]108頁。
第2章3節、4節も参照のこと。

のイニシエーションを経験する適応期なのである[2]。

4. 地域縁、趣味縁での先輩、後輩、仲間との楽しみ

地域に目を向けてみると、多様な職種、業種で就業していた「定年退職者の先輩」に出会う。自宅に籠もっていては出会えない人も、地域に出てみると、ずっと地元で就業している地域の主のような「先輩」や地域縁を広げ始めて数年目の「先輩」がいる。この先輩たちは、毎日終日、自宅にいるという生活に慣れない後輩を優しく趣味の世界に導いてくれたり、仲間になってくれたりする。外に出ることで、現役時代には出会うこともなかったような多様な人々と趣味の会やスポーツの会、家庭菜園（畑を借りた本格的なもの）、ボランティア活動の会などで知り合う。女性がマジョリティであった地域縁の中に、徐々に退職男性が加われる地域縁が広がりだす。それは男性、女性、かつてフルタイムで働いていた、専業主婦であったという社会的属性にかかわらず、趣味の仲間として、地位も職業も関係のない「フラットな世界」で集団が築かれている。会社勤めの時には、ヒエラルキーの中におり、その地位が自分を示す指標の1つになっていたが、退職後は、序列のない世界の住民になる。曜日ごとに、趣味の会の数だけ、集団、仲間が存在し、将棋やスポーツなどゲーム性があり、勝つ喜び、上達する励みも感じつつ、ゆっくり流れる時間の中で、行かない日々が続くと心配してくれる「仲間」がいるという、新たな関係を地域の中に形成していくのである。このようにして自分の居場所が再構築され、次の人生が始まるのである[3]。

ただし、これは健康で引退した人の場合であり、定年後も何らかの仕事を継続している最中に、病気になり、仕事を辞めざるをえなかった人の場合、趣味の会に出かけられる健康状態ではない事もあり、社縁共同体、企業人から一般人への適応時期を経ず、企業人からすぐに闘病生活に入らざるをえないということもある。健康でいられる時間は個体差があり、想定するのは困難ではあるが、体調と引退の時期を考えることは、次のライフステージにおいて重要なことといえよう。

（藤本昌代）

図9.2 フラットな世界での自分らしさの発揮

(2) 地域での集団との関係について詳しく知りたい場合はテンニース[343]を参照のこと。

(3) リタイヤ後の生活について詳しく知りたい場合は金子[141]、宍戸[312]を参照のこと。

こらむ COLUMN コラム
ジャパニーズ・ウイスキー誕生をめぐる物語

　ジャパニーズ・ウイスキーの誕生の経緯については、NHK の朝の連続テレビ小説「マッサン」(2014年9月〜2015年3月放映)のモデルとしてドラマ化されたこともあり、広く知られるようになった。ドラマでは亀山政吉(ニッカウキスキー創業者竹鶴政孝がモデル)と鴨居欣次郎(サントリー創業者鳥井信治郎がモデル)を対照的に描いていたが、文化人類学の視点から、モデルとなった二人(二社)の物語をどのように理解できるか、紹介しよう。

　一つは、「神話」メタファーに基づく解釈である。どちらも「創業」の物語であるが、「ウイスキー造り」という未経験の世界に飛び込み、幾つかの試練の後に帰還するという点で、ジョセフ・キャンベルの言う「英雄神話」の構造に近い。そこで、活躍する「創業者」は、さしずめ「神話」における「英雄」の役割を担っていると考えることができよう。

　ジャパニーズ・ウイスキーの「英雄神話」を考えると、竹鶴が直接製造に携わった技術者であり、しかも自ら本場のスコットランドで学んできたという点は、スコットランドという未知の世界を冒険する「英雄」そのものである。しかもスコットランド女性を妻として帰国したことは、未知の世界で出会った「姫」を連れ帰り、スコッチ・ウイスキーの継承者としての正統性を有する「英雄」としての役割を担っている。では、技術者でない鳥井はどのような「英雄」なのであろうか。それが、マスター・ブレンダー(ブレンド総責任者)という存在である。ブレンディッド・スコッチ・ウイスキーの世界では、マスター・ブレンダーは超人的な能力の持ち主として語られることが多い。「赤玉ポートワイン」の誕生が鳥井の秀でたブレンディング能力の成果であり、その超人性をもってマスター・ブレンダーという「英雄」となる資格があることが語られてきた。そして、彼に課された試練が、「日本人に受け入れられるウイスキー造り」なのである。

　もう一つは、(広義の)グローバリズムの観点からの解釈である。ウイスキーのように外国から移入された食品(food migration)に関しては、ローカル化やクレオール化することで意味の再解釈が行われることが指摘されている。ローカル化、クレオール化に対置する概念として、「オーセンティシティ(authenticity)」という概念がある。これは食品や料理についての質的属性であって、場所と製作工程の二点に焦点を当てたものである。

　竹鶴の物語は、頑固な技術者としてではなく、「オーセンティシティ」の具現化と理解できる。それゆえ、スコットランドの気候に近い余市を選び、ピートで乾燥させる製麦にこだわったのである。それに対して、鳥井の物語は、水割りなど和食に合う「日本の」ウイスキーを強調するローカル化の語りになっているのである。

(竹内惠行)

ニッカ余市蒸留所のポットスチル

第10章
会社と会社員を祀る

　会社という組織はそれ自体が祭祀の母体であり、地域の構成単位でもある。祭祀の動詞形が「まつる」であり、祭や祀の文字があてられる。日本の会社は世界にも類をみない祭祀の慣行をもっている。会社が敷地内やビルの屋上に小祠をかまえることはめずらしくないし、創業者や従業員を慰霊するために墓すらもうけている。また社葬という独特の葬儀がおこなわれ、従業員の葬儀にもさまざまなかたちで会社が協力している。それに加え地元の祭に会社ぐるみで参加することも頻繁におこなわれ、その一例が徳島の阿波おどりに登場する会社の連である。

　企業博物館と総称される各種のミュージアムもまた会社の主力製品や特殊技術を展示することによって宝物殿に比することができる神殿の機能を果たしている。それどころか、会社には創業の聖地のような神聖空間がもうけられ、巡礼にもたとえられる訪問がなされている。

　会社が何を大切にしているか、それを「まつり」からみていきたい。

1. 会社員と葬儀

キーワード
家族、会社共同体、福利厚生

1. 会社員と葬儀

　会社は、社員やその家族の葬儀に積極的に関わってきた。会社員本人が現職で亡くなった場合はもちろん退職後の場合でも、また社員の家族が亡くなった場合にも、会社はその関係や状況に応じて供花、香典、弔電などを贈り、また弔問に訪れ、さらに葬儀の取り仕切りや受付などの手伝いなども行った。さらに家族や親族が亡くなった場合には忌引き[1]といい、故人との関係に応じて特別休暇が与えられる。会社によっては、複数の場合もあるが特定の葬儀社と契約を結んで一定の割引など社員の利便を図っている場合もある。

2. 社員の葬儀

　会社員が現職で亡くなった場合、供花や香典は社長名の会社からのものだけでなく、関連する部署や同僚などのものなどいくつもの供花や香典などが贈られ、弔問も会社の規模や故人の役職により社長などの役員や当該部署の上司、同僚など多くの人が訪れる。会社からだけでなく業務を通してつきあいのある取引先などの関係者からも供花香典が贈られ、参列する場合もある。

　従来、葬儀は組合や町内会など地域共同体が主体となっていたが、都市部に在住する会社員などはそのような地域共同体がない場合も多く、地域共同体に代替して会社の総務課が中心になって取り仕切った。喪家と相談して葬儀を決定し、受付や道案内などにも社員がでることも多かった。特に取引先などが参列する際には、会社としてのつきあい関係もあるため対応は重要であった。

　退職後に亡くなった場合でも、会社から供花や香典、弔電などが贈られる場合も多く、OB組織などがある場合には、そこからの供花や香典、またかつての同僚も積極的に参列した。なかでも、会社の役員やその経験者の場合、社葬にはならなくとも、「準社葬」といって社葬に近い形で会社がある程度費用を負担し、また社員も派遣して行う場合もあった。このような場合にも新聞の黒枠広告を会社として出す場合もある。

　さらに葬儀後に会社墓に物故社員として祀られ、慰霊祭なども行われる。こうした際には、会社の人々だけでなく遺族が招かれる場合もある。

3. 家族の葬儀

　社員の親や配偶者、子どもなど家族が亡くなった際にも、社員に準じて会社から供花や香典が贈られ、また葬儀の取り仕切りや手伝いなどが行われた。特に親の場合には実の親だけでなく配偶者の親が同居している場合にも、同様の対応がなされる場合が多かった。これは葬儀が家を基盤として行われるため、同居の場合、会社員は喪主もしくはその配偶者であるからだ。親の葬儀が遠方で行われた場合にも、会社から数名の代表者が弔問に訪れることも多い。

[1] 忌引きとは、現在では家族が亡くなったときの休暇である。本来、忌引きは死の忌みによって家に籠もっている状態をいい、家族の死を悼み、また死のけがれを他者に及ばないようにするための習慣がその起源となっている。

かつて親の葬儀を立派に務めることは、地域社会のなかで家の当主として一人前としてみなされることであり、会社員もまた、親の葬儀など家族の葬儀に適切に対応することを通して、社内においても、また親族や地域社会に対しても、社会人として一人前であることを表示する重要な機会であった。

4. 福利厚生としての特約制度

かつての地域共同体は、葬儀を取り仕切り、葬具を作り、料理の炊き出しなど実務を行ったが、会社が取り仕切るようになるとこのような実務を支えたのが葬祭業者であった。葬祭業者は契約した会社の社員やその家族の葬儀には葬儀費用を割引するなど特約制度を作り、福利厚生の一環として会社と契約するようになった。これによって社員は、葬儀費用が減額になるだけでなく、例えば葬儀ではどのような役職者が来るか、その際にはどのように対応するか、また連名での香典返しの対応など、それぞれの会社特有の慣習も、特約の業者であれば対応の仕方を把握しており、喪主や葬儀の取り仕切りをする会社関係者も安心であった。葬祭業者は、特約契約などで会社と一定の関係ができると、会社のVIPの葬儀や社葬などを請け負うようになっていく。それは会社の危機管理としての関係でもあった。

5. 会社共同体の成立と解体

会社が、社員やその家族の葬儀に積極的に関与してきたのは、社員やその家族をふくめ会社が共同体として存在していたからであった。かつては地域共同体が生業、生活の共同体であり、その構成員の死は共同体にとって大きな危機であったため、地域を挙げて葬儀を行なって日常に復していった。

終身雇用制によって生業基盤が会社に移行し、家族を含めた共同体化が進んでいくと、地域社会に代わって、会社は社員だけでなく家族の死も受け止めていった。とくに社員の死に際しての対応は、会社墓での祭祀や社葬などの営みと密接に関係し、会社主義の興隆（本章2節会社墓参照）とも連動していった。

しかし、かつての地域共同体と会社共同体が異なったのは、社員の家族は共同体に完全に組み込まれておらず、家族の葬儀の場合に故人を知らない会社関係者の参列が増加するようになっていった。こうした参列者への対応の負担が大きくなっていった。そして、非正規雇用の増加など終身雇用制が衰退し、会社の共同体的な側面が小さくなると、会社関係者の参列や香典などを辞退するようになり、会社が葬儀を取り仕切ることも少なくなっていく。葬儀の参列や贈答は互酬性なので、ある社員が香典等を辞退すると、自分の家族の時にも受け取ることができなくなり、次第に会社は葬儀に関与することもなくなっていった。　　　（山田慎也）

さらに知るための参考文献
中牧 [221]

図10.1 元社長の密葬で社員が会葬礼状を配布している（1997年, 東京）

2. 会社墓

キーワード

供養塔、高野山、終身雇用制

1. 会社墓とは

　会社墓とは会社の所有する墓地、ならびにそこに建てられる供養塔などの総称としてもちいられる。供養塔とは会社が物故従業員や創業者など会社関係者の供養・慰霊を目的として建立するモニュメントであり、塔以外にも碑や廟がある。塔の名称には供養塔、慰霊塔が多く、物故者、従業員、物故社員、有縁物故者などの文字がつく場合もある。碑の場合には慰霊碑の例が多数を占め、「先人の碑」のように先人や先賢という表現もめだつ。会社墓は企業墓とか社墓とよばれることもあり、法人墓という包括的な名称も使われる。

図 10.2 新明和工業の供養塔

(1) 新明和工業が 1969 年のアポロ 11 号による月面着陸を記念して建立した供養塔。(図 10.2)

(2) 民俗学では「詣り墓」は「埋め墓」に対比して用いられる。墓を二つもつ習俗が各地にみられる。

2. 会社供養塔の歴史と形態

　会社の供養モニュメントは大正の頃から建てられはじめ、戦後、関西を中心に盛んとなったが、全国的にみられるわけではない。関西では高野山と比叡山に集中している。しかし、会社の敷地内や有縁の寺の墓地に建立される例もある。高野山には奥の院ならびに大霊園に100をこえる会社供養塔が存在し、もっとも古いものは昭和初期にさかのぼる。しかし、会社供養塔の典型となったのは1938年建立の「松下電器物故者墓」である。同墓所にはこの物故者墓と松下家の石塔があり、前者は供養のみを目的としている。物故者墓の建立誌には不慮の殉職者または在職中の死没者を合祀し冥福を祈るという趣旨が刻まれている。他方、比叡山には延暦寺大霊園に法人墓地が区画され、1978年以降、20をこえる会社供養塔が建てられている。

　供養塔の形態は五輪塔がもっとも多い。角塔、宝塔がそれにつづき、宝陸印塔や層塔もみられる。洋型の碑も若干ある。特異なのは、アポロ11号ロケット[1]、ベアリング、錨、箸など、業種と関連した形のものである。業種では製造業が圧倒的に多く、商業、サービス業がそれにつづく。供養塔は「詣り墓」[2] の性格がつよく、霊名を記した銅版、経木とよばれる小型卒塔婆、または位牌などが収納されている。洋型の碑にも霊名簿などが納められている。例外的には、納骨塔や、故人の顔写真を石碑にはめこんだ業界団体のものもある。

3. 供養の儀礼

　会社供養塔は在職中に物故した従業員の供養を目的としていたが、1970年代以降は会社の発展をあわせて祈願するものが増加している。また、在職物故者に限らず会社の物故役職員に範囲を広げるところや、松下電器のように定年退職後の物故者をまつるところもある。会社供養塔における祭把は追悼法要とか慰霊祭とよばれ、ふつう年1回おこなわれる。追悼儀礼には会長、社長あるいは本部長などの幹部社員が時に労働組合代表をしたがえて参列し、さらに過去一年間に物故した社員の遺族も参列する。儀礼自体は僧侶によって執行され、

追悼の辞が読み上げられ、参列者全員による焼香がなされる。南海電鉄のように大阪市内の本社で追悼儀礼をおこない、高野山の供養塔の前では代表者による儀礼ですませるところもある。

4. 社縁の「英霊」祭祀と「先祖」祭祀

会社供養塔の習俗は日本に特有な文化である。イエの祭祀と通底する面もあるが、それをこえる社縁文化として把握するほうがふさわしい。初期の供養塔は家族主義的発想から物故従業員の祭祀をおこなったが、次第に血縁を離れた会社という組織の祭祀として定着してきたからである。言い換えれば、イエをこえる、会社主義の興隆と呼応した現象とみることができる。社縁の関係で結ばれた集団ではあるが、物故従業員を「英霊」[3]とみなし、創業者を含む先人を「先祖」という類比でとらえることもできる。その背景には、会社主義の発展と終身雇用制の普及が指摘できる。逆に、会社主義と終身雇用制が衰退すれば、こうした祭祀もおとろえていくと予想される。

[3] 靖国神社などにまつられる戦死者を指す。会社では「企業戦士」へのとむらい、つまり非業の死をとげた荒ぶる魂を鎮魂するという目的をもっている。

5. 業界の祭祀

会社を越える業界が供養塔や納骨堂を建て、定期的に供養の祭祀をおこなう場合もある。高野山には兵庫県漁業協同組合連合会、大阪府石材事業協同組合、全国箸関連業者などの供養塔があり、大阪印刷関連団体協議会は納骨塔を建立している。上野の不忍池にも各種の供養モニュメントが存在するが、ふぐやスッポンなどの動物供養碑に混じって、全国団扇扇子カレンダー協議会によって建立された日時計の暦塚がある。そこでは毎年、故人を偲び、5年毎に新たな名簿を奉納するなど、業界によって暦塚祭がおこなわれている。

大阪印刷関連団体協議会の大阪印刷産業人物故者納骨塔は高野山大霊園のなかでもひときわ大きい施設であり、半円形の納骨堂の上に五輪塔がそびえている。碑文には、万博に協賛した印刷文化展、国際印刷機材展が空前の盛況をおさめたので、「これを記念し、大阪印刷関連団体協議会の合力により納骨塔建立を発願した」とある。威容をほこる納骨塔が完成したのは1973年8月20日である。以来、盆あけのこの日に、毎年関係者が300人以上もつどい、慰霊法要を営んでいる。納骨塔の内部には分骨された遺骨が多数納められている。

宿坊に前泊して奥の院に参詣した一行と、その日に電車などで到着した人たちが合流し、12時に法要がはじまる。まず協議会会長が挨拶に立ち、納骨塔建立の経緯や新物故者の数に言及する。わたしが取材したときの会長はそのあと「高野山にお参りすることを楽しみにしておりました私の父も本年3月、94歳の長寿をもちまして、この納骨塔の仲間入りをさせていただくことになりました」と述べた。ここにうかがえる意識は、協議会の絆が墓（納骨塔）を共にする死者共同体の結節点となっている点である。宿坊で明かす一夜も、その準備と言えなくもない。

大阪印刷産業人の納骨塔は宗派を超えた結合によって実現した。当時の事務局長は、新物故者慰霊祭や納骨者追悼法要は特定の宗派を超えた、いわば「印刷宗」がおこなうものだと表現した。

（中牧弘允）

さらに知るための参考文献
中牧 [218][219]

3. 社葬

キーワード
顕彰、告別、永続性

1. 社葬とは

社葬とは、会社の名をおいて、会社の費用で社を挙げて社員が積極的に関わって行う葬儀のことである[1]。おもに会社の社長や役員とその経験者などの死に際して行われる。時には殉職した社員なども社葬の対象となる。従来、社葬は喪家が主催する密葬で遺体を火葬した後、一ヶ月ほどして行う本葬が社葬として行われていた。そのほか密葬、本葬と分けず、喪家と会社が共同で行う合同葬という形式もある。しかしバブル経済崩壊以降、密葬の後、本葬ではなく、ホテルでのお別れ会に変化していき、従来の社葬は減少している。

(1) 村上[209]44頁。

2. 社葬の成立

社葬という用語が使用されるようになったのは明治末期である[2]。葬儀は基本的に家が主催し地域共同体が支えるものであった。国民国家が成立した西欧社会では、国家に功績のある人を顕彰するために葬儀を行う「国葬」が成立し、明治時代になり日本でも行われるようになる。このように功績のある人の葬儀を行うことが故人の顕彰になるという発想が成立すると、会社や学校などの法人も代表者の葬儀を行い、その功績を顕彰することとなる。そして社葬を積極的に行ったのは、銀行や新聞社、生命保険会社など、明治以降に成立した新業種であり、家に擬制して葬儀を行うことで、会社の存続と業務の継続性をも主張したのであった。ちなみに江戸時代以来の商家はすでに継承の仕組みができていたため、社葬などは当初行わなかったのである[3]。

(2) 山田[376]。

(3) 廣山[101]。

3. 社葬の形態と目的

戦前期の社葬は、喪家が行う葬儀に、社葬という名称を冠し、会社が費用を負担し社員を手配して行うものであった。しかし昭和40年代以降、密葬と本葬に分けて行うようになり[4]、密葬は家の葬儀として喪家が主催し家の宗教宗派に則って行われ、香典や供花を受け取る。本葬は社葬として会社が主体となって行い、故人の宗教に従って行う場合も多いが、宗教性が重視されることはなく、無宗教式の葬儀もよく行われ、基本的には香典や供花も辞退する。

そして社葬は会社中心の葬儀であるため、通常の葬儀における喪主の役割がすべて葬儀委員長に比定される[5]。筆頭焼香は喪主ではなく葬儀委員長である。また社葬の間は、葬儀委員長が遺骨を喪主から預かって儀礼執行者となるため、「ご遺骨受け渡しの儀」という儀礼が行われる。まず社葬開式前に、自宅から遺骨を持ってきた喪主が遺骨を一旦葬儀委員長に手渡した上で、委員長から葬儀社員が受け取って祭壇に安置する。また社葬閉式後、祭壇から下

(4) 村上・山田[210]85頁。

(5) 村上・山田[210]85-91頁。

図10.3 社葬終了後、葬儀委員長の手から遺族に故人の遺骨が手渡される

ろした遺骨は一旦葬儀委員長が預かり、委員長から改めて喪主に戻すのである。そして社葬の参列者も会社を中心とした関係者であり、社葬は土日、祝日、友引や年末年始を避けるのは、会社の業務時間内の関係であることによる。

そして、社葬の大きな目的は顕彰と告別である[6]。式で最も重要なのは宗教儀礼よりも式文や弔辞で、葬儀委員長の式文告知や追悼の辞では、いかに故人が生前会社に貢献したかを述べ、その貢献に感謝し故人の精神を受け継ぐなどと述べられる。また来賓の弔辞も故人の事績を賛美し会社や業界への貢献を称えるものである。そしてもう一つの重要な要素が故人への告別であり、会社に貢献を果たした故人に対し、別れの言葉を告げて冥福と会社の守護を祈る。そして宗教葬では焼香や玉串奉奠、無宗教葬では献花を参列者が行い、葬儀委員長や会社役員、また遺族が答礼をする。これは告別の儀礼的表現である。

図10.4 遺骨をもった遺族の車を見送る役員や社員

[6] 中牧[222]21-24頁。

4. 会社の永続性

来賓の弔辞は、グループ会社の長や業界団体財界の長など、総合的な視点から選択され、会社にとっても重要な人物に依頼をする。また弔辞と並んで重要なのが来賓の指名焼香であり、故人との関係と会社との関係に留意しながら慎重に選択され、必ず氏名とともに肩書きが読み上げられる。こうしたVIP待遇者は、式場の入場から控室、誘導、退場まで細心の注意を払って対応し、告別式の一般会葬者とは差異をつけて不平等をあえて表示し、特別な関係性を表出する。そして失礼があってはいけないため、社葬翌日には役員が御礼にまわる。また一般会葬者に対しても新聞の御礼広告や、会社の関係部門などで御礼とお詫びがなされ、日常に復していく。これによって新たな経営体制が示され、代表者が替わっても会社は永続していることを示していくのである[7]。

[7] 中牧[222]30-36頁。

5. 社葬のゆくえ

営利を目的とする会社が、直接的に利益を生みださない社葬を重視し行ってきたことは、会社経営において社葬が重要だと認識されてきたからであった。会社の宗教的次元を探求し経営に潜む価値観を検討してきた経営人類学者の中牧弘允は、社葬は会社宗教の対外的な表出だとして、上記のように社葬の中に顕彰と告別のライトモティーフを見いだし、会社再生の装置と指摘する[8]。

[8] 中牧[222]16-18頁。

そして現在では、社葬の形も次第に変わっており、密葬と本葬としての社葬という形態から、密葬とホテルでのお別れ会に移行している。お別れ会の場合、弔辞などの儀礼を行わない場合も多く、随時献花といい一定の時間内に、受付で名刺を渡して献花を行い、葬儀委員長や役員、遺族の答礼を受けて、ビュッフェで終えるという形式が多い。これは不平等の演出という関係性の表示より、参列者の利便性を重視したもので、故人への告別と会社のつきあい関係の確認をより特化した形態である。それは会社どうしの関係確認の場として、会社の永続性保持の目的が先鋭的になっているものと捉えられる。　　　　（山田慎也）

さらに知るための参考文献
中牧[221]

4. 企業博物館

キーワード
歴史展示、事業展示、神殿

1. 企業博物館とは

企業博物館は全国におよそ650あまり存在する[1]。とくに1980年代からバブル崩壊期にかけて、その数は急増した。名称には資料館、史料館、記念館、文化館、科学館、あるいはミュージアム、ハウス、ホールなど多様である。会社の製品や技術を主に保存・展示するものから、創業者の顕彰や、そのコレクションを展示する美術館まで、さまざまな種類が存在する。企業の出資形態も入館料収入に依存しないところから、事業と一体となって企業収益をはかるところまで幅が広い。

(1) 中牧・日置 [228]435-464頁。

企業博物館は「会社や業種の資料を収集・保存・展示し、会社や業種の文化を研究・普及すること」を主たる目的とする施設である[2]。換言すれば、会社(業種)文化を展示し、会社(業種)の広報に役立つとかんがえられている施設である。さらに加えるならば、製品の試作・試飲など、体験を重視するところも増えてきた。

(2) 中牧 [223]43-44頁。

2. 会社の顔としての役割

企業博物館は会社が外部に開いている窓のひとつである。会社の顔としての役割を担っているのであり、そこには会社の心も潜んでいる。

サーキットで有名な鈴鹿にホンダコレクションの展示施設があった。今では栃木県に移ったが、自社のオートバイに混じって、ヤマハやカワサキのバイクが並んでいた。ライバル会社の製品も含めて、日本のオートバイのかがやかしい歴史が展示されていたのである。

ホンダコレクションホールは1993年に開館した。いまでこそ販売の8割は「四輪」で占められるが、そもそも「二輪」から立ちあがった企業である。創業社長の本田宗一郎は「技術」を売り物に、今日みるような大企業に押し上げた。その「技術」を展示することによって、ホンダは自己の個性をたくみに表現しようとしていた。

企業博物館を見るかぎり、日本の企業はけっして没個性的ではない。アラビア原産のコーヒーをモスクのイメージに託した神戸ポートアイランドのUCCコーヒー博物館、大工の匠の技を展示している竹中大工道具館、インスタントラーメンの発明にいそしんだ小屋を復元し、自作のインスタントラーメンやカップヌードルの体験を提供するカップヌードルミュージアムなど、ユニークな企業博物館は枚挙に暇がない。

「表は会社、裏は学校」
と言われたグンゼ博物苑

3. 会社の神殿としての企業博物館

企業博物館は会社の「神殿」とみなすことができる。なぜなら、ビジネスを神聖化する装置にほかならないからである。ビジネスを世俗

のこととして宗教から遠ざけたのは欧米の会社である。日本では労働やビジネスに神聖な価値をみとめることにあまり躊躇はなかった。大工職人が道具を大切にあつかうのは、そこに仕事の精魂をこめているからである。農民も小正月の晩に—旧暦では新年初の満月の晩に—「道具の年越し」と称して、農具に供物をささげ、ともに正月を祝ってきた。仕事や道具に敬意を表し、それを神聖視してきた伝統を日本はもっている。

4. 歴史展示と事業展示

　企業博物館の展示はおおきく二つに分かれる。会社や創業者の歴史展示と、技術や製品にかかわる事業展示である。歴史展示は創業や創業者に深く関わり、事業展示は製品や技術に特化し、商売繁盛につなげようとしている。どちらを重視しているかは、展示空間の配置を見ればおよその想像はつく。たとえば志摩半島の御木本真珠島では事業展示の真珠博物館とそれにつづく販売コーナーが立地的にも入口にちかく、規模もおおきい。歴史展示の御木本幸吉記念館は出口付近に建てられている。また、札幌の雪印乳業史料館では、1、2階が事業展示で、3階が歴史（社史）展示だが、前者が主体で、3階の展示は希望者にしか公開されていない。

5. 事業と一体となった博物館

　博物館自体が営利事業の推進役となっているところがある。それを「事業博物館」と表現したのは北一ガラスの社長である[3]。同館はヴェネツィアのムラノ博物館のレプリカ資料をもちいて「ガラスのある暮らし」を展示している。同時に、ミュージアムショップではヴェネツィアン・グラスの販売に力を入れている。広島市の「ガラスの里」[4]はグラスビーズ会社の経営だが、ガラス博物館やヴェネツィア館など多数の施設をかかえたミニ・テーマパークでもある。「SUWAガラスの里」にはアール・デコの巨匠ルネ・ラリックの美術館があり、多くの観光客がおとずれる。東京下町のタキナミグラスファクトリーには、ガラス技法を解説した小展示空間があり、はとバス観光のルートに組み込まれている。

6. 企業家たちの殿堂

　大阪商工会議所の大阪企業家ミュージアムは大阪の企業家の「殿堂」ともいうべき施設である。同時に、次代をになう企業家の人材開発もめざしている[5]。展示の柱は「企業家たちのチャレンジとイノベーション」をテーマとする企業家精神である。具体的には、大阪で活躍した企業家約90名をとりあげ、その主な事跡を写真とともにパネルで展示している。あわせて世界初のトランジスタ式卓上計算機（シャープ）や日本初の噴流式洗濯機（サンヨー）など、ゆかりの資料がならべられている。

　ノルウェーの文化人類学者アルネ・レックムは沖縄調査の経験からこの展示を先祖棚に並ぶ位牌にたとえた。たしかに一列にならぶ会社ごとの展示は会社の歴史と製品によって構成され、まさに大阪の企業家群像を先祖のごとく崇拝しているように見えるので、けっして的外れではない。

（中牧弘允）

(3) 集客効果を高めるために展示施設を持ったことを「うちは企業博物館と言うよりも事業博物館ですよ」と形容した。

(4) 2018年12月23日に営業終了・閉園となった。

(5) 2001年の開館時に井植敏館長（大阪商工会議所副会頭、三洋電機会長）は「先輩たちの夢や、苦労や、成功の大きな喜びなどをいきいきと伝え、……挑戦する勇気と希望をこれからの時代を担う子供や若者たちに感じ取ってもらえるミュージアムにしていきたい」と抱負を述べた。

さらに知るための参考文献
中牧・日置 [228]

5. 創業の聖地

キーワード
聖空間、松下電器、秩父セメント

1. 会社の聖空間

会社にはさまざまな聖空間が存在し、各種のモニュメントや施設によって表象されている。神聖な価値を帯びた空間としては、「神殿」とみなされる企業博物館[1]をはじめ、会社墓[2]や会社神社をあげることができる。会社神社はビルの屋上や敷地の片隅に建てられ、土地にゆかりの神や創業者の信仰する神、あるいは業種に関係の深い神などが祀られている[3]。

創業の聖地も会社にとっては聖空間にほかならず、特別の施設を設けたり、独特の演出を凝らしたりしている。

(1) 第10章4節参照。

(2) 第10章2節参照。

(3) 神社新報社編[137]。

2. パナソニックの「創業の森」

パナソニック(旧、松下電器)には「創業の森」と称する聖空間がある。創業者の松下幸之助は比較的晩年の1981年に創業60周年を記念して「創業の森」を門真市の本社内に設けた。そこには創業者夫妻の銅像とともに、生成発展する宇宙根源の力をまつる「根源社」が建立されている[4]。「創業の森」は神社の社叢をおもわせるたたずまいである。銅像の幸之助が手にしているのは創業・発展のヒット商品となった二股の第1号改良アタッチメント・プラグである。根源社は銅像から木々を隔てて20mあまりのところにある。

根源社は伊勢神宮の神殿を模したミニチュアの建物で、周囲には玉砂利が敷き詰められている。鳥居はないが、由緒の表示がある。そこには松下幸之助の署名入りで、生命主義的な観念[5]に裏打ちされた由緒が記されている。

(4) 根源社はゲストハウスでもある京都の真々庵、出版を担うPHP研究所、そして本社の「創業の森」の3ヵ所に設置されている(三井[198])。

(5) 宇宙を「万物を生み、生かしている根源的生命」ととらえ、それとの調和を通して人間生命の全面的な開花と拡充の実現をめざす宗教意識で、一切の生命施与の働きを集約する根源的生命の観念、その生命施与の恩恵に対する感謝の義務の強調、宇宙は本質的に調和的で生命力に満ちた存在として善であり、完全であるという生命中心主義的な宇宙への信頼感、救済は現世において容易に達成可能であるという楽観主義などをその主要特徴とする(対馬他[348])。

　　宇宙根源の力は、万物を存在せしめ、それらが生成発展する源泉となるものです。
　　その力は、自然の理法として、私どもお互いの体内にも脈々として働き、一木一草のなかにまで、生き生きと満ちあふれています。
　　私どもは、この偉大な根源の力が宇宙に存在し、それが自然の理法を通じて、万物に生成発展の働きをしていることを会得し、これに深い感謝と祈念のまことをささげなくてはなりません。
　　その会得と感謝のために、ここに根源の社を設立し、素直な祈念のなかから、人間としての正しい自覚を持ち、それぞれのなすべき道を、力強く歩むことを誓いたいと思います。

松下幸之助は宇宙根源の力に感謝し、その生成発展の働きを会得し、自覚をもって行動することを祈念している。かれは生命主義を人間の行動原理として基礎づけ、「生成発展」の経営理念を強調している。その前で祈るとき、かれは「真空状態」となり、「新たな観念の飛翔」を生み出すような「革新のきっ

かけ」を与えることもあったかもしれない⁽⁶⁾。

本社の中央広場にはエジソンを中心に、ファラディー、オーム、マルコーニ、アンペール、フィリップス、関孝和、平賀源内、佐久間象山、橋本曇斎、豊田佐吉の銅像群が立ち並んでいる。1968年の創業50周年の時に建立され、碑文には「ここに科学と工業の発展に貢献された先覚者の銅像を建てその遺風をしのび尊敬と感謝の念を捧げる」とみえる。これも創業者のコスモロジー（世界観）においては聖なる世界を構成していたと考えられる。

3. 秩父セメントの聖地

1923年、武甲山のふもとに秩父セメント（現、太平洋セメント）が創立された。セメントの材料となる石灰岩を産出するのが武甲山である。会社神社は1936年に建立された。『孟子』の「無恒産者無恒心」（恒産無き者は恒心無し）からとった経営理念にちなんで有恒神社と名づけられた。そして宮中三殿の賢所⁽⁷⁾、皇霊殿⁽⁸⁾、神殿⁽⁹⁾を模して、正殿（神明社。伊勢神宮系統の神社の名称）、摂社（祖霊社）、脇社（御霊社。御霊とは霊魂の尊称だが、とくに異常な死をとげた死者の祟りをしずめる目的をもつ社）の三社がもうけられた。正殿には天照大神がまつられている。摂社には日本神話の英雄である日本武尊（武甲山の祭神）、大山祇命（日本神話にでてくる山の神。愛媛県大三島の大山祇神社からの分霊）、ならびに八意思兼命（秩父神社の主祭神）が鎮座している。そして脇社には渋沢栄一をはじめとする創業の物故功労者と在職物故者の霊がまつられている。言い換えると、正殿には皇室＝日本の神、摂社には鉱山＝産業の神、ならびに地元の神、そして脇社には会社の「先祖＝物故功労者」や「英霊＝在職物故者」などが祭神として崇敬されているのである。

明治時代に建立された有恒神社には、いかにも明治の雰囲気がただよっている。皇室の神をまつり、日本神話の神を勧請している。例大祭は明治時代の天長節、すなわち11月3日（現在の文化の日、旧明治節）におこなわれている。空間的にみると、有恒神社は工場の片隅に位置し、「異界」のたたずまいを呈している。こんもりとした杜にかこまれ、鳥居の奥は扉や柵がめぐらされ、自由な出入りはゆるされない。そこは会社のウチにありながらソトの世界とつながっている。ソトは武甲山であり、大三島である。また会社の「先祖」を尊崇する一方、企業戦士の「英霊」をとむらう地点でもある。死者の世界とまじわる空間であり、祟りをしずめる場所ともなっている。

有恒神社では毎月1回、秩父神社の神職によって月次祭がいとなまれている。11月3日の例大祭には秩父神社の宮司をまねいて祭典が執行される。役員、職場代表、関係会社代表ならびに過去1年間の物故従業員の遺族ら100名ほどが参加するが、宮司は祝詞のなかで感謝や祈願にくわえ、会社の年間事業報告を奏上する。

日本の会社でも最近は取締役会に外部の関係者を構成メンバーとして入れている。ステークホルダー⁽¹⁰⁾と呼ばれることもあるが、有恒神社の祭神や英霊は広い意味での利害関係者であり、幽冥の境を越えて機能する宗教版ステークホルダーとみなすこともできる。

（中牧弘允）

(6) 三井[198]46頁。

(7) 皇室の祖神で太陽の神とあおがれる天照大神をまつる社。

(8) 歴代天皇の霊をまつる社。

(9) 天皇を守護する八神と天神地祇をまつる社。

(10) 企業の行動、決定、政策、または目標に影響を与えたり、あるいはそれらから影響を受けたりしうるような諸個人ないし集団のこと（経営学史学会編[150] 223頁）。

さらに知るための参考文献
中牧[230]

6. 会社と地域の祭祀

キーワード
祭祀、支援、心意気

1. 会社と祭祀の関係

近年、多くの地域が経済活性化、あるいは観光の有力な手段として祭祀[1]に注目し、活用しようとしている。なぜなら、ハレの日としての祭祀には多額の費用がかかり、有名な祭祀ともなれば大勢の観光客が押し寄せ、飲み、食い、お土産を買い、そして宿泊することで地域にお金が落ちるからである。

しかし、他方で過疎化、都市化、核家族化、個人主義化といった時代の波が都市か地方かを問わず地縁、血縁にもとづく地域コミュニティを急速に弱体化させている。その代わりとして地域の祭祀の運営に重要な役割を果たしているのが会社である。いまや、多くの地域の祭祀において人やお金を出し、場所を貸してくれる会社の支援はなくてはならないものとなっている。

2. なぜ、会社は地域の祭祀に参画するのか

では、なぜ会社は地域の祭祀に参画するのか。その目的は会社によってさまざまであり、優先順位も異なるが、ある種の協賛事業の色彩を帯びることが多い。したがって、何よりも重要な目的は広告宣伝となる。特に、大手メディアが全国ニュースで取り上げるレベルの祭祀の場合、社名が多くの人々の目に留まり、存在感をアピールする格好の機会となる。また、従業員の慰安と親睦をはかる場合、祭祀への参画を通じて従業員の一体感を醸成する場合、あるいは祭祀に参画して地域を盛り上げることを企図している場合は、そこに日頃の従業員の勤労や外部関係者の愛顧に対する感謝の意味が込められる。そして、そこに経営者の心意気がからむと、経済合理性を明らかに越えた大盤振る舞いが行われることも珍しくない。

3. 多様な参画のかたち

会社の参画のかたちもまたさまざまである。ここでは、日本を代表する「盆踊り」とされている徳島市の「阿波おどり」[2]を例にとりあげる。阿波おどりでは、社名、ロゴマーク、あるいはブランド名が入った揃いの法被と浴衣を身にまとった「企業連」[3]と呼ばれる踊りのグループが結成される。規模はもとより、派手な色・デザインの衣装を毎年新調する会社、伝統的な衣装を着続ける会社、踊りのうまさで勝負する会社、自前の鳴り物にこだわる会社、そしてグループごとに複数の連を出す会社[4]など実に個性豊かである。

また、地元経済を支える会社は「タレント連」を結成する。日本のどの祭祀と比較しても阿波おどりはタレントの動員が盛んである[5]。多くのタレントがその魅力に取りつかれ、リピーターとしてやって来るようになるという。彼らは演舞場でマイクを持ち、異口同音に徳島と阿波おどりの魅力を語ることで県民には地域の誇りを、観光客には来てよかったと思わせる瞬間を提供する。

---

[1] 祭祀とは、まつりや祭礼をさす言葉であり、まつる対象は神仏もあれば祖先もあるなど祭祀によってさまざまである。近年は地域振興を目的に祭祀の形態を模したイベントが全国各地で開催されるようになっている。本節では、こうしたイベントも広義の祭祀に含め、会社との関係をとらえている。

[2] 阿波踊りは徳島県内の各地で開催されるが、徳島市のそれは「阿波おどり」と表記される。

[3] 阿波おどりは、8月12日から15日までの4日間で延べ約1,000の連が繰り出すとされており、企業連はそのうちの約3分の1を占めていると言われている。

[4] 地元で最大規模の企業グループを擁する大塚製薬は事業所ごとに連を出している。

[5] 代表的な常連参加タレントとして四国銀行連の島崎和歌子、大鵬薬品チオビタ連のKONISHIKI、日立連の野々村真などがあげられる。また、三田村邦彦はかつてサンスター連で20回以上参加したことがある。

そのほかにも、連員を一般公募する会社、阿波おどり教室を開催する会社、囃子方教室を行う和楽器屋、関連イベントを同時開催する会社、無料演舞場の設営と開放を行う会社、阿波おどりにちなんだ新聞広告を掲載する会社、そして、踊り子に飲み物やおしぼり、軽食などを振る舞う会社などが陰に陽に阿波おどりを支えている[6]。

4. 会社名が出る祭祀と出ない祭祀

会社と祭祀の関係を検討していく中で興味深いのは、会社名が前面に出る祭祀と出ない祭祀が存在する点である。前者の代表例は連に会社名が入る阿波おどり、ねぶたの看板に大きく会社名が入る青森のねぶた祭、船渡御で神輿を追いかけるどんどこ船に会社名を入れる大阪の天神祭などである。他方、後者の代表例は京都の祇園祭である[7]。しかし、京都で山鉾を守る町はいわゆるビジネス街であり、オフィスを置く会社も氏子の一員にあたることから各種の支援が行われていると言われている。会社名が出るか出ないかに関わらず、多くの地域に共通するのは地元で経済活動を行う会社に対していわゆる「社格」に応じた人的・経済的支援を要請し、多くの会社がその要請に応じている。

阿波おどり

5. 拡散する祭祀の空間

また、近年の会社と地域の祭祀の関係に関わる顕著な動向として、いわゆる「よさこい」の大躍進をあげることができる。商店街の振興を目的として1954年に誕生した「高知よさこい祭り」は、阿波おどりを参考にしてつくられており、すでに200をはるかに超える地域で開催されるまでに拡散している。その大きなきっかけは1992年に札幌市で第1回が開催された「YOSAKOIソーラン祭り」である[8]。「よさこい」を「YOSAKOI」と記号化し、地元の民謡であるソーラン節を融合してつくられたこのイベントは瞬く間に参加者と観客を増やし、いまでは北海道を代表する年中行事となり、国内外で地元の踊りと融合したさまざまな「よさこい」を拡散させるほどの影響力を与えている。

「よさこい」の最大の特徴は、一定のルールさえ守れば服装も振り付けも踊る曲もまったく自由に設定できる点である。老若男女を問わず、思い思いに、そして楽しく自分自身を表現できる場が用意されていることから、喜んで必要経費を支払いリピートしてくれるだけでなく、莫大なお金が動くのも多くの商店街や自治体が「よさこい」に注目し、急速に全国各地に拡散した理由である。しかし、他方で「よいさい」は地域の伝統的な祭祀を駆逐するパワーもあわせ持っており、どう折り合いをつけていくべきなのかが地域における新たな課題となっている[9]。

（出口竜也）

(6) 詳細は出口 [40] を参照のこと。

(7) 祇園祭に関する先駆的な研究として、米山 [391] がある。

(8) YOSAKOIソーラン祭りの詳細は坪井・長谷川 [345] を参照のこと。

(9) いわゆる「よさこい」系の祭りは矢島 [374] で詳細にまとめられている。

さらに知るための参考文献
岩井 [132]、岡崎 [261]、河合 [148]、南他 [190][191][192]、米山・河内 [392]

こらむ COLUMN コラム
秘書の役割

　秘書はいくつもの役割を持っている。スケジュールの調整や出張の手配などは日常的な仕事であり、幹部が働きやすいように手順を整えるといった業務が秘書の担当になる。その中にはかなり重要な仕事もあり、どの程度幹部のサポートを行うかで秘書の位置づけは変わる。お茶くみから書類の整理といった単純作業から、幹部が決定を行う際の情報収集まで範囲は広い。

　日本の企業で秘書といっているのは、女性で雑用を中心とした幹部社員の補佐役を指すことが多い。秘書検定などといった資格も設定されている。日本での秘書は、集団秘書と呼ばれ秘書の集団が重役集団に対応する形態を取る。秘書は特定の重役に仕えるわけではなく、不特定の重役の依頼を果たす。これはきわめて日本的特徴であり、アメリカでは秘書は特定の一人のみに仕え、重役の個人的な情報の管理まで関与する。ペプシコーラのC.E.O.であったジョン・スカーリーがスティーヴン・ジョブズの要請を受けてアップルに転職することを決めたときに、自分の秘書をアメリカ東海岸から西海岸まで移動させたことが知られている。

　秘書は一人に仕えるもので、アメリカではオフィス・ワイフと表現される。ほとんど一体となり職業生活をともにするという意味で、一人の上司にのみ対応する。昇進のためのオフィス・ポリティックスがあるアメリカでは守秘が重要となる。複数の上司に共同で仕える集団秘書は考えられない。

　秘書の起源は中国では右史官と左史官から来ている。左史官は臣下が皇帝に奏上した言葉を書き留め、右史官は皇帝の言葉を書き留める。その場で決定内容を編集することなく記録する。東洋的な速記である草書が可能にした記録であった。これが日本に入ってきて、右筆という名称に変わり、将軍や大名の記録や命令を文書化するという仕事を行った。単なる秘書という以上に文書管理やトップの特命事項を担当する。

　もう一つの秘書の源流として、茶坊主がある。これは茶だけではなく、身の回りの世話をするという職名である。この身の回りの世話の中に、将軍や大名が決済すべき案件の文書の取り扱いがある。当時の為政者はすべての案件に目を通すほど精勤な人間は少なく、かなりの積み残しがある。決済を急ぐ案件は茶坊主が文書を一番上にのせることが行われる。逆に茶坊主が一番下に置くと決済される可能性は低くなる。そこで茶坊主に付け届けをしなければ決済を受けられないといった事態が引き起こされる。

　旧ソビエト連邦の最高権力者は書記長と呼ばれるが、これを英語にするとセクレタリー、つまり秘書である。社会主義では最高の権力者は人民であるとされ、それに仕える責任者が秘書であると考えられている。あるいは、茶坊主同様に議会の案件の流れを操作することによって議会の決定に影響を与える意味があるかもしれない。秘書の用い方で、トップが押し上げられ、祭り上げられることがある。

（日置弘一郎）

第 11 章
未来の仕事と会社の行くえ

　近年、AI（人工知能）の発達が社会に及ぼす影響についてのさまざまな議論がある。とりわけ、雇用や働き方に対するAIの影響が注目されている。本章では、未来の仕事と会社の行くえについて考えるために、機械と人間の関係についての歴史をひもとくことからはじめる。まず、機械と人間の関係を根本的に変えた産業革命に着目し、次に大量生産やロボットの登場へと視点を移す。ロボットと人間の関わりを考えると、東西のロボット観の違いが明らかになる。この違いは、脳とからだの関係、あるいは心とからだの関係をどう考えるのかという哲学的な問題に関連する。AIは人間の仕事を奪うのかという議論については、考えるためのヒントとして、新しい技術が失業を生むという古典的な議論を紹介する。本章の最後では、血縁・地縁・社縁といった従来型のコミュニティにくわえて、電子ネットワークを基盤としたあらたなコミュニティのあり方と働き方についても考える。

1. 機械と人間の歴史

キーワード
機械、大量生産、ロボット

1. 道具と機械

　機械と人間の関係について論じるにあたって、まず道具と機械の違いについて簡単にふれておく。道具は、人間の身体の機能を拡張した、仕組みが単純なものをさす。人類が最初に作った道具といえる石器は、そのもっともシンプルなものである。これに対して機械は、エネルギーを動力に変換する原動機、動力を作業部分に伝達する伝動装置、そして特定の仕事をする作業部分（さらに複雑な場合は制御装置）などからなる装置全体をさす。人類の歴史のなかで、単純な道具から複雑な機械へと進化するとともに、そのエネルギー源も人力や動物などの動物的エネルギーから化石燃料（石炭・石油）をはじめとする非動物的エネルギーへと変化してきた。

2. 産業革命と機械

　機械と人間の関係を根本的に変化させたのは、18世紀にイギリスではじまる産業革命（長谷川 [88]；アレン [7]）におけるさまざまな発明だった。代表的なものをあげれば、綿工業の分野では、1733年にケイが「飛び杼」[1]を発明し、布を織る速度が飛躍的に高まった。その後、ハーグリーヴスの「ジェニー紡績機」、アークライトの「水力紡績機」、クロンプトンの「ミュール紡績機」、カートライトの「力織機」などが発明され、生産量が向上した。また、1711年、鉱山採掘時にでる地下水を排水するポンプを起動させるために、ニューコメンが蒸気機関を発明した。これに大幅な改良を加えたのがワットである。

　このようなさまざまな発明を前提として、（家内制手工業や問屋制手工業をへて）工場制手工業から工場制機械工業へと生産様式が変化していった。しかし、工場における生産量が飛躍的に向上したとしても、すぐさま大量生産に結びつくわけではなかった。ワットが改良した蒸気機関が工場の動力になったのは19世紀後半であるし、大量生産が成立するためには、大量消費する市場と蒸気機関車[2]や蒸気船による大量流通が不可欠であった（日置 [99]130–133頁）。

　繊維工業に機械が導入されるようになると、機械化によって失業した手工業者たちを中心に、1810年代、工場の機械を破壊する「ラッダイト運動」（機械打ちこわし運動）[3]がおこった。この運動は、のちに組織的な労働運動へと変わっていった。

3. 大量生産と働き方の変化

　20世紀にはいって、自動車産業の世界で大量生産を実現したのが米国のフォード社である（和田 [361]；バチュラー [17]）。フォード社は、T型フォードの製造にあたって、1910年に新設されたハイランドパーク工場で実験を繰

(1) 布を織る際、経糸（たていと）に緯糸（よこいと）を通すためのローラー式の道具。この発明以前は、手で緯糸を通していた。

(2) スチーブンソンが改良を加えた蒸気機関車が客車と貨物を牽引して運行されたのは1825年である。

(3) 靴下製造機を破壊した若者ネッド・ラッド (Ned Ludd) の名前に由来するとされる。なお、同人物は、架空の人物であるとの説もある。

り返し、ベルトコンベアによる大量生産方式を実現した。前述のように、大量生産には大量消費と大量流通が先行する必要があるが、それに加えて、規格化された同一の部品を大量に生産できる互換部品生産の条件が整っている必要がある[4]。フォード社では、作業順に作業者を配置し、ベルトコンベア上に材料を通過させ、規格化された部品を取りつけていく作業を、作業者が同じ位置でくりかえした。

このような生産形態によって、労働者はこれまでとは違った働き方をするようになり、工場側は新たな生産管理あるいは工場管理の方法を必要とするようになった。それが、テイラー[339]の「科学的管理法」（テイラー・システム）である。テイラーは、労働者の効率的な動作を特定し（動作研究）、その動作にかかる標準時間を測定し（時間研究）、そこから算出された標準作業量をもとに課業（タスク）を定め、それを基準に賃金を決める「差別出来高給制」[5]と、各部門に職長を置き管理範囲を分担する「職能別職長制度」[6]を考案した。

このようにして、工場労働者のなかに、画一的な作業を繰りかえす働き方が定着していった[7]。

4. ゴーレムからロボットへ

現代になって、産業革命以降の機械のイメージとは異なったものとしてあらわれたのがロボットである。思想的にはロボットの歴史は古く、『旧約聖書』やユダヤ教の伝承に登場するゴーレム (golem)（大場[255]）やギリシャ神話に登場するパンドラ (pandora)（ヘーシオドス[93]）などにまでさかのぼる。いずれも土からつくられた人造人間である。

機械としてのロボットに近いものとしては、西洋の「オートマタ」(automata)（自動人形）や日本の「からくり人形」などがあげられる。前者は時計技術と深く関係し、後者は、西洋の時計技術と日本の技術が融合したものである。広い意味での「からくり」（機械仕掛け）は、豊田自動織機の創業者・豊田佐吉の自動織機の発明につながり、さらに自動織機の生産ラインは、佐吉の長男・喜一郎が創業したトヨタ自動車の生産方式にも影響をあたえた。

さて、ロボットという言葉は、チェコ語で「強制労働」を意味する「ロボタ」(robota) に由来するとされ、チェコの作家チャペック[25]が、1920年、戯曲『R.U.R.（ロッサム万能ロボット商会）』ではじめて使ったとされる。劇中に登場する人造人間は「ロボット」と呼ばれ、人間のあらゆる労働を肩代わりし、働き続けるというイメージが、強制労働という言葉とつながったのだろう。

ゴーレムにみられる人の姿を模して造られた人造人間のイメージは、機械仕掛けの技術をともなって、オートマタやからくり人形へと受け継がれ、娯楽のための機械として発展する一方で、その技術は他分野にも移転された。また、チャペックのロボットのように、人間の代わりに働く機械というイメージも生まれた。このことは、産業用ロボットの登場を考えるときに重要である。

（岩井　洋）

---

[4] すでに銃、ミシン、時計などの製造においては、不完全ながら互換部品の生産技術がある程度蓄積されていた。

[5] 標準的な作業量を達成できれば高い賃金、下回れば低い賃金を適用する制度。

[6] テイラー以前は、一人の職長が多数の労働者に指示・命令する「万能職長制度」が主流だった。

[7] チャップリンの喜劇映画『モダン・タイムス』(1936) は、資本主義や機械文明を痛烈に風刺し、労働者が機械の歯車の一部になっていく非人間性を描いた。

2. 仕事仲間としてのロボット

キーワード
アニミズム、産業用ロボット、擬人化

1. 東西のロボット観

欧米と日本ではロボット観が異なり、それは宗教観の違いによるものであるとの指摘は、ロボット研究者だけではなく一般の研究者 (Robertson[284]) やジャーナリスト (Schodt[303]; Hornyak[105]) のあいだでもみられる。

欧米のキリスト教的世界観では、人間は創造主である神によってつくられた特別な存在と考えられ、人間とそれ以外を峻別する傾向がある。そのため、ロボットは人間に使われる存在であると考えられている。これに対して日本では、森羅万象に神や霊が宿るというアニミズムの思想があり、人間と動物も自然の一部として考えられてきた。そのため、ロボットも人間と共存するものであるという。また、機械をはじめとするテクノロジーのなかに伝統的な宗教観が融合しているようすを「テクノ・アニミズム」と呼ぶ研究者もいる（奥野 [265]；アリスン [8]）。

日本では、アニメ「鉄腕アトム」（手塚治虫原作）の影響もあり、外見を人間に似せた人型ロボット（ヒューマノイド）の研究が早くからすすめられてきた。1973 年、世界で最初の二足歩行ロボット「WABOT-1」が早稲田大学によって開発され、2000 年にはホンダが、世界初の自律型二足歩行の人型ロボット「ASHIMO」を発表した。その後、人型ロボットの開発は進展し、2014 年、ソフトバンクロボティクスは家庭向け人型ロボット「Pepper」を発表した。しかしキリスト教社会では、人間をつくるのは「神の行為」とされ、人型ロボットに対する抵抗感が強いという [1]。

2. コボットとコロボする

2015 年 7 月、H.I.S. ホテルホールディングスは「変なホテル」[2] の第 1 号店を長崎にオープンした。このホテルは、フロント業務からクローク、ポーターにいたるまで、これまで人間が担っていた業務のほとんどをロボットにまかせる「世界初のロボットホテル」である。ここでは、人型ロボットが重要な役割をはたしている。

近年、人型ロボット以外では、産業用ロボットの分野で人間との協働がすすんでいる。人間と協働するロボットを「コボット」、ロボットと人間との協働を「コロボ」と呼ぶらしい（飛田・白間 [342]）。

「産業用ロボット」とは、簡単にいえば、工場内で使われる製造業用ロボットのことである [3]。産業用ロボットの歴史は、1962 年、米国の「バーサトラン」（ATF 社）と「ユニメート」（ユニメーション社）が、「産業用ロボット」（industrial robot）と銘打って発売されたことにはじまる（楠田 [172]7 頁）。1966 年、ユニメーション社の創業者エンゲルバーガーが来日し、産業用ロボットの重要性について説いた。折しも高度成長期による人手不足ともあいまって、産業用ロ

---

(1) 1996 年、ASHIMO の前身である「P2」が発表された。発表に先立って、キリスト教社会からの批判を危惧し、ホンダは社員をカトリックの総本山であるバチカンに派遣し、発表の正否を確認したという（片山 [146]）。

(2) https://www.hennnahotel.com

(3) 日本工業規格 (JIS) の定義によると、「自動制御され、再プログラム可能で、多目的なマニピュレータであり、3 軸以上でプログラム可能で、1 か所に固定して又は移動機能をもって、産業自動化の用途に用いられるロボット」(JISB0134) をさす。

ボットへの期待が高まった。川崎航空機（現川崎重工業）はユニメーション社と技術提携を結び、1969年、産業用ロボットの国産第1号となる「川崎ユニメート2000型」を発表した。1973年には、日産自動車、トヨタ自動車の溶接にユニメートが導入され、自動車産業への産業用ロボットの導入がはじまった。

　これまで産業用ロボットの稼働には、安全のためにロボットを大きな柵で囲み、人間とロボットの作業領域を明確に分離する必要があった。しかし近年の規制緩和[(4)]で、一定の条件を満たせば人間とロボットの協作業が可能になった。また、かつての産業用ロボットは、自動車や電気・電子産業での活用が中心だったが、人手不足を背景に、いわゆる「三品産業」（食品・医療品・化粧品）の分野にも広く導入されるようになった。

3. ロボットの擬人化

　日本人のロボット観とも関連して、日本ではロボットの「擬人化」とう現象が広くみられる。たとえば家庭内では、ロボット掃除機に名前をつけたり誕生日を設定したりすることが行われている。

　このような擬人化は、産業用ロボットの世界でもみられる。前述のユニメートという名前の由来は、「汎用能力を持つ作業仲間」からきたものだった。また、当時のカタログには、「労働者不足を解決する"新しいタイプの作業員"」というコンセプトがうたわれていたという[(5)]。また、中小企業への産業用ロボットの導入を推進する行政側でも、「ロボット導入のための賢い心得10か条」のひとつとして、「ロボットは辞めない仲間、残業してくれる仲間、夜中に働いてくれる仲間なり（名前をつける企業もある）」（近畿経済産業局 [155]9頁）という項目をあげている。実際、工場に設置された産業用ロボットに、現場作業者たちがアイドルの名前をつけて大事にあつかったというエピソードもある（楠田 [172]9頁）。また、産業用ロボットに名前だけではなく社章までつけて、社員のひとりとしてあつかう企業もある（飛田・白間 [342]）。こうなると、もはや産業用ロボットは、設備からパートナーへと変化しているといえる。

　近年、工場などの製造現場で使用される産業用ロボットと区別して、それ以外の産業、特にサービス業で使用される「サービスロボット」が注目されている。もともとは、宇宙・深海・原子力開発など、人間が働くのには危険な空間での作業用にサービスロボットが開発されたが、現在では、医療、介護・福祉、接客、ペットなどの分野へと活躍する幅を広げている。そうなると、人間とロボットとの関係も大きく変化すると考えられる。

　最後に、日本人とロボットの関係をあらわす例として「ロボット供養」を紹介しておく。ソニーは、1999年からペットロボット「AIBO」を発売しているが、修理サービスをおこなうア・ファン社は、毎年、寺院で壊れたAIBOの供養をしている。この事例は、日本人のロボット観を考えるのに重要である。

（岩井　洋）

---

(4)「産業用ロボットに係る労働安全衛生規則第150条の4の施行通達の一部改正について」（厚生労働省）2013年12月24日。ただし、この改正の安全基準には問題も多いとの意見もある。

(5) https://robotics.kawasaki.com/ja1/xyz/jp/1806-01/

3. 機械の中の神と幽霊

キーワード
デウス・エクス・マキナ、機械の中の幽霊、脳の中の幽霊

1. デウス・エクス・マキナ

「デウス・エクス・マキナ」(deus ex machina) という言葉がある。「機械（仕掛けの装置）からあらわれた神」あるいは「機械仕掛けの神」[1]と訳される。これは、演劇における演出方法のひとつで、物語が行き詰った状態のとき、突如ある人物が登場して問題を解決し、物語を収束にむかわせるものである。紀元前5世紀の古代ギリシャの劇作家・エウリピデスは、この手法を多用したといわれる。

デウス・エクス・マキナのように、なかなか解決方法がみつからない問題に答えをだしてくれる機械があるとすれば、それは人工知能や神のイメージに近い。これについては次節で詳しく述べるが、機械が答えをだしてくれるというイメージは、コンピュータの原型ともいえる「チューリングマシン」(Turing machine) にさかのぼる。これは、「コンピュータの父」と呼ばれるチューリング[2]が考えたもので、計算機の仕組みを（実物ではなく）仮想的にあらわしたものである。興味深いことに、チューリングは、質問に答える「オラクルマシン」(oracle machine) という装置についても考案していた。「オラクル」とは、まさに「神託」（神のお告げ）のことである。

考えてみれば、人間は古くから容易に決断できないような問題に対して、神あるいは偶然といった超自然的な力によって、託宣や占いというかたちで答えをひきだしてきた。たとえば、古代中国で亀の甲羅を焼いて行った亀朴や古代ギリシャのデルフォイの神託はよく知られているが、現在では娯楽としてとらえられている腹話術も、古代においては神託を伝える方法であったし、霊と交信する手段として使われていた（ヴォックス [360]）。現在、それと同様の役割がコンピュータや人工知能に求められているといえる。

2. 機械の中の幽霊

「機械の中の神」とともにとりあげなければならないのは「機械の中の幽霊」についてである。

「機械の中の幽霊」という言葉は、英国の哲学者ライル [290] がフランスの哲学者デカルト[3]の「心身二元論」を批判するために使った言葉である。デカルトといえば、「我思う、ゆえに我あり」(cogito ergo sum)（デカルト [43]）という言葉が有名である。デカルトは、疑いのない自分の意識こそが、唯一たしかな存在だと考えた。そして、心（精神）と身体（肉体）は独立した二つの実体であると考えた。これを「心身二元論」という。このような二元論の考え方は、古代ギリシャのプラトンにまでさかのぼる。心身二元論の問題点は、心と身体がどのように関わっているかを説明できないことである。そこでデカルトは、脳のなかにある「松果体」という部分が心と身体の情報交換をする場所

---

(1) ラテン語の原義からすれば、「機械のなかから神があらわれる」という意味が正しく、神が「機械仕掛け」であるというのは誤訳である。

(2) Alan M. Turing (1912～54)、英国の数学者。第二次世界大戦中、暗号解読に従事し、ドイツ軍の暗号「エニグマ」を解読した。映画『イミテーション・ゲーム／エニグマと天才数学者の秘密』（原題 The Imitation Game、モルテン・ティルドゥム監督、2014年）は、（ホッジス [103]）をもとに、チューリングの生涯を描いている。

(3) ルネ・デカルト (René Descartes)、1596～1650。近世哲学の祖とされる。

であると考えた（岡田 [260]）。

　これに対してライルは、人間は心と身体の両方をもち、その両者が関連づけられてこそ意味があるとした。そして、デカルトの心身二元論を、心が身体という機械のなかに潜む幽霊のようだと批判し、これを「機械の中の幽霊のドグマ」(the dogma of ghost in the machine) と呼んだ（ライル [290]）。ライルの「機械の中の幽霊」という考えを受け継ぎ、ケストラー [159] は同名の本を出版した。ケストラーは、全体は部分の総和にすぎないと考える要素還元主義を批判し、全体の部分の調和を「ホロン」(holon) という言葉で表現した。

　ちなみに「機械の中の幽霊」というモチーフは、日本のサブカルチャーにも影響をおよぼしている。士郎正宗原作のマンガ・アニメ『攻殻機動隊』(4)は、ケストラーの著作に影響を受けており、その英語タイトルは Ghost in the Shell である。作品のなかでは、脳がネットワークに接続され、体の一部あるいは大部分がサイボーグ化した（作中では「義体化」と呼ばれている）人間が登場する。そして、「ゴースト」（精神）とサイボーグ化した身体との複雑な関係が描かれている。

(4) 1995年に劇場用アニメ映画が公開され、2002年にはテレビアニメ作品が公開された。また米国では日本の原作をもとにした映画『ゴースト・イン・ザ・シェル』(Ghost in the Shell)（ルパート・サンダース監督、2017年）が公開された。

3. 脳の中の幽霊

　次節でとりあげる人工知能を考えるうえで、「脳の中の幽霊」という話題についてもふれておく。

　神経科学者のラマチャンドランは、『脳のなかの幽霊』[276] のなかで、脳と意識に関わる不思議な症例をとりあげている。たとえば、「幻肢」(phantom limb) とよばれるものがある。これは、手足を失った患者が、失われたはずの手足がまだそこにあるように感じる現象であるが、それだけではなく、存在しない幻の手足に痛みを感じることがあるという。他にも、自分の腕を兄の腕だと主張する男性や、視野の半分しか見えていないにもかかわらず、それに気づかず、顔の半分だけに化粧をする女性などの例がある。このように、人間の意識に奇妙な影響をあたえている脳の不思議を「脳の中の幽霊」と呼んだ。

　ラマチャンドランの議論は、デカルトの心身二元論に対する批判にもなっている。デネット [42] は、同じくデカルトを批判して、「カルテジアン劇場」(Cartesian Theater)(5)（あるいは「デカルト劇場」）という言葉を使っている。デカルトにしたがえば、人間の脳のなかでは、身体が経験したさまざまな事柄が劇場で上映され、それを脳のなかに住むホムンクルス（小人）(6) が鑑賞する、という状況になる。ここでいうホムンクルスは、人間の意識や精神のたとえである。デネットは、脳にはホムンクルスのようなものは存在しないという。

　これまでみてきたように、機械と人間の脳、心と身体の関係については、さまざまな議論があるが、次節で述べる人工知能について考えるうえでは、このような議論があることを確認しておく必要がある。

(5)「カルテジアン」は「デカルトの」という意味。

(6) ヨーロッパの錬金術師がつくりだす人造人間のことで、ラテン語で「小さな人」の意味。

（岩井 洋）

4. 神としての人工知能

キーワード

人工知能、シンギュラリティ、神

1. 人工知能とは

人工知能 (artificial intelligence)（以下「ＡＩ」）[1]という言葉が社会にあふれているが、あらためて定義するとなるとなかなか難しい（松尾 [186] 45 頁）。あえていうならば、ＡＩとは「人工的につくられた人間の知能のようなもの、あるいはそれをつくる技術のこと」である。ただし、その技術は単一の技術ではなく、これまでに蓄積されてきたさまざまな技術の集合体であるといえる。

現在、ＡＩ研究は第３次ブームをむかえている。第１次ブームは、1950 年代後半から 60 年代まで続いた。第１次ブームでは、迷路の解き方や定理の証明のようにルールとゴールが決まっている枠組のなかで、どのように正解を導きだすかという、コンピュータによる推論と探索が研究された。しかし、当時のコンピュータの性能とも関連して、複雑な現実社会の課題を解くにはいたらず、70 年代に研究は冬の時代をむかえる。80 年代にはいると、さまざまな専門分野の知識をコンピュータに取り込み、専門家のように問題を解かせる「エキスパートシステム」の研究が進んだ。これが第２次ブームである。しかし現実社会では、専門家が必ずしも意識していないような知識や経験が重要であり、それらを抽出してコンピュータに教え込むことには限界があった。そこで、ＡＩ研究は二度目の冬の時代をむかえる。

2000 年代以降、現在まで続くのが第３次ブームで、その特徴は「ディープラーニング」にある。これは「機械学習」[2]の一種で、人間の脳の構造を模倣した「ニューラルネットワーク」を深化させ、より複雑な問題が解けるようにする試みである。とりわけ、音声・画像認識の分野で成果をあげている。第３次ブームの背景には、インターネットの飛躍的発展による大量のデータ（ビッグデータ）の蓄積、コンピュータの処理速度の高速化、記憶装置の大容量化と低価格化などがある。

2.「強いＡＩ」と「弱いＡＩ」

ＡＩに対する研究者や技術者の認識・態度は一様ではないが、大きく二つの流れにわかれる。ひとつは、人間と同等の知能をもち汎用的な用途に活用できる「強いＡＩ」をめざす立場、もうひとつは、人間の知能の一部を代替し特定の用途に活用する「弱いＡＩ」をめざす立場である[3]。後者の具体例としては、自動運転、音声・画像認識、囲碁やチェスの対戦などがあげられる。

前者の立場をさらに強調したものとして、「シンギュラリティ」（技術的特異点）の考え方が注目される。これはＡＩが人類の知能を超える転換点を意味し、カーツワイル [171] は 2045 年にシンギュラリティが到来すると予見した。この考えの背景には、科学技術は直線グラフのようにではなく指数関数的[4]に急速に進歩するという「収穫加速の法則」がある。2016 年、グーグル・ディー

---

(1) 1956 年、米国ダートマス大学で開かれた会議で、はじめてＡＩという言葉が使われるようになった。ＡＩに関する概説書として、松尾 [186][187] などがある。

(2) 人間が自然に行っている学習手順を、コンピュータで行うための技術。

(3)「強いＡＩ」「弱いＡＩ」という言葉を最初に使ったのは、哲学者サール (Searle [307])。

(4) $a>0, a \neq 1$ のとき、$y=a^x$ であらわされる関数。指数（x の値）が大きくなるにつれて y の値が急激に増加する。

プマインド社が開発したコンピュータ囲碁プログラム「アルファ碁」が、韓国のイ・セドル九段を破ったことは、ＡＩの急速な発展を世界に印象づけた。しかし、カーツワイルのシンギュラリティ説に対しては、科学的・実証的根拠が乏しいとの批判もある（ガナシア [69]）。

3. 人工知能が神になる

2017年9月、雑誌『ワイアード』(Wired) は、元グーグルのエンジニアであるレバンドウスキーが、ＡＩを神として崇拝する宗教団体「未来への道」(Way of the Future) を創設したと報じた[5]。同団体の理念は、ＡＩにもとづくGodheadを実現し、Godheadに対する理解と崇拝を通して、社会の向上に貢献することであるという。このGodheadなるものは、信仰対象としての神的存在と考えられるが、同団体の実態も含めて、その具体的な内容は明らかになっていない。

かつて1990年代後半にインターネットが普及しはじめたとき、インターネット時代の宗教のあり方についての議論が盛んに行われた（土佐 [344]；生駒 [112]；井上 [114]）。しかし、インターネットは思想の伝達や布教の新たな手段として有効であったとしても、仮想空間に信仰対象が存在し、それが宗教として存続している例を見つけることは困難である。

では、従来の神仏観からみればとらえどころのない、理念的かつ抽象的なものが信仰の対象になりうるのか。歴史的にみると、18世紀のフランス革命期には、キリスト教にかわる宗教として「理性」を崇拝する動きがあったが、結果的には純粋な信仰対象にはなりえなかった[6]。ところが、ＡＩの場合、これとはまったく性質が異なる。

ＡＩが極度に高度化すれば、一神教的な全知全能の神のイメージと重なりあうようになる（西垣 [245]）。伝統的な神の観念は、「聖性」という言葉であらわされることが多い。それは、超自然的存在に対する畏怖・畏敬の念から生じ、簡単に人間が接触することができないような性質である（オットー [268]）。たしかに、ＡＩは人間の創造物であるから、その基本的操作をすることは可能である。しかし、ＡＩが高度化すればするほどブラックボックス化し、外部からその内部をはかり知ることはできなくなる。また、制御不可能かつ予測不可能の状況のなかで、人間が簡単に答えを見つけられないような事柄に対して、ＡＩが何らかの答えを神託のごとく下してくれるとすれば、神とＡＩは機能的には同じものとなる。

前述のGodheadは、まさに「強いＡＩ」の例であるが、その出現を渇望・歓迎する立場があれば危険視する立場もある。一方で、仮想現実（ＶＲ）の技術が進展し、宗教体験さえも仮想的につくりだせるとすれば、従来の「科学技術信仰」という枠組をこえて、ＡＩが神と同じものとして扱われることも荒唐無稽なことではない。そうなると、神としてのＡＩは、経営人類学の重要な研究テーマのひとつとなるはずである。

（岩井 洋）

[5] https://www.wired.com/story/god-is-a-bot-and-anthony-levandowski-is-his-messenger/

[6] ジャック・ルネ・エベールを中心とするグループが、「理性」を崇拝対象として「理性の祭典」を開催した。そこでは、「理性」は女神として擬人化された（ヴォヴェル [359]169-208頁）。

5. 人工知能と仕事の未来

キーワード
技術的失業、労働塊の誤謬、ベーシックインカム

1. 技術的失業

　ＡＩ（人工知能）技術の進歩によって大量の失業者が生まれる、という議論がある（ブリニョルフソン・マカフィー [24]；フォード [56]）。

　World Economic Forum[373] は、世界の労働人口の約65％を占める（日本を含む）15の国・地域のデータをもとに、2015年から20年の5年間で、ＡＩやロボットの技術開発の進展により、（710万人の雇用喪失と200万人の雇用創出により）約510万人の雇用が失われると予測した。また、野村総合研究所とオズボーンやフレイの共同研究 [58] によると、今後10年から20年のあいだに、日本の労働人口の約49％の職業が、技術的にはＡＩやロボットで代替可能になるという。そして、自動化が困難で代替可能性が低い仕事の大半は、複雑な社会的コミュニケーションや創造的作業をともなうものであると指摘している[1]。

　これに対して海老原 [53] は、2018年から15年間に限定すれば、ＡＩやロボットに代替されるのは9％程度（約570万人）と予測している。ただし、業種・職種によって時間差があるものの、長期的には大規模な雇用の消滅にむかっており、当面、ＡＩやロボットができない「すき間労働」が増加するという。

　いずれにせよ、雇用の未来に関する多くの予測は悲観的であり、ＳＦの世界でたびたび描かれてきた、ロボットが人間を支配するという「ロボットの逆襲」のイメージ[2] とも重なり、社会に大きな不安感をあたえている。

　技術の進歩による失業の発生については、古くから議論されている。1930年にケインズ [151] は、これを「技術的失業」(technological unemployment) という言葉であらわした。また、イギリスの産業革命時におこったラッダイト運動も、機械化による失業の増大に対する民衆の不安と恐怖からおこったものである。1990年代以降、ラッダイト運動になぞらえて、「ネオ・ラッダイト運動」と呼ばれるものもあらわれた (Sale[293]; Jones[138])。これには技術の進展による失業に対する反対も含まれるが、ラッダイト運動のような運動ではなく、反技術主義や反グローバリズムといった広い文脈での思想の潮流をあらわすものと考えたほうがよい。

2. 労働塊の誤謬

　ＡＩやロボットの進展によって失業が増大するという考えの背景には、固定された一定量の仕事を奪いあうような労働市場が想定されている。この前提は間違いであると指摘する、「労働塊の誤謬」(lump of labor fallacy)[3] という言葉がある。これは、一時的に労働力が固定的であったとしても、長期的には失業者が別の職業に就いたり新たな職業が生まれたりすることで、労働市場が伸縮可能であることを意味する。事実、ラッダイト運動のあと、労働者たちが失

(1) 具体的な職業としては、セラピスト、幼稚園の教諭、大学講師、物理学者、建築技師、彫刻家、ダンサーなどがあげられている。

(2) アーサー・Ｃ・クラーク原作のＳＦ小説をもとにした、映画『2001年宇宙の旅』（スタンリー・キューブリック監督、1968年）および『2010年宇宙の旅』（ピーター・ハイアムズ監督、1984年）に登場する、ＡＩを備えたコンピュータ「HAL9000」が想起される。

(3) ウォーカー (Walker[363]) によると、この言葉の着想は19世紀のシュロス (D. F. Schloss) の研究までさかのぼるという。

業状態を続けたわけではない。

　機械化と労働市場の伸縮性に関しては、ＡＴＭ（現金自動預払機）の普及と銀行の窓口係の数についてのベッセン(Bessen[19])の興味深い研究がある。ＡＴＭは、米国で1970年代に導入され、1995年から2010年にかけて4倍に増えた。通常、銀行の窓口係の数が減少すると考えるが、実際には増加した。ＡＴＭのおかげで支店を低コストで営業できるようになり、支店の数も増えた。そして窓口係の業務内容は、自動化できなかった金融商品の販売など、対人関係をともなうものへと変化していった。

　オートー[4]はベッセンの研究にふれながら、機械化と労働市場の伸縮性について、「Ｏリングの原理」(O-ring principle)と「足ることなしの原理」(never-get-enough principle)という言葉で説明している。前者は、一連の仕事の流れが自動化されたとしても重要な部分は人間の仕事である、ということをさす。前述の銀行の窓口係の問題解決能力や顧客との関係が重要になるのも、このような理由による。なおＯリングという言葉は、1986年のスペースシャトル・チャレンジャーの爆発事故で、事故の原因がＯリングと呼ばれるゴム製部品の劣化にあったことに由来する。つまり、他の部分が正常に作動していても、一部分に異常があれば、全体としてうまく機能しないという意味であり、まさに人間がその要になる。一方「足ることなしの原理」は、人間の仕事が機械にとってかわられたとしても、人間には尽きることのない創意や果てなき欲求があり、常に新しい仕事が生みだされる、ということをさす。

3．ＡＩからＢＩへ

　ＡＩやロボットの進展と仕事の未来について、悲観論と楽観論のいずれの立場をとろうとも、われわれは技術の飛躍的進歩とその影響から逃れることはできない。そこで、人間の仕事の一定部分がＡＩやロボットにとってかわられることを前提として、就労や資産の有無に関わらず、政府がすべての個人に対して最低限の生活に必要な現金を一律に支給する、「ベーシックインカム」（ＢＩ）についての議論が浮上している（ブレグマン[21]、波頭[89]、井上[116]）。

　ＢＩと同様の発想は、16世紀に書かれたモア[203]の『ユートピア』にもすでに登場している。その後も長く議論されており、また世界各地で実験や検討が行われてきたが、近年、ＡＩの進展とセットでＢＩが論じられるようになった。日本での議論では、財源の確保から支給額にいたるまで、さまざまな賛否がある。また、米国マイクロソフト社の創業者であるビル・ゲイツは、ロボットの労働に対して課税する「ロボット課税」を提案している[5]。他にも、同様の課税を提案する動きもあり、その税収を賃金やＢＩにあてるという。

　従来の技術革新とＡＩはまったく異なる性質のものであり、ＡＩとともに仕事の現場がどのように変容するかについては、同時代の研究対象として、経営人類学にとって重要である。

（岩井　洋）

(4) デビッド・オートー「自動化で人間の仕事はなくなるのか？」(https://www.ted.com/talks/david_autor_why_are_there_still_so_many_jobs?language=ja)。

(5) https://qz.com/911968/bill-gates-the-robot-that-takes-your-job-should-pay-taxes/

6. コミュニティ：従来型と電子型

キーワード

有縁社会／無縁社会、電縁、テレワーク

1. 有縁社会と無縁社会

(1) 文化人類学者の米山俊直による造語（米山 [390]；中牧・セジウィック編 [227]）。

(2)「有縁」はもともと仏教用語で、「うえん」と読む。仏の道に関係があること、あるいは仏に救われる縁があることをさす。

　これまで人間どうしのつながりをあらわす言葉として、血縁（家族・親族のつながり）、地縁（地域のつながり）、社縁（会社を中心とするつながり）[1] などが使われてきた。血縁・地縁・社縁をもとに、人々がなんらかのつながりをもっている社会のあり方を「有縁社会」[2] と呼ぶことがある。これに対して、血縁・地縁・社縁から切り離され、孤立した人々が増加している社会のあり方を「無縁社会」と呼ぶ。2010 年、NHK が制作・放送した「無縁社会〜"無縁死" 3 万 2 千人の衝撃〜」は、誰にも知られずに死に、遺体の引き取り手もない「無縁死」が増え、その数は年間 3 万 2 千人におよぶと報道し、「無縁社会」という言葉が注目されるようになった（NHK「無縁社会プロジェクト」取材班 [242]）。この背景には、少子高齢化や晩婚化・非婚化などにともなう単身世帯の増加があると考えられる（橘木 [330]）。

　従来型コミュニティの崩壊と無縁社会によって、あらたな社会的なつながりが模索されるなか、注目されるのが「ソーシャル・キャピタル」（社会関係資本）という概念である。これは、米国の政治学者パットナムの著作（パットナム [274][275]）によって知られるようになった。ソーシャル・キャピタルとは「社会的信頼」「互酬性の規範」「社会的ネットワーク」の蓄積をさし、それがいわば「資本」となって、コミュニティ全体を豊かにし、地域における人々のつながりを強化するとともに、住みやすい環境をつくるとされる。2011 年 3 月 11 日に発生した東日本大震災では、地域で人々が助け合う姿が注目され、ソーシャル・キャピタルの重要性があらためて認識されるようになった。

2. 田園から電縁へ

　有縁社会から無縁社会への変化は、一般にマイナスのイメージでとらえられることが多いが、一方で、血縁・地縁・社縁などの選ぶことのできない関係性から個人が解放され、誰とつきあうのかという選択肢が増えたともいえる。ただし、人間関係の選択肢が増えた分、豊かな関係性を構築できるか否かは個人の努力や資質にかかっており、そこから孤独になることへの不安も生じると考えられる（石黒編著 [118]）。

　さて、このように人間関係の選択肢が増えた背景には、インターネットをはじめとする電子ネットワークの発展がある。1995 年 1 月 17 日に発生した阪神・淡路大震災では、インターネットを通じて被災地の情報が発信され、インターネットの潜在的能力が示された。また同年には、感覚的に操作できるコンピュータの基本ソフトであるマイクロソフト社の「ウィンドウズ 95」が発売されたこともあいまって、1995 年は「インターネット元年」と呼ばれるようになった。

1990年代後半には、血縁・地縁・社縁にくわえて「電縁」という言葉が登場した。まさに、電子ネットワークを通じた縁（人間関係）のことである。当時、パソコン通信サービスの最大手であったニフティは、『電縁交響主義』（金子他[140]）と題する本で、電子ネットワークがつくりだすコミュニティの可能性について論じた。この本のタイトルは、クラッシックの「田園交響曲」と、伝統的なコミュニティの風景を連想させる「田園」という言葉をもじったものと考えられるが、まさに日本社会は田園（＝血縁・地縁・社縁）から電縁へと移行していくというのである[3]。

3. テレワークとノマドワーカー

　電縁を成立させている電子ネットワークの発展と、Wi-Fi環境をはじめとするインフラ整備、さらにはスマートフォンやタブレットPCなどのモバイル端末の普及は、現代人の働き方自体も大きく変えてきた。

　ミクロなレベルでみれば、社員が個人のデスクをもたない「フリーアドレス制」の登場がある。従来のオフィスでは、部署ごとにデスクがまとめられ、全体を見渡せる位置に管理職のデスクを配置する例が多い。フリーアドレス制の場合、社員は各自のノートパソコンやタブレットPCと最低限の私物をもって、好きな場所で仕事ができる。社員の部署に対する帰属意識の低下や居場所確認の面倒さなどのデメリットもあるが、省スペース化とペーパーレス化によるコスト削減や社員どうしのコミュニケーションの活性化などのメリットも考えられる。また、フリーアドレス制をさらに発展させ、個々の仕事スタイルにあわせて、大型テーブル席だけではなく、個別ブース、カフェ型やスタンディング型などの席を用意する会社もある。

　マクロな視点からみると、電子通信技術の発展は「テレワーク」[4]という新しい勤務形態を生んだ（佐藤[295]）。これは、通信技術を活用した、時間や場所の制約を受けない柔軟な働き方をさす。その形態は、働く場所に着目すると、サテライトオフィス勤務、在宅勤務、モバイル勤務の三つに分かれる。

　サテライトオフィスは、会社が本社以外に設置した小規模なオフィスのことであり、社員はそこに出勤して仕事をする。在宅勤務は、文字どおり、会社と連絡を取りながら自宅で仕事をすることである。モバイル勤務は、会社や自宅といった場所にしばられることなく、ノートパソコン、スマートフォンやタブレットPCなどのモバイル端末とインターネット回線があれば、極端にいえば、世界中のどこでも仕事ができる状態のことである。モバイル勤務をする人々のことを「ノマドワーカー」[5]と呼ぶ。ノマドワーカーが登場した背景には、Wi-Fi環境や電源コンセントを完備した、カフェをはじめとする心地よい「場」が増えたことがあげられる。このような、自宅や職場とは違う第三の居場所のことを、社会学者オルデンバーグは「サードプレイス」(third place)（オルデンバーグ[266]）と呼んだ。サードプレイスは、労働者だけではなく、従来型コミュニティとは異なる、あたらしい人間関係を構築する場所としても注目されている。

（岩井　洋）

---

(3) 2009年版の『情報通信白書』（総務省）では、「投資」「協働」「電縁」の三つがクローズアップされ、地縁・血縁を補完する電縁の重要性を指摘している。

(4) 「テレ」（tele 離れた場所）と「ワーク」（work 働く）を組み合わせた造語。

(5) 「遊牧民」を意味する「ノマド」（nomad）と「ワーカー」（worker 働く人）を組み合わせた造語。

こらむ COLUMN コラム
1930年代のLSE人類学科カリキュラム

　London School of Economics and Political Science (LSE) は経済学をはじめとする社会科学に特化した大学として知られている。だが、早い時期から人類学 (anthropology) の学科を有し、マリノフスキー (Malinowski, B. 1884–1942) をはじめとする（社会）人類学者を数多く輩出してきたことは一般にはあまり知られていない。LSEのホームページによれば、社会学科が創設された1904年に、民族学のコースの一つとして人類学が登場したとされる。

　植民地で勤務する役人や宣教師のためのコースとして位置づけられたが、その後ロックフェラー財団の資金援助もあって、1927年には学科として独立し、マリノフスキーが初代の（主任）教授に就任する。マリノフスキーはフィールド調査に基づく、機能主義を理論的基礎とする社会科学としての人類学、社会人類学を提唱する。彼の代表著作に『西太平洋の遠洋航海者』がある。

　マリノフスキーは1939年に渡米し、客員教授として滞在していたYale大学で死去するが、LSEで彼はどのような教育を行っていたのであろうか。日本の大学の『学生便覧』に相当する *Calendar* からその一端が窺える。渡米直前の *1937-38 Calendar* によると、人類学は「人類学と植民地研究」プログラムの中の1コースとして位置づけられており、学部の授業として「人類学入門」、「民族学概要」、「社会構造の原理」、「原始社会における魔術と宗教」、「原始的工芸」の5科目が提供され、ファース (Firth, R. 1901–2002) 博士とリード (Read, M. 1889–1991) 博士が分担して担当していた。大学院授業としては、「今日の人類学」、「社会人類学原理」、「比較文化研究入門」、「原始的宗教儀礼と信仰」、「アフリカ人の政治・経済組織」の5科目と5つのセミナーが提供された。マリノフスキーは、上記5科目のうち最初の3科目を担当していた。

　ここでは「社会人類学原理」を取り上げ、その内容を見ることにしよう。この授業は「人類学入門」、「社会構造の原理」、「原始社会における魔術と宗教」と同様に植民地統治コースの科目としても指定されていた。シラバスには、「幾つかの側面から文化を分析する」として「社会集団、経済追求、法と秩序の維持のための政治体制と組織、知識と信念の体系、儀礼と倫理、技術、装飾美術と音楽、民間伝承と言い伝え、言語」が挙げられていた。推薦図書としては、マードック (Murdock, G.P.) *Our Primitive Contemporaries*、ローウィ (Lowie, R.H.) *An Introduction to Cultural Anthropology*、『原始社会』、ゴールデンワイザー (Goldenweiser, A.) *Early Civilization*、ウィスラー (Wissler, C.)『人類と文化』、クローバー (Kroeber, A.L.) *Anthropology*、ウエスターマーク (Westermarck, E.)『人類婚姻史』、*The Origin and Development of the Moral Ideas*、リチャーズ (Richards, A.I.) *Hunger and Work in a Savage Tribe*、ファース *Primitive Economics of the New Zealand Maori* の10冊が指定されていた。

　こうした資料は、マリノフスキー自身が社会人類学をどのように位置付けていたかを窺う上で興味深いものである。

（竹内惠行）

「人類学入門」のシラバス (1937)

第 12 章
会社の中の男と女

　「女」「男」という言葉を我々は日常的に使うが、それらの区別は容易ではない。生まれ持った肉体的差異による性、自分自身が認知する性、社会的に意味づけられた性差（gender /「女らしさ」「男らしさ」）等、様々な性の分け方がある。また、より実践的で動態的な概念を表す学術的用語として女性性・男性性 (femininity / masculinity) がある。本章では、会社においてみられる職業・職務、役割、キャリアの性差を、ジェンダー・アイデンティティ、女性性・男性性等の概念によって説明していく。

　会社の中で、男性と女性は異なる役割を与えられてきた。例えば、男性は重要な意思決定を行う組織階層の上位を占め、女性は組織階層の下位にとどまり補助的な役割を担う。このような性別職務分離が生じる理由は何だろうか。

　日本的経営の下で形づくられてきた画一的な男性像、女性像はもはや個人のニーズや体験にも、社会のそれらにもマッチしない。性、年齢、国籍、文化、障害の有無等の多様な人々が、様々な制約を持ちながら働くことが可能な仕組みとはどのようなものだろうか。

1. 職業・職務のジェンダー化

キーワード
ジェンダー、職業・職域・職務のジェンダー化、女性活用

1. 男性向けの仕事／女性向けの仕事？

男性／女性の身体的性差をもって、それぞれの社会のなかで果たす役割をも性別に区分けし固定化する習慣には、根強いものがある[1]。身体的な性差を出発点として社会的役割を男女別に固定してとらえる習慣や実践が、「ジェンダー化」である。職業・職域・職務配分においても、ジェンダー化は基本的に貫かれている[2]。たとえば他者のケアにかかわる看護婦、保母は女性向きの仕事とされ、「女性職」の典型であり続けた[3]。だが近年では男性の参入が進む中、「婦」や「母」の文字がつく名称は却下され、看護師、保育士という、性別に対してニュートラルな名称に変更されてきた。「ジェンダー化」を是正し、男女が相互乗り入れする職業世界を作り出す動きがトレンドとなりつつある[4]。

2. ジェンダー化のバックグラウンド

日本において職業・職域・職務配分のジェンダー化に大きな影響を与えているのは日本的雇用慣行である。この慣行では、男性のみを長期雇用が可能な人材として位置づけ、勤続年数を重ねるほどに企業貢献度が高まると見込んで年功処遇システムが適用される。勤続を増すほど仕事に習熟するとの前提から右肩上がりの賃金の恩恵を得るとともに、職位の階段を順次昇っていく。

女性は、こうした慣行の埒外に置かれてきた。学卒後の女性を「腰かけ」程度として短期間想定で迎え入れ、「職場の花」とする風潮が高度成長期に広がった。若年退職制や結婚退職制が存在し、女性の早期退職は職場の「新陳代謝」を高めるという観点から歓迎される時代さえあったのである。だがいったん退職した女性は、子育ての目処がたつやパートとして再就職することになる。

日本的雇用慣行のもとでは、女性は長期雇用に堪えない人材と位置づけられ、入社時以降の教育・訓練への投資は極力節約される。男女に与えられる職務は入社当初から峻別され、男性には長期的な育成を念頭においた職務配分と異動が展開される。女性には、短期間での入れ替わりがあっても支障のない単純な職務が与えられる。こうして、職務配分のジェンダー化が必然化したのである[5]。しかしながら時代は移り、女性の人材活用を考慮することが企業にとっての大きな課題として意識され、「女性活用」「女性活躍」等々、その時々に表現は変わりつつも追求されるようになった。女性の側も、容易には退職しない動きを見せるようになった。

3. 総合スーパーマーケットX社におけるジェンダー化是正の取組

そのプロセスを、日本を代表する大手企業のひとつ、総合スーパーX社の事例から見よう。X社では1990年代より、さまざまな女性活用策に取り組んできた。スーパーが「生活関連産業」であり、女性労働力比率が他産業に比し

---

[1] 女性は産む性として、新しい命を育むにふさわしい特性と役割をもち、したがって家族ケアに向く優しさをもつとされる。男性は、女性と新しい命を守るための物質的基盤の供給役割を担い、それをなしうる特性たる屈強さをもって家族・社会の中でリーダーシップを発揮すべき存在であると見なされる。ジェンダーの社会学は、身体的性差と社会文化的差異がイコールではないことを立脚点とし、こうした習慣や実践を批判的に把握する視角を提供している。伊藤・牟田[123]を参照のこと。

[2] 姫岡[95]を参照のこと。

[3] アン・ウィッツは、看護職が女性職として歴史的に形成されてきたプロセスを詳細に明らかにしている（Witz[372]）。

[4] 男性職の代表格としては消防士を挙げることができる。「強靱な体力」をうたい文句とするこの職種への女性の参入は、日本では、募集・採用・配置・昇進において男女均等に取り扱う努力義務が課された男女雇用均等法（1985年）以降、徐々に生じている。

[5] こうした雇用慣行のもとでつくりだされたジェンダー秩序については木本[154]を参照されたい。

て高いにもかかわらず、マネジメント層への女性の出現率が極端に低いことに対するトップマネジメントの危機意識が、「女性店長づくり」をもたらした[6]。この取組に先だってX社には、勤続年数を伸ばしてきた女性が一定数、すでに出現していた。彼女たちを、「やる気のある女性」として、商品部等のスペシャリストの職務に囲い込んできた経緯がある。店長職へと育成する考えがなかったためである。「やる気のある女性」に、ジェンダー化された職務配分がなされた結果、マネジメント層になりえない専門職へと閉じ込めることになった。スーパーマーケット業界では、店長職に就くことがマネジメント層への登竜門となる。女性も店長職をくぐり抜けてこそ、男性と肩を並べて、企業の中核的人材になることができる。1990年代初頭からトップマネジメントが提唱した女性店長づくりの主眼は、ここにおかれていた。

店長職の女性がゼロという地平から出発した取組は、1990年代後半までに二桁台の女性店長の出現を達成した。結果的には、つぎの二タイプの女性が抜擢された。まずは、スペシャリストとして閉じ込められてきた女性たちである。彼女たちには限られた店舗経験しかなく、長らく商品部等にいたため、店舗情報と店舗マネジメントとはほど遠い位置にいた。もう一つのタイプは、店舗内でのキャリア形成にこだわって、ことあるごとに店舗内職務を希望し続けてきた。彼女たちは人事異動にさいしては、有能であるがゆえに一時しのぎ的に動かされ、見方によってはそれは、系統性に欠ける「たらい回し」でもあった。そこを耐え、スペシャリストとして囲い込まれることを回避した人々である。

4. ジェンダー化是正の動きへの波紋

以上の二つのタイプともに、パートをはじめとする店舗の下積みの人々に接近し、その声に耳を傾け意見を吸い上げるボトムアップのマネジメントスタイルを採った[7]。X社で男性店長に代々引き継がれてきたのは、成果を数字として確実に挙げていくという、高圧的でハードなスタイルであった。X社における女性店長づくりは、これまで組織内に埋もれていた女性人材を掘り起こし、チャレンジの機会を与えたと同時に、マネジメントスタイルのオルタナティブを可視化させたことになる。

だが男性店長の反応は複雑であった。女性店長づくりに対しては、「どうせお飾りだ」「すぐにつぶれるさ」という冷ややかな見方が囁かれ続けた。「女性に店長が務まるわけがない」と信じていたからである。すぐにはつぶれないことがわかってくると、ボトムアップの手法を「まるで女性店長のような」と称し、揶揄するコメントが出されるようになる。男女を問わず新店長が小型店からスタートするのを常としていたので、新人の女性店長のマネジメント手法をジェンダー化して捉え、大型店では通じないと見たてようとしていた[8]。

こうしたX社の動向を見るならば、トップが決断したジェンダー化是正の取組は、旧来からの男性中心的に運用されてきた店舗運営に一石を投じることになった。日本的雇用慣行の持つジェンダー化の根強い作動とのせめぎ合いの中、幾多の波紋を生じさせたが、X社のトップマネジメントの決断は、「女性に店長が務まるわけがない」との言説を死滅させることになった。　　　　（木本喜美子）

(6) その経緯について詳しくは、木本[153]を参照のこと。

(7) 第一タイプの女性店長は、店舗に精通していないことを自覚しており、店舗のボトムにいる人々に教えてもらうという方針を採った。第二タイプは、男性中心主義に傾く社内風土を熟知し、高圧的なマネジメントによってパートを含む店舗内のボトムにいる人々が苦しんでいることを知っていた。したがって彼女たちが採用したのは、ボトムアップの手法であった。すなわち女性店長はともに、ボトムアップの手法を採用した。

(8) 1990年代末に一人の女性店長が「最優秀店長賞」を受賞するや、社内の空気は一変し、男性店長は「これからの時代は男も女もない」とし、女性店長へのライバル視さえ現れるようになった。

2. 会社の人事評価と女性

キーワード

人事評価制度、職能資格制度、成果主義

1. 人事評価制度とその運用

　勤続年数とともに賃金が右肩上がりに上昇する年功序列は日本的雇用慣行の1つとされてきた。しかし、給与や役職といった処遇が従業員全員に同じように決まるわけではない。会社は、従業員一人ひとりの働きを評価する人事評価を行い、仕事の成果、保持する能力、仕事に対する態度・意欲等を評価している。1990年代以降、日本企業の人事制度が短期の仕事の成果を重視する成果主義へと変化し、人事評価は会社にとっても従業員にとってもより重要なものになってきた。仕事の成果は、あらかじめ決められた目標の達成度で評価される[1]。仕事の成果は客観的に表しやすいが、潜在的能力や態度・意欲は、外から見えにくく評価者の主観的判断になりやすい。人事評価制度を公平に運用するのは容易ではない。評価制度や評価の基準を社内に公表すること、評価結果を本人にフィードバックすること、評価結果に対する苦情申し立ての機会を設けることなどが、評価の納得度を高めるとされている。

2. 職能資格制度とその運用

　男女雇用機会均等法により男女の賃金は平等とされているにもかかわらず、日本の女性正規労働者の平均賃金は、男性の72.2%である[2]。男女間の賃金格差を説明するものとして勤続年数、労働時間、会社規模等があるが、ここでは役職と社内資格の差異に注目しよう。前者は係長、課長といった組織の中で権限をもつ職位、ポジションを指す。後者は、職務能力の水準を示す会社独自の資格である。先に述べたように、人事評価は、仕事の成果、保持する能力、仕事に対する態度・意欲等を評価する。このうち、仕事を遂行するために必要な能力、長期的に培われた技術を評価するために会社が用いてきた制度が、職能資格制度である。1980年代から導入が進み、現在では約8割の会社が導入する。入社すると年齢や学歴に応じた職能資格に格付けられ、徐々に上位資格に昇格する。ある水準までは各資格に滞留する最短、標準、最長の年数が定められていることが多く、年齢と資格が一定の範囲内で連動する。職能資格は、賃金額決定の基準となる。賃金が年功的になるのはこのためである。職能資格と役職は緩やかに連動する。ピラミッド型の会社組織では上位ほど役職は少なくなり、全員が昇進し続けることはない。役職ではなく職能資格の昇格で報いる職能資格制度は、長期的に所属する従業員全員のやる気を持続的に引き出すための巧妙なしくみである。

　職能資格制度は、その運用によって、男女の賃金格差を生じさせる。まず、一般職、総合職等に従業員を区分するコース別雇用管理[3]では、コースによって昇格できる職能資格に制限を定めるケースがある。制度として定めていなくても、運用の実態をみると、一般職の女性の多くが滞留最長期間の定めのない

---

(1) 多くの企業では、目標管理が導入されている。目標管理では、期首に上司と部下が面談を行い両者が合意する目標を定める。期末にはその目標達成度を両者それぞれが評価し、面談によって合意する。目標達成度が人事評価に連動し、給与や賞与に影響を与える（奥野 [263]）。

(2) 男女の賃金格差が少ないスウェーデンでは88.0%、フランスでは84.5%である。一方韓国は67.6%と日本よりも男女の賃金格差が大きい（労働政策研究・研修機構 [289]）。

(3) 職種・業務内容や転勤・配属の違いによってコースを区別し、それぞれに異なる人事管理を適応すること。定型的、補助的な業務を行い転居を伴わない配置をされるものを「一般職」、企画、営業、研究開発等の非定型的業務を担い配置の範囲が限定されないものを「総合職」とするのが一般的である。コース別に男女を限定して募集・採用する、コースへの合格基準が男女で異なる等は男女雇用機会均等法に違反する。

資格に長期間留め置かれていることがしばしばみられる。先に述べたように、職能資格は賃金決定の基準となるため、資格の遅れや滞留は昇給が滞ることになる。さらに職能資格と役職が連動するため、一定の職能資格に到達できないとその定める役職に就くことができない。低い職能資格、低い職位に留まる傾向にある女性の賃金は、男性のそれよりも低くなるのは当然である。職能資格制度が男女に等しく適用されていたとしても、その運用で差が生じているのである。

3. 育休・産休からの復職者の人事評価制度

育児・介護休業法は、3歳までの子を養育する労働者が短時間勤務を行う短時間勤務制度の設置を企業に義務づけている。在職中に出産した女性の育児休業取得率は83.2％（2017年「雇用均等基本調査」）で、そのうちの92.8％（2015年「雇用均等基本調査」）が復職する。さらに、復職する人の約4割が育児短時間勤務を利用する[4]。短時間勤務者の働きぶりを評価することは難しく、評価する側からもされる側からも戸惑いや不安の声がきかれる。育休・産休からの復職者がこれまで少なかった会社では、評価の方針や方法が社内で決まっておらず上司任せとなっている場合も多い。

表12.1 産休・育休からの復職者から集めた自分の人事評価に対する意見の例[5]

◆休業前は存分に仕事はできたが、家庭と両立したいと言ったとたん評価が下がり、やりたい仕事を外されてしまった。復職後、過剰な配慮があり存分に仕事ができない。単純作業ばかりで貢献度が低く、評価も低い。それほど評価してもらえないので、自分でもあきらめパフォーマンスも低くなった。（勤続11年、合計休業期間12ヵ月、復職後5年8ヵ月、短時間勤務を経て現在通常勤務）
◆短時間勤務者の評価基準がないため、フルタイム勤務者との比較でどのように評価されているのかブラックボックスになっている。また評価のフィードバックも少ないため自分がどう評価されているのかが見えにくい。（勤続7年、合計休職期間1年10ヵ月、復職後5ヵ月、現在短時間勤務）
◆残業があたりまえというか、成果の大きさに対しての評価になっているため、短時間勤務者は相対的に成果が小さくなる。目標管理はそういうしくみとはわかっているが、納得いかないところも正直ある。行動評価においても、時短者は見られる時間が少ないので、上司とのコミュニケーションが大事。（勤続11年、合計休職期間2年8ヵ月、復職後6ヵ月、現在短時間勤務）

産休・育休からの復職者の人事評価については、大きな問題が2つある[6]。1つは削減された勤務時間に応じて基本給が減額されるが、それに加えて短時間勤務をしていることにより成果が下がったと判断され基本給以外の部分にも減額が生じることである（「二重の減額問題」）。もう1つは、復職者には重要な仕事、挑戦的な仕事、成長につながる仕事が配分されないこと（「仕事の配分問題」）である。残業や出張がしにくいという時間的制限のためでもあるが、仕事配分を決める上司の過剰な配慮が要因となっていることが考えられる。

（奥野明子）

(4) 株式会社インテージリサーチ[117]では、20代から40代の、末子が小学校就学前の子どもをもつ会社員のうち女性39.8％が短時間勤務制度を現在利用中あるいはかつて利用した経験がある。

(5) 奥野明子・大内章子が行う「復職者のための人事評価ワークショップ」（2017年9月16日 大阪で実施）での調査より。

(6) これらの問題は、短時間勤務者の管理に関する研究の中で指摘されてきた（武石[334]、松原[183]）。

3. 働き方の多様化

キーワード
　テレワーク、限定正社員、プライベート・コントラクター

1. 正社員と非正社員

　終身雇用や年功序列は日本的雇用慣行といわれるが、多くの女性はその対象から外れていた。1986年に男女雇用機会均等法[1]が施行される以前には、女性は結婚を機に「寿退社」して専業主婦となり、子育てが一段落した後、パートなどの非正社員として働き始めることが多かった。非正社員は労働時間や場所について希望がかなう一方で、賃金、社会保障等の待遇や人材育成の機会、昇進・昇格等の点で不利な状況におかれてきた。日本の労働市場と雇用のあり方を、濱口[81]はメンバーシップ型と呼んだ。日本は、会社の正社員（メンバー）であることが重要な意味をもつ社会である。これに対し、雇用の形態ではなく職務内容を重視する労働市場はジョブ型である。結婚によって退職する女性は会社へのメンバーシップを失う。外部労働市場が十分に発達していない日本では、一度失ったメンバーシップは容易に回復しない。非正社員の7割近くが女性であることからすれば、どのような雇用形態で働くのかということは女性にとってより重要である。

　しかし現在、日本の女性の労働力率を表すグラフに特徴的であったM字カーブは台形型に変化しつつある。結婚や出産を機に退職する女性は減り、育児休暇や育児短時間勤務制度といった企業の両立支援制度[2]を使い、正社員として働き続けることが多くなった。メンバーシップを失うことによる不利益を多くの女性が理解し始めたからだろう。社会の変化も大きい。労働人口の減少に対応するため、2016年には女性活躍推進法[3]が施行された。働き続けるための環境を整えるという目的が強かったそれまでの法律と異なり、会社の業績を上げるために積極的に女性を重要なポジションに位置づけることを実現するための法律である。政府は、指導的地位に占める女性の割合を2020年までに30%にするという目標を掲げた[4]。

(1) 男女雇用機会均等法は、働く人が性別により差別されることがないこと、かつ女性が母性を尊重されつつ能力を発揮して働き続けることができることを目的として1986年に定められた。同法は募集・採用、配置・昇進等の雇用管理において性別を理由とする差別をなくすこと、また婚姻、妊娠・出産等を理由とする不利益な取り扱いを禁止している。同法は、育児休業法（1992年施行、1995年「育児・介護休業法」に改正）、男女共同参画社会基本法（1999年施行）、女性活躍推進法（2016年施行）等とともに、女性の雇用・就労環境を法的に整備する。

(2) 仕事と仕事以外の生活を調和させる働き方・生き方を実現することをワークライフバランスといい、それを可能にするための会社の制度や取り組みのこと。

(3) 両立支援による女性の就労継続だけでは十分ではなく、より積極的に女性が社会で重要な役割を担うことを推進するために2016年4月より施行された。これにより、企業は自社の女性の活躍状況と課題を把握、行動目標や計画の公開、労働局への届出、目標の達成度合いや計画の進捗状況を点検、評価することが求められる。

(4) 2016年の管理職に占める女性の割合は、係長相当職では14.7%、課長相当職では8.9%、部長相当職では6.5%である。役員を含む係長相当以上の管理職でみた場合、女性の占める割合は12.9%である。この数値は日本が韓国（9.7%）と並んで、女性管理職比率の高いフィリピン（48.9%）、米国（43.8%）

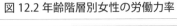

図12.2 年齢階層別女性の労働力率

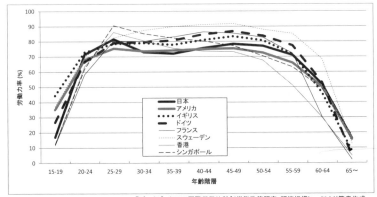

『データブック2017国際労働比較』（労働政策研究・研修機構）p.53より筆者作成

2. テレワーク

　働き続ける女性が増えているとはいえ、長期にわたる雇用、昇給、昇格・昇進について会社と暗黙の契約を結んでいない女性たちが、無制限に自身の時間とエネルギーを会社に提供することはない。依然として家庭内の仕事に対する多くの責任を負っている既婚女性にとって、それは不可能な要求でもある。では、女性はどのように働き続けているのだろうか。その1つが、テレワークである。テレワークとは、ICT技術を使い時間と場所を自由に選んで働く働き方である。自宅、自宅近くのリモート・オフィス、カフェやリゾート先でスマートフォンやPCといった情報端末を使い働く人をテレワーカー、あるいは遊牧民を意味するノマドワーカー等と呼ぶ[5]。ICT技術を使い本社と支社間、国際本社間で会議を行ったり、定席を決めず社内の仕事スペースを自由に選ぶフリーアドレス等もテレワークである。このような働き方は、女性に限らず働く人全般に広がりつつある。通勤時間の節約、オフィススペースの削減、ペーパレス化等のメリットがあるが、最も重要な効果は効率的に働くスキルや習慣を身に付けることである。多くの日本の会社では大部屋とよばれるオフィスレイアウトを採用してきた。個室と違い大部屋では誰が何をしているのかが常に一目でわかるため、良くも悪くもメンバーの顔色を伺いながら仕事をする習慣が身に付く。「上司が残っているので帰れない」という話はこれをよく表している。テレワークは個人で仕事を進めるため、そのような無駄がなく仕事を進めることができる。職場の人間関係の希薄化、人事評価の難しさという問題点は残されているものの、多様な働き方の1つとして注目される。

3. 自営業者とプライベート・コントラクター

　結婚や出産を機に退職した女性の多くは、正社員・非正社員として再び会社に戻るが、独立自営業者として働く人も少なくない。ICT技術の発達によって、大きな資源を持たない個人ができる情報の収集・加工・発信の範囲は飛躍的に拡大した結果、かつてなら会社でしかできなかったことが、個人でもできるようになった。データ入力、データ分析、翻訳、HP作成、デザイン、企画などの仕事をインターネットを介して受注し、自営型テレワーカーとして働く。彼女たちの多くは、かつては会社に勤め必要なスキルを身に付けたが退職し、再びそのスキルを使って仕事をしようとする。組織に所属しない彼女・彼らは、クラウド・ワーカーやプライベート・コントラクターと呼ばれる。

　このような働き方は決して新しいものではない。1960年代の高度成長期には、乳酸菌飲料ヤクルトの宅配を担うヤクルトレディや、学習研究社の学研レディが誕生した。彼女たちは、会社に雇われた被雇用者ではなく委託販売契約を結ぶ独立自営業者であり、その報酬は売上に比例する。奥野[264]はヤクルトレディの誕生の背景やその働き方を詳細に述べている。独立自営の働き方は、無制限に自身の時間とエネルギーを会社に提供することが難しい、あるいはそれをよしとしない女性の半自立的な働き方の1つである。

（奥野明子）

よりも大きく遅れていることを示している。（労働政策研究・研修機構[289]）。

(5) 国土交通省の調査では、雇用されている人の14.8%、自営業者の22.2%がテレワークを実施している（国土交通省[161]）。ノマド(nomad)とは、移動しながら牧畜によって生活する遊牧民のこと。

4. 女性のキャリア

キーワード
キャリア、マミートラック、ライフキャリア

1. キャリア

キャリア (career) という言葉は、ジーニアス英和大辞典によると、ラテン語の carrus を語源とし、car ＝車で、車の（競走）路から人生路を意味するものである。キャリアの問題について、最初に学問的に議論したのは1950年代の心理学である。それ以来、キャリア研究は社会学、教育学、経営学など、多くの分野で幅広く行われており、キャリアの捉え方も様々である。

キャリアは、一般的に次の三つの意味で捉えられている。一つは、外交官、弁護士、医者などの専門的職業を指すことである。二つ目は、一定期間に特定の仕事に携わった経験を指すことである。三つ目は、組織における地位を意味している (Hall[76])。

2. 働く女性のキャリアの問題

働く女性のキャリアの問題はいろいろな観点から論議されている。専門的職業に従事する女性については「キャリア・ウーマン」と呼ばれたりするが、働く女性は自己のキャリア発達を考える場合、男性と同様に、昇進や仕事経験の蓄積の問題に対応する必要がある。しかし、女性のキャリアの問題は、男性以上に複雑である。それは、結婚、出産、育児、配偶者の仕事への配慮、親の介護などの問題に対応しながら、仕事と家庭の両立を図らなければならないからである。その両立のために、日本の女性は、総合職ではなく一般職[1]を希望することが多い。総合職は総合的判断が必要な基幹業務であり、一般職は補助的な業務である。一般職は転勤が少ないので、家庭との両立を図りやすいメリットがある。

しかしながら、担当業務の種類と責任が少ないため、仕事の経験の幅が狭く、昇進スピードも遅いといった問題があり、キャリア発達の停滞をもたらすことにもなる。さらに、育児女性に対する支援が十分でない組織では、子どものいる女性は、職場に復帰しても短期間勤務や補助的業務を選択して、出世コースから外されるマミートラックにのることも多い。

近年、女性管理者の増加、育児への支援、男性と同等のキャリア育成、転勤への配慮など、多様な女性活躍推進施策に取り組む日本企業も多く出てきており、以上のキャリアの問題は多少緩和されつつある（奥林・平野[262]）。

3. ライフキャリア

以上のようなキャリアの捉え方は、組織に所属し有給労働をしている人々のキャリアに限定した考え方である。しかし、キャリアにはそれ以上に広いライフキャリアの概念がある。キャリアは職業に限定されるものではなく、人生の生き方そのものに関わっている。キャリアは、様々な要因と関連しながら、人

[1] 第12章2節参照。

生において発達し続けるのである。このライフキャリアについてはハンセンの考え方が代表的である。ハンセンによると、個人のキャリアは、自分自身や家庭や組織のコンテクストの中で、アイデンティティ、人生の役割、男女の役割、人間性などの発達を包括したものであり、個人のキャリア発達はそれ自体の発達だけではなく、地域共同体や国家や世界の改善なども考慮する必要がある。ハンセンは、男女が平等のパートナーとして協力し合うことが重要であるとしている(Hansen[86])。このように個人のキャリア発達は、個人を取り巻くすべての存在との一体化の過程であり、その一体化を達成することで個人のキャリアは理想の状態になり、豊かな人生を生きるのである。

　以上のライフキャリアの考え方は、二つの重要な点を示唆している。一つは、キャリアは、単なる職業、昇進、組織での有給の仕事などに限定されず、家庭での仕事、ボランティアワーク、地域活動、趣味活動など、すべての活動がその人のキャリアであり、生き方の表現ということである（宮城 [202]）。従来のキャリア研究では、有給労働をしていない女性のキャリアについて、この視点が欠けている。もう一つは、仕事とライフを切り離すことは不可能であり、ワークライフバランスの維持が重要ということである。特に、女性にとって、結婚、出産、育児、再就職、親の介護などの大きな課題を切り離して、仕事とキャリアを考えることは困難である。女性はこのような人生での多様な経験を活かして、男性とは異なる女性独自のキャリアを歩むのである。

　ギリガンは、女性の視点から道徳発達を分析して、ケアすることが女性の特徴であるとしている。彼女によると、男性は道徳概念の発達を正義と平等の論理に結びつけるのに対して、女性は責任とケアに結びつける(Gilligan[74])。すなわち、女性は諸権利よりも人間関係やケアを重視するということである。このことはキャリア発達で重要な視点を与える。他者をケアする女性の特徴は、看護や介護などの医療・福祉分野の仕事に適すると言えるからである。女性には、育児や介護によって職業キャリアを中断されたとしても、再度キャリアをスタートするとき、それまでの経験を活かして医療や福祉などの分野の仕事を選択するような新たなキャリアの可能性が広がるのである。

　近年、日本では、主婦業から医療や福祉の仕事へと職業キャリアを歩む女性が多くなってきている。例えば、ある女性は、夫の仕事でアメリカに渡り、ボランティアの発祥地であるクリーブランドでボランティア協会に登録して、夜の6時から9時まで障がい児施設で子どもの介助や折り紙を教えたりしていた。そして帰国後、1年間児童福祉を学び、非常勤で国語と言語訓練の指導を始めた。46歳のときに、現在の所属病院に勤務し、日給制で朝の8時から夜の9時までの非常勤職を続けている（矢澤・岡村 [386]134-135頁）。

　このように、女性のキャリア発達の問題については、職業に限定したキャリアではなく、ライフキャリアの視点を入れて統合的に考えることが必要なのである。

（李　超）

5. 仕事と男性性の多様性

キーワード
　　仕事、男性性、大黒柱

1. 戦後のサラリーマン・ドクサ

　戦後の長い間、公的で学術的な言説において、「サラリーマン」は日本人男性の典型的で平均的な表象となった。それゆえアメリカの社会学者エズラ・ヴォーゲルは大企業や官僚組織で働くホワイトカラーである「サラリーマン」について書き (Vogel[357], p.5)、「サラリーマンの新しい秩序は大組織の人々の生活様式にとどまらず、それ以外人々の生活に影響を与えるモデルとなった」(Vogel[355], p.268) と述べている。日本の文化人類学者中根千枝も *Japanese Society*[1] において同様に「サラリーマンは社会で重要な地位を占めるようになった」と主張した (Nakane[236], p.115)[2]。

　ヴォーゲルも中根もサラリーマン像は—日本人男性会社員の"現実"か"理想"かにかかわらず—ずっと重要であり続けているという。しかしながら、文化人類学者としては、以下の相互に関連する少なくとも二つの理由によって、そのような言説に疑問を呈さなければならない。一つは人々の階級にかかわり[3]、もう一つはジェンダーと「男性性」[4]の多様性にかかわっている。

2. 男性性の理論

　とりわけ1990年代以降、日本でも(伊藤[122])、それ以外でも(Connell[32])、研究者たちはフェミニストのジェンダー理論に影響されて男性性の複数性と男性のジェンダー・アイデンティティと体験の多様性を理論化するようになった。特にR.W.コンネルの研究が影響力をもった。彼はいくつかの男性性の一般的形態を分類した。それらは政治経済的かつイデオロギー的に有力な男性性の「ヘゲモニー的」な形態、それに従属的な男性性の「共犯的」な形態、従属に抵抗したため理想型的な男性／男性性から排除された男性性の「マージナル化された」形態である。コンネルらが論じたもう一つの重要な点は、ジェンダー・アイデンティティについての、体験され身体化された形成を研究する「実践理論」に触発されたアプローチである。つまり、政治的文化的イデオロギーや制度的システムを含む、より広い構造との相関関係においてジェンダー・アイデンティティをみる必要性である。

　これらの視点は会社や仕事に関する男性・男性性の多様性を理解しようとする人類学者にどのように役立つのだろうか。

3. 日本における仕事と男性性の複数性を再考する

　日本では「サラリーマン」は男性性の「ヘゲモニー的」な形態を表象すると言われている。それは政治的経済的にもっとも強力で、イデオロギー的にもっとも正当化された男性性の形態である。しかしながら、ダスグプタ(Dasgupta[37])のライフコースに関連する調査にみられるように、実際「サラ

---

[1]『タテ社会の人間関係―単一社会の理論』（中根[235]）にもとづく英語版。

[2] 日本の会社員のイメージ（自画像）をホワイトカラーで中流とみる見方が当たり前となり、疑問視されなくなった。その意味でドクサ（定説）といえる(Roberson & Suzuki[282])。

[3] 第3章2節参照。

[4] 男性性(masculinity)とは、女性性(femininity)との対応関係の中で、社会から期待される男性のあり方を意味する。社会的性差を意味するジェンダー（「男らしさ」）と重なる部分はあるが同じものではない。

リーマン」のすべてが同じではない。「サラリーマン」アイデンティティですら男性のライフコースにおいてたえず調整され形成されている。

　さらに、日本における労働者と職場の主要な言説は大企業の雇用に焦点を当て続けているが、実際のところ大多数の会社は中小企業であり、大多数の会社員もまた中小企業で働いている。このことは、男性が会社員として体験する労働[5]もまた——実際の労働と受ける賃金や福利の点でも——階級にかかわる多様性をもつ。

　かつて論じたように (Roberson[281])、以前調査したところの小企業に雇用されたブルーカラーは、コンネルが男性性の「共犯的」形態と呼んだものとして理解しうる。なぜなら、その会社の男性は——彼らの仕事や階級は「ヘゲモニー的」なサラリーマンに比べ特権的ではないにもかかわらず——女性に対して優越性をもつ男性の「ジェンダー支配」を支持するという共犯関係になるからである。

　しかしながら、ブルーカラーの労働者階級に属する男性や彼らの男性性は同じとは限らない。工場労働者の「共犯的」な男性性においてすら男性の実践とアイデンティティには差異がある。たとえば「労働知識」(Harper[87])は強力な肉体の行使をともなう男性と、あまり肉体労働をしなくてもよい男性とでは異なる。筆者が調査した工場で、ある日、プレス加工のオペレーターと宝飾職人が、新品の重い設備を工場に搬入する身体的に屈強な労働者たちに驚嘆したことがある。

　さらに、日本における日雇い労働者のマージナル化された男性性について記述したギル (Gill[73]) は、彼らの労働と雇用形態がこれまで述べてきたヘゲモニー的で共犯的な男性性の形態からはきわめて遠いものとなっていると指摘した。また、クック (Cook[33]) が指摘したように、「マージナル化された」男性の実践とアイデンティティの形態は、非正規雇用の「不安定」な労働形態におかれた男性たちのあいだに疑いもなく勃興しつつある。

4.「現実の男性」とみなされる男性の労働

　マシューズ (Mathews[182]) が論じているように、日本における男性性の実践やアイデンティティの形成には、男性性が「ヘゲモニー的」であれ、「共犯的」であれ、あるいは「マージナル化されたもの」であれ、何らかの文化的前提がある。たとえば、日本における大多数の男性や男性性にとって「現実の男性」は働き手であり、(潜在的に) 家族にとっての主たる経済的供給者、すなわち「大黒柱」である。仕事と雇用は男性の生活と男性的アイデンティティの構成において重要であり続けている（ロバーソン [283] [6] 参照）。

　人類学者としては、ある文化や社会に一つの男性性が存在するとみるのではなく、男性（女性）が彼ら（彼女ら）の生活や相互の関係、またより広いイデオロギー的・制度的な構造において形成されるジェンダーの実践やアイデンティティを実証的に調査する必要がある。そして、仕事や会社、経営について研究する人類学者は多様にジェンダー化された男性性について研究しなくてはならない。

　　　　　　　　　　　　　　（ジェイムス・E・ロバーソン、中牧弘允訳）

[5] 第3章2節参照。

[6] 日本における仕事や男性性に関する英語の文献を紹介している。

6. 会社の中の多様性

キーワード

ダイバーシティ、障害者雇用、LGBT

1. 多様性

会社では、様々な違いや類似性をもつ人々が関わり合いを持ちながら働いている。これまで、日本社会では、類似性を重視し阿吽の呼吸で通じる従業員を育て、管理してきた。それらは、細かな指示や強いリーダーシップを必要としないソフトなマネジメント[1]と呼ばれ、日本企業特有のマネジメントとされてきた。しかし、類似性の強調は、それから外れる異質な人の排除でもある。社会的に公平・公正、平等の意識が高まるにつれて、そのように脇に置かれてきた人々に目を向ける動きが高まっている。例えば、グローバル化が進む中、日本企業が海外に進出する際だけではなく、日本国内で働く外国人が増加しつつある。多様な性志向をもつLGBTの人々や、特定の能力を活かして働く障害者が増加している。会社のメンバーが様々な違いと類似性をもつ状態を多様性（ダイバーシティ）といい、それは近年、会社のマネジメントにとって重要なものとなっている。多様性が、会社に新しいアイデア、考え方、行動をもたらすと考えられるからだ。会社はこれまでの同質性の高い集団としての従業員の管理から、個々の多様性を重視するマネジメントへと変化しつつあるのである。

2. 障害者

障害者の雇用の促進等に関する法律（障害者雇用促進法）は、常時勤務する従業員数が50人以上の民間会社に対し、雇用する従業員の2.2％以上の障害者を雇用することを義務付けている[2]。障害者は、福祉作業所や特例子会社[3]とよばれる障害者ばかりが集まり働く場合と、一般の会社で健常者とともに働く場合がある。前者の事例として、株式会社ニッパツ・ハーモニー、株式会社ニコンつばさ（二神[68]）、楽天ソシオビジネス株式会社がある（川島[149]）。後者の事例として有名なのは、日本のチョークのシェア50％を製造する日本理化学工業株式会社である（小松[162]）。同社では63名の知的障害者が働く（全従業員85名、2018年現在）。時計を読むことが難しい従業員のために砂時計を使用したり、段ボールに真直ぐなテープを貼りやすくするために箱に線を印刷する等、ひとり一人の能力に応じた様々な工夫がなされている。

障害者の社会参加を進める動きは世界的に高まっており、障害者が健常者と同じように雇用され、働くことが可能となるよう進められている[4]。日本でも、障害のある人の雇用者数は約47万人であり、13年連続して増加し続けている（内閣府[216]）。

3. LGBT

LGBTとは、Lesbian（レズビアン）、Gay（ゲイ）、Bisexual（バイセクシャル）、Transgender（トランスジェンダー）の頭文字をとった、性的マイノリティ

---

(1) パスカル＝エイソス[269]はアメリカ企業の経営の特徴を戦略（strategy）、構造（structure）、システム（system）という「ハードなS」とした。それに対して日本企業のマネジメントを「ソフトなS」とし、スタイル（style）、人員配置方式（staffing）、スキル（skill）、共有された価値観（shared value）が特徴だとした。

(2) 2016年に法定雇用率を達成した企業の割合は48.8％である（川島[149]77頁）。

(3) 使用者が、障害のある人の雇用に特別な配慮をした支配的子会社を設立した場合、一定の基準を満たせばその子会社で雇用されている従業員を親会社に雇われているとみなして法定雇用率が計算できる。このような子会社を、特例子会社という。

(4) 2006年第61回国連総会で採択された「障害者権利条約」は労働・雇用を含む様々な生活の分野において障害のある人が、障害のない人と同じ権利を有すること謳っている。日本は2007年にこの条約に署名し、2013年に批准した。

の総称である[5]。調査によると人口の5%から7%はLGBTといわれ、それは13人から20人に1人に該当する。LGBTは、就職活動から始まる社会人生活でも十分に安心して働くことが容易ではない。戸籍上の性別、性自認（自分が認識する性）、性表現（行動様式、服装などに表される性）が一致しないトランスジェンダーは特に多くの困難に直面する。例えば、就職活動に不可欠な履歴書やエントリーシートの性別欄、リクルートスーツ、ネームプレート、面接の場での会話など性別に関わる事は多い。就職してからも、トイレや更衣室の利用、名刺、服装、健康診断、福利厚生の利用基準等も性別に関わる。これらの場面で、LGBTは疎外感や違和感が生じ、安心して働き続けることができないことがある。

2015年に東京都渋谷区が同性のパートナーシップを認め、その後世田谷区、兵庫県宝塚市等複数の自治体がそれに続いた。また、2017年には日経連が提言書「ダイバーシティ・インクルージョン社会の実現に向けて」を発表した。このような社会の変化を受け、会社もLGBTに配慮した環境づくりを始めた。具体的な例として、ここではトイレを取り上げよう。株式会社LIXILと特定非営利活動法人虹色ダイバーシティ[6]の調査よると、トランスジェンダーの6割以上が「職場や学校のトイレ利用に困る・ストレスを感じる」と答えている（LIXIL[177]）。性自認に合うトイレの使用や、性別を問わずに使える共有トイレ（「みんなのトイレ」「だれでもトイレ」）の使用を希望する声がある。ラッシュジャパンは、社内のトイレサインを変更し、誰でも使えることをわかりやすく示した（東他[94]）。また、「女性は赤、男性は青」という性別を伴う色分けにも配慮し、用途を表示するように工夫した。人は2色ではなく様々な色をもつ。LGBTのトレードマークである虹色は、それを示している。

4. 国籍、宗教、文化

ここでは障害者とLGBTを取り上げたが、それ以外にも国籍、宗教、文化のダイバーシティがあげられる。2017年に日本で働く外国人は約128万人であり、これは前年度比18.0%の増加である。国籍でみると中国が最も多く（29.1%）、これにベトナム（18.8%）、フィリピン（11.5%）と続く（厚生労働省[167]）。彼ら・彼女ら、そしてその家族は、自分たちの国とは異なる文化、習慣をもつ日本の会社で働き、そして社会で暮らしている。

もちろん、多様な性、人種、身体的な特徴をもつ人々がこれまでに日本の会社の中にいなかったわけではない。女性はこれまでにもずっと会社で働いてきた。先述の日本理化学工業が初めて知的障害者を雇用したのは1960年である。日本で暮らす外国人が日本人と一緒に働いてきたことも言うまでもない。ダイバーシティをことさらに強調する経営学の視点ではなく、そのような人々が会社の中でどのように働いてきたのかを丁寧にみる経営人類学の視点が重要な意味をもつであろう。

（奥野明子）

---

[5] 性的対象がどの性であるか（「男（女）を好きだ」）を表すものを性的指向、自分が認識する性（「私は男（女）である」）のかを性自認、行動、振舞い、服装などに表現される「らしさ」のことをジェンダー表現、出産時の外性器の形態など生物学的・解剖学的特徴を性的特徴という。これらのそれぞれの次元がグラデーションの状態で一人ひとりの個性を形成する。LGBTに限らず、すべての人が異なる性をもつ多様な存在である。

[6] 虹色ダイバーシティは2012年に設立、2013年に法人化した特定非営利活動法人。調査、講演活動、企業・教育現場での研修などを通じてLBGT等の性的マイノリティがいきいきと働ける職場づくりを目的として活動する。

こらむ COLUMN コラム
旅館女将考

　旅館女将とはどんな存在なのかを考えてみたい。女将を辞書で引くと「旅館、料亭、料理屋などの女主人の総称。旅館女将の場合には、接遇や施設運営に関する最高責任者としての役割を持つことが多い」と記述されている。女将の手腕によってその施設の評価が決まるとさえ言われるとも書かれている。旅館の女将は日本旅館の歴史と共に発展してきたが、女将の歴史的ルーツを整理したものは少ない。女将の役割は旅館における「全体のもてなしのコーディネーター」であり、その存在は明治時代からであると主張する学者もある。その一方、江戸の昔から主人が一人で商（あきない）の一切を取り仕切ってきただろうが、その陰には必ず女将と呼ばれる"女主人"が一家の大黒柱として存在していたはずだという主張もある。旅館女将は、接客から送り迎え、女中の面倒、そして料理の面までさまざまな役割を果たしている。ホテルの場合に例えれば、リーダーであり、調理長であり、そして"サービス・教育訓練担当者"であったと言えよう。現在でもこの体質に大きな変化は見られない。それがまた旅館業の特徴でもある。しかし、女将制度を置かない旅館も多数ある。

　現在の世間一般に言われる女将の役割は歴史によって異なっているようにみえる。何代も引き継いで宿を伝承している女将の話を聞くと、何十年か前までは、旅館はその場で、どのような顧客を受け入れるのかを察知しながら、料理などのサービス内容を変えたりしたという。特に京都の場合には、当然ながら今のように一定の決まった料理を出すのではなく、いくつかの仕出し屋と提携し、その日の顧客に合わせて料理をコーディネートしていた。女将という呼称も、世間から呼ばれるようになったといわれており、実際に仲居さんからは「おかあさん」と呼ばれているところが現在もある。大勢の女将が宿のおかあさんのような役割を果たしてきたようである。では、女将の起源はどこにあるのか？ 笠谷[143]によれば、「家刀自（いえとじ）」にあるという。家刀自とは"家閉じ"を語源とすると推測される。家という概念から家の戸締りを担当する女性が家刀自である。家の開け閉めの最終責任者として、家の運営にあたり、客をもてなすのが家刀自である。それは中世以前から引き継いだ日本の家族の特徴であると日置[98]は解釈している。旅館組織の大きな特徴として「家」という概念が根強くある。

（姜　聖淑）

参 考 文 献

[1] 阿部謹也『近代化と世間―私が見たヨーロッパと日本―』朝日新聞出版社，2006年.
[2] 阿部真大『搾取される若者たち―バイク便ライダーは見た！』集英社，2005年.
[3] 安部陽子「日本での就労時に留学生が持つ違和感の調査報告：日本人学生との対照分析を通して」，『地球社会統合科学研究』8号，2018年，1–12頁.
[4] Abegglen, J. C., *The Japanese Factory*. Free Press, 1958.
[5] アベグレン，J. C.（山岡洋一訳）『日本の経営（新訳版）』日本経済新聞社，2004年（原著 Abegglen ［4］）.
[6] アドラー，N. J.（桑名義晴・江夏健一訳）『異文化組織のマネジメント』マグロウヒル出版，1992年（原著 Adler, N J., *International dimensions of organizational behavior*, 2nd ed., PWS-KENT Pub. Co., 1991）.
[7] アレン，R. C.（眞嶋史叙他訳）『世界史のなかの産業革命：資源・人的資本・グローバル経済』名古屋大学出版会，2017年（原著 Allen, R. C., *The British industrial revolution in global perspective*, Cambridge University Press, 2009）.
[8] アリスン，A.（実川元子訳）『菊とポケモン：グローバル化する日本の文化力』新潮社，2010年（原著 Allison, A., *Millennial monsters : Japanese toys and the global imagination*, University of California Press, 2006）.
[9] Allison, A, *Precarious Japan*, Duke University Press, 2013.
[10] 青木昌彦・ヒュー，P. 編『日本のメインバンク・システム』東洋経済新報社，1996年.
[11] 青木保『「日本文化論」の変容：戦後日本の文化とアイデンティティー』中公文庫，1999年.
[12] 青木保『儀礼の象徴性』岩波現代文庫，2006年.
[13] 有馬敏則「『三方よし』と『陰徳善事』」，『彦根論叢』滋賀大学経済学会，386号，2010年，118–130頁.
[14] Atsumi, R., "Tsukiai—Obligatory Personal Relationships of Japanese White-collar Company Employees", *Human Organization*, 38(1), 1979, pp. 63–70.
[15] バーナード，C. I.（山本安次郎・田杉競・飯野春樹訳）『新訳 経営者の役割』ダイヤモンド社，1968年（原著 Barnard, C. I., *The functions of the executive*, Harvard University Press, 1938）.
[16] バーンズ，S.（西田俊子・野口直樹訳）『家庭株式会社』プレジデント社，1978年（原著 Burns, S., *Home, inc.: the hidden wealth and power of the American household*, Doubleday, 1975）.
[17] バチュラー，R.（楠井敏朗・大橋陽訳）『HENRY FORD フォーディズム：大量生産と20世紀の産業・文化』日本経済評論社，1998年（原著 Batchelor, R., *Henry Ford, mass production, modernism and design*, Manchester University Press, 1994）.
[18] ベラー，R. N.（池田昭訳）『徳川時代の宗教』岩波書店，1996年（原著 Bellah, R. N., *Tokugawa religion : the cultural roots of modern Japan*, Free Press, 1957）.
[19] Bessen, J., *Learning by Doing: The Real Connection between Innovation, Wages, and Wealth*, Yale University Press, 2015.
[20] ブレーク，R. R.・ムートン，J. S.（田中敏夫・小見山澄子訳）『新・期待される管理者像』産業能率大学出版部，1979年（原著 Blake, R. R. and Mouton, J. S., *The New Managerial Grid: strategic new insights into a proven system for increasing organization productivity and individual effectiveness, plus a revealing examination of how your managerial style can affect your mental and physical health*, Gulf Pub. Co., Book Division, 1978）.

[21] ブレグマン，R.（野中香方子訳）『隷属なき道：AIとの競争に勝つベーシックインカムと一日三時間労働』文藝春秋，2017年（原著 Bregman, R. *Gratis geld voor iedereen, En nog vijf grote ideeën die de wereld kunnen veranderen,* de Correspondent, 2014）.

[22] Brinton, M., *Lost in Transition: Youth, Work, and Instability in Postindustrial Japan*, Cambridge University Press, 2011.

[23] ブラウン，J. S. 他（高橋正泰・高井俊次監訳）『ストーリーテリングが経営を変える―組織変革の新しい鍵』同文館出版，2007年（原著 Brown, J. S., *Storytelling in organizations: why storytelling is transforming 21st century organizations and management*, Elsevier Butterworth-Heinemann, 2005）.

[24] ブリニョルフソン，E.・マカフィー，A.『機械との競争』（村井章子訳）日経BP，2013年（原著 Brynjolfsson, E. and McAfee, A., *Race against the machine: how the digital revolution is accelerating innovation, driving productivity, and irreversibly transforming employment and the economy*, Digital Frontier Press, 2011）.

[25] チャペック，K.（千野栄一訳）『ロボット（R.U.R.）』岩波文庫，2003年（原著 Čapek, K., *R.U.R (Rossum's Universal Robots)*, 1920）.

[26] チャンドラー，A.（有賀裕子訳）『組織は戦略に従う』ダイヤモンド社，2004年（原著 Chandler, A. D., *Strategy and structure: chapters in the history of the industrial enterprise*, M.I.T. Press, 1962）.

[27] 陳其南「日本・中国・西洋社会の比較―伝統的家族制度と企業組織」『月刊中国図書』第3巻，第3号～第4号，1991年.

[28] 中小企業研究センター編『中小企業における世代交代と次世代経営者の育成』調査研究報告 No.109，2002年.

[29] 中小企業金融公庫総合研究所編『事業継承を契機とした経営革新』中小公庫レポート No. 2008-1, 2008年.

[30] 中小企業庁編『中小企業白書2001年版』ぎょうせい，2001年.

[31] 中小企業庁『2018年版中小企業白書』http://www.chusho.meti.go.jp/pamflet/hakusyo/H30/PDF/h30_pdf_mokujityuu.htm，2018年6月11日閲覧.

[32] Connell, R. W., *Masculinities*, University of California Press, 1995.

[33] Cook, E. E., *Reconstructing Adult Masculinities: Part-time Work in Contemporary Japan,* Routledge, 2016.

[34] コルバン，A.（渡辺響子訳）『レジャーの誕生』藤原書店，2000年（原著 Corbin, A., *L'avènement des loisirs, 1850-1960*, Aubier, 1995）.

[35] クレイナー，S.（嶋口充輝編・監訳，岸本義之・黒岩健一郎訳）『マネジメントの世紀 1901～2000』東洋経済新報社，2000年（原著 Crainer, S. and Pasternack, B. A., *The Management Century: a critical review of 20th century thought and practice*, Jossey-Bass, 2000）.

[36] チクセントミハイ，M.（今村浩明訳）『フロー体験喜びの現象学』世界思想社，1996年（原著 Csikszentmihalyi, M., *Flow: the psychology of optimal experience*, Harper & Row, 1990）.

[37] Dasgupta, R., *Re-Reading the Salaryman in Japan: Crafting Masculinities*, Routledge, 2013.

[38] デシ，E.・フロスト，R.（櫻井茂男訳）『人を伸ばす力―内発と自律のすすめ』新曜社，1999年（原著 Deci, E. L. and Flaste, R., *Why We Do What We Do: the dynamics of personal autonomy*, Putnam's Sons, 1995）.

[39] 出口正之「価値表明の『憲章』としての『会社神話』―サントリーの『やってみなはれ』」，日置弘一郎・中牧弘允編『会社神話の経営人類学』東方出版，2012年.

[40] 出口竜也「阿波踊り―不況吹き飛ばす心意気」中牧弘允・日置弘一郎・廣山謙介・住原則也・三井泉他著・田主誠画『会社じんるい学 Part II』東方出版，2003年，39–41頁.

[41] デミング, W. E.（NTT データ通信品質管理研究会訳）『デミング博士の新経営システム論』NTT 出版, 1996 年（原著 Deming, W. E., *The new economics for industry, government, education, 2nd ed.*, Massachusetts Institute of Technology, Center for Advanced Engineering Study, 1994）.

[42] デネット, D. C.（山口泰司訳）『解明される意識』青土社, 1997 年（原著 Dennett, D. C., *Consciousness Explained*, Little, Brown and Co., 1991）.

[43] デカルト, R.（谷川多佳子訳）『方法序説』岩波書店, 1997 年（原著 Descartes, R., *Discours de la Méthode*, 1637）.

[44] 株式会社ディスコ『外国人留学生／高度外国人材の採用に関する企業調査』2017 年. https://www.disc.co.jp/wp/wp-content/uploads/2017/12/2017kigyou-gaikoku-report.pdf, 2018 年 8 月 10 日閲覧.

[45] Ditton, H., "Why do the French take such long lunch breaks?", The Local, 28 April 2016. https://www.thelocal.fr/20160428/why-do-the-french-take-such-long-lunch-break, 2019 年 3 月 14 日閲覧.

[46] Dore, Ronald E. *British Factory-Japanese Factory: The Origins of National Diversity on Industrial Relations*, University of California Press, 1973.

[47] 竇少杰・河口充勇「『三方よし』理念と事業承継―ツカキグループの 150 年」『立命館経営学』第 55 巻, 第 3 号, 2016 年, 129–151 頁.

[48] ドラッカー, P. F.（上田惇生訳）『ネクスト・ソサエティ：歴史が見たことのない未来がはじまる』ダイヤモンド社, 1968 年（原著 Drucker, P. F., *Managing in the next society*, St. Martin's Press, 2002）.

[49] ドラッカー, P. F.（上田惇生訳）『マネジメント［エッセンシャル版］―基本と原則―』ダイヤモンド社, 2001 年（原著 Drucker, P. F., *Management : tasks, responsibilities, practices*, Harper & Row, 1974）.

[50] ドラッカー, P. F.（上田惇生訳）『現代の経営［上］』（ドラッカー名著集 2）ダイヤモンド社, 2006 年（原著 Drucker, P. F., *The Practice of Management*, Harper & Row, 1954）.

[51] デュルケム, E.（井伊玄太郎訳）『社会分業論 上・下』講談社学術文庫, 1989 年（原著 Durkheim, E., *De la Division du Travail Social*, Félix Alcan, 1893）.

[52] デュルケーム, E.（山崎亮訳）『宗教生活の基本形態：オーストラリアにおけるトーテム体系 上・下』, ちくま学芸文庫, 2014 年（原著 Durkheim, E., *Les formes élémentaires de la vie religieuse: le système totémique en Australie*, Félix Alcan, 1912）.

[53] 海老原嗣生『「ＡＩで仕事がなくなる」論のウソ：この先 15 年の現実的な雇用シフト』イースト・プレス, 2018 年.

[54] Ellick, C. and Watkins, J., *The Anthropology Graduate's Guide*, Routledge, 2011.

[55] Eurest, *2016 Eurest European Eating at Work Report*, Compass Group PLC, 2016.

[56] フォード, M.（松本剛史訳）『ロボットの脅威：人の仕事がなくなる日』日本経済新聞出版社, 2015 年（原著 Ford, M., *Rise of the Robots : technology and the threat of a jobless future*, Basic Books, 2015）.

[57] フリーマン, R. E.・ハリソン, J. S.・ウィックス, A. C.（中村瑞穂訳）『利害関係者志向の経営：存続・世評・成功』白桃書房, 2010 年（原著 Freeman, R. E., Harrison, J. S. and Wicks, A. C., *Managing for Stakeholders: survival, reputation, and success*, Yale University Press, 2007）.

[58] フレイ, C. B.・オズボーン, M. A.「日本におけるコンピューター化と仕事の未来」野村総合研究所, 2015 年.

[59] フリードマン, M.（児玉聡訳）「ビジネスの社会的責任とはその利潤を増やすことである」, ビーチャム, T.・ボウイ, N. 編（加藤尚武監訳）『企業倫理学 1：倫理的原理と企業の社会的責任』晃洋書房, 2005 年, 83–91 頁（原著 Beauchamp, T.L. and Bowie, N.E. (eds.) *Ethical Theory and Business*, 5th ed., Prentice-Hall, 1997）.

[60] フロム, E.（日高六郎訳）『自由からの逃走』東京創元社, 1965 年.（原著 Fromm, E., *Escape from Freedom*, Rinehart, 1941）.

[61] 藤本昌代「転職者と初職継続者の職業達成の比較」，阿形健司編『働き方とキャリア形成』（科学研究費補助金 特別推進研究「現代日本階層システムの構造と変動に関する総合的研究」成果報告書），社会階層と社会移動2005調査研究会（研究代表者 佐藤嘉倫 東北大学），2008年，1–20頁．

[62] 藤本昌代「経営理念の異文化伝播」，住原則也・三井泉・渡邊祐介編，経営理念継承研究会著『経営理念：継承と伝播の経営人類学的研究』PHP研究所，2008年．

[63] 藤本昌代・河口充勇『産業集積地の継続と革新―京都伏見酒造業への社会学的接近』文眞堂，2010年．

[64] 藤本昌代「開放的社会構造における多様な人的ネットワークの交差―米国・シリコンバレーのフィールドワーク調査より―」『経済学論叢』第64巻，第4号，147–171頁，2013年．

[65] 藤田誠久編『社史の研究：日本企業成長の軌跡』有斐閣，1990年．

[66] 船曳健夫『「日本人論」再考』講談社学術文庫，2010年．

[67] 古畑和孝『社会心理学小辞典』有斐閣，1994年．

[68] 二神恭一・二神常爾・二神枝保『障害者雇用とディスアビリティ・マネジメント』中央経済社，2017年．

[69] ガナシア, J.-G.（伊藤直子・小林重裕訳）『そろそろ，人工知能の真実を話そう』早川書房，2017年（原著 Ganascia, Jean-Gabriel, *Le mythe de la singularité : faut-il craindre l'intelligence artificielle?*, Éditions du Seuil, 2017）．

[70] 弦間明・小林俊治監修，日本取締役協会編『江戸に学ぶ企業倫理―日本におけるCSRの源流』生産性出版，2006年．

[71] ファン・ヘネップ，A.（綾部恒雄・綾部裕子訳）『通過儀礼』岩波文庫，2012年（原著 van Gennep, A., *Les rites de passage*, É. Nourry, 1909）．

[72] グース，A. D.（堀出一郎訳）『企業生命力』日経BP社，2002年（原著 Geus, A. D., *The living company*, Harvard Business School Press, 1997）．

[73] Gill, T., "When Pillars Evaporate: Structuring Masculinity of the Japanese Margins", Roberson, J. E. and Suzuki, N. (eds.), *Men and Masculinities in Contemporary Japan: Dislocating the Salaryman Doxa*, Routledge Curzon, 2003.

[74] ギリガン，C.（岩男寿美子監訳・生田久美子・並木美智子共訳）『もうひとつの声―男女の道徳観のちがいと女性のアイデンティティ―』川島書店，1986年（原著 Gilligan, C., *In a Different Voice : psychological theory and women's development*, Harvard University Press, 1982）．

[75] 後藤俊夫『三代，100年潰れない会社のルール』プレジデント社，2009年．

[76] Hall, D. T., *Careers in Organizations*, Scott Foresman and Company, 1976.

[77] 濱口惠俊『「日本らしさ」の再発見』日本経済新聞社，1977年．

[78] 濱口惠俊『間人主義の社会日本』東洋経済新報社，1982年．

[79] 濱口惠俊『「人間らしさ」の再発見』講談社学術文庫，1988年．

[80] 濱口惠俊『日本研究原論―「関係体」としての日本人と日本社会』有斐閣，1998年．

[81] 濱口桂一郎『新しい労働社会―雇用システムの再構築へ』岩波書店，2009年．

[82] 濱口桂一郎『若者と労働―「入社」の仕組みから解きほぐす』中公新書ラクレ，2013年．

[83] 濱野智史『アーキテクチャの生態系』NTT出版，2008年．

[84] 濱嶋朗・竹内郁郎・石川晃弘編『社会学小辞典』有斐閣，1993年．

[85] 濱嶋朗『社会心理学事典』有斐閣，1997年．

[86] Hansen, L. S., *Integrative Life Planning: Critical Tasks for Career Development and Change Life Patterns*, Jossey-Bass Publishers, 1997.

[87] Harper, Douglas, *Working Knowledge: Skill and Community in a Small Shop*, University of California Press, 1987.

[88] 長谷川貴彦『産業革命』（世界史ブックレット116）山川出版社，2012年．

[89] 波頭亮『ＡＩとＢＩはいかに人間を変えるのか』幻冬舎，2018年．

[90] 林純子「イスラム教の女性が頭に巻くヒジャーブを理由にアルバイト不採用」，弁護士ドットコムニュース，2017年11月5日．https://www.bengo4.com/c_16/n_6900/，2018年8月15日閲覧．

[91] 間宏『日本的経営の系譜』文眞堂，1963 年．
[92] 間宏『日本労務管理史研究―経営家族主義の形成と展開―』御茶の水書房，1978 年．
[93] ヘーシオドス（松平千秋訳）『仕事と日』岩波文庫，1986 年（原著 Hesiod, West, M.L. (ed.), *Works and Days*, Clarendon Press, 1978）．
[94] 東優子・特定非営利活動法人虹色ダイバーシティ・特定非営利活動法人 ReBit『トランスジェンダーと職場環境ハンドブック～誰もが働きやすい職場づくり～』日本能率協会マネジメントセンター，2018 年．
[95] 姫岡とし子他編『労働のジェンダー化』平凡社，2015 年．
[96] 日置弘一郎「社縁共同体の現在」，中牧弘允編『共同体の二〇世紀』ドメス出版，1998 年．
[97] 日置弘一郎・森雄繁・高尾義明・太源有『日本企業の「副」の研究―補佐・代行・支援・・・』白桃書房，1998 年．
[98] 日置弘一郎『女性事務補助職の総合的研究』文部省科学研究費補助金研究成果報告書，1999 年．
[99] 日置弘一郎『経営学原理』エコノミスト社，2000 年．
[100] 日置弘一郎「社内閥―趣味で集まる時代は終わった」，中牧弘允他『会社じんるい学 PART Ⅱ』東方出版，2003 年．
[101] 廣山謙介「葬儀の歴史―大商家の場合」中牧弘允編『社葬の経営人類学』東方出版，1999 年．
[102] ハーシュマン，A. O.（矢野修一訳）『離脱・発言・忠誠：企業・組織・国家における衰退への反応』ミネルヴァ書房，2005 年（原著 Hirschman, A. O., *Exit, Voice, and Loyalty : responses to decline in firms, organizations, and states*, Harvard University Press, 1970）．
[103] ホッジス，A.（土屋俊・土屋希和子訳）『エニグマ―アラン・チューリング伝』上・下，勁草書房，2015 年（原著 Hodges, A., *Alan Turing: the enigma*, Princeton University Pres, 2012）．
[104] ホイチョイ・プロダクションズ『気まぐれコンセプト 完全版』小学館，2016 年．
[105] Hornyak, T. N., *Loving the Machine: The Art and Science of Japanese Robots*, Kodansha International, 2006.
[106] シュー，F. L. K.（作田啓一・浜口恵俊訳）『比較文明社会論：クラン・カスト・クラブ・家元』培風館，1971 年（原著 Hsu, F. L. K., *Clan, Caste, and Club*, Van Nostrand, 1963）．
[107] 伊庭保『ソニー財務戦略史』日経事業出版センター，2017 年．
[108] 市川文彦「「社食」機能のフランス型拡充プロセス―経営家族主義から新・社会的同志愛へ」，中牧弘允・日置弘一郎編『会社のなかの宗教―経営人類学の視点』東方出版，2009 年．
[109] 市川文彦「社内スポーツクラブの企業経営史―近代フランスの事例」，市川文彦・澤野雅彦他『スポーツの経営史』関西学院大学出版会，2014 年．
[110] 伊賀隆『商人国家の条件』PHP，1981 年．
[111] 飯田史彦『日本的経営の論点：名著から探る成功原則』PHP 新書，1998 年．
[112] 生駒孝彰『インターネットの中の神々：21 世紀の宗教空間』平凡社新書，1999 年．
[113] インゴルド，T.（金子遊・水野友美子・小林耕二訳）『メイキング：人類学・考古学・芸術・建築』左右社，2017 年（原著 Ingold, T., *Making : anthropology, archaeology, art and architecture*, Routledge, 2013）．
[114] 井上順孝・国際宗教研究所編『インターネット時代の宗教』新書館，2000 年．
[115] 井上達彦『模倣の経営学：偉大なる会社はマネから生まれる』日本経済新聞新報社，2015 年．
[116] 井上智洋『ＡＩ時代の新・ベーシックインカム論』光文社新書，2018 年．
[117] 株式会社インテージリサーチ『平成 25 年度育児休業制度等に関する実態把握のための調査研究事業報告書』2014 年．
[118] 石黒格編著『変わりゆく日本人のネットワーク：ICT 普及期における社会関係の変化』勁草書房，2018 年．
[119] 石井淳蔵『マーケティングの神話』日本経済新聞社，1993 年．
[120] 石井研士『銀座の神々』新曜社，1994 年．

[121] 磯村和人『組織と権威』文眞堂，2000 年．

[122] 伊藤公男『男性学入門』作品社，1996 年．

[123] 伊藤公雄・牟田和恵『ジェンダーで学ぶ（全面改定版）』世界思想社，2015 年．

[124] 伊藤泰信「学という市場，市場のなかの学―人類学とその外部環境をめぐって」，織田竜也・深田淳太郎編『シリーズ来るべき人類学―経済からの脱出』春風社，2009 年，25–55 頁．

[125] 伊藤泰信「エスノグラフィを実践することの可能性―文化人類学の視角と方法論を実務に活かす」，『組織科学』第 51 巻，第 1 号，2017 年，30–45 頁．

[126] 伊藤靖史・大杉謙一・田中亘・松井秀征『会社法（第 4 版）』有斐閣，2018 年．

[127] 岩井洋「ドジョウを飼い馴らす方法―サムスングループ（韓国）の『メッセージ経営』―」，三井泉編著『アジア企業の経営理念：生成・伝播・継承のダイナミズム』文眞堂，2013 年．

[128] Iwai, H., "Management of Secret in Religion and Company", Nakamaki, H., Hioki, K., Mitsui, I. and Takeuchi Y. (eds.) *Enterprise as an Instrument of Civilization: An Anthropological Approach to Business Administration*, Springer, pp. 119–129, 2016.

[129] 岩井克人『ヴェニスの商人の資本論』ちくま学芸文庫，1992 年．

[130] 岩井克人『会社はだれのものか』平凡社，2005 年．

[131] 岩井克人『企業はこれからどうなるのか』平凡社（平凡社ライブラリー），2009 年．

[132] 岩井正浩『これが高知のよさこいだ！いごっそとハチキンの熱い夏』岩田書院，2006 年．

[133] 岩本敏男監修『世界のペイメントカード（第 3 版）』2014 年，カードウエーブ．

[134] 岩村暢子『残念和食にもワケがある』中央公論新社，2018 年．

[135] 岩田龍子『日本的経営の編成原理』文眞堂，1977 年．

[136] 岩田龍子『日本の経営組織』講談社，1985 年．

[137] 神社新報社編『企業の神社』神社新報社，1986 年．

[138] Jones, S. E., *Against Technology: From the Luddites to Neo-Luddism*, Routledge, 2006.

[139] Jordan, A. *Business Anthropology*, Waveland Press, 2003.

[140] 金子郁容他・NIFTY ネットワークコミュニティ研究会企画『電縁交響主義―ネットワークコミュニティの出現』NTT 出版，1997 年．

[141] 金子勇「高齢者の自立促進要因と QOL」，『現代社会学研究』16 巻，2003 年，63–83 頁．

[142] 神崎宣武『経営の風土学―佐伯勇の生涯』河出書房新社，1992 年．

[143] 笠谷和比古編『公家と武家 II―「家」の比較文明史的考察』思文閣出版，1999 年．

[144] 春日直樹『なぜカイシャのお偉方は司馬遼太郎が大好きなのか？―カイシャ人類学のススメ』小学館，2005 年．

[145] 片岡信之・齊藤毅憲・佐々木恒男・高橋由明・渡辺峻『はじめて学ぶ人のための経営学 ver.3』文眞堂，2015 年．

[146] 片山修『技術屋の王国：ホンダの不思議力』東洋経済新報社，2017 年．

[147] 河口充勇・竇少杰「京都老舗企業の事業承継に関する一考察―株式会社半兵衛麩を事例として」，『同志社社会学研究』第 17 号，2013 年，1–15 頁。

[148] 河合清子『ねぶた祭"ねぶたバカ"たちの祭典』角川新書，2010 年．

[149] 川島薫『障がい者の能力を戦力にする　新しいカタチの「特例子会社」』中央公論新社，2018 年．

[150] 経営学史学会編『経営学史事典』文眞堂，2002 年．

[151] ケインズ，J. M.「孫の世代の経済的可能性」，山岡洋一訳『ケインズ説得論集』日本経済新聞出版社，2010（原著 Kenyes, J.M., *Essays in Persuasion*, Macmillan, 1931）．

[152] キム，W. C.・モボルニュ，R.（入山章栄監訳・有賀裕子訳）『［新版］ブルー・オーシャン戦略：競争のない世界を創造する』ダイヤモンド社，2015 年（原著 Kim, W. C. and Mauborgne, R., *Blue Ocean Strategy: how to create uncontested market space and make the competition irrelevant*, expanded edition, Harvard Business Review Press, 2015）．

[153] 木本喜美子『女性労働とマネジメント』勁草書房，2003 年．

[154] 木本喜美子「企業社会の変容とジェンダー秩序」，木本喜美子・大森真紀・室住眞麻子編著『社会政策のなかジェンダー（講座現代の社会政策第4巻）』明石書店，2010年．

[155] 近畿経済産業局『中小製造業のためのロボット導入促進ガイドブック』近畿経済産業局，2016年．

[156] 北方雅人・久保俊介『稲盛流コンパ』日経BP社，2015年．

[157] 北村正仁「『オリンパス経営不祥事』に関する事例研究－企業グローバリゼーションの観点から－」，『経世論集』43号，日本大学大学院経済学研究科大学院協議会，2018年，19–40頁．

[158] クニッゲ，A. F. v.（服部千佳子訳）『コミュニケーションの秘訣：超訳 人間交際術』イースト・プレス，2014年（原著 Knigge, A. F. v., *Über den Umgang mit Menschen*, Schmidt, 1788）．

[159] ケストラー，A.（日高敏隆・長野敬訳）『機械の中の幽霊』ちくま学芸文庫，1995年（原著 Koestler, A., *Ghost in the Machine*, Hutchinson, 1967）．

[160] Koike K., "The Formation of Worker Skill in Small Japanese Firms", *Japanese Economic Studies*, Summer, 1983, pp. 3–57.

[161] 国土交通省都市局都市政策課 都市環境政策室『平成29年度テレワーク人口実態調査 調査結果の概要』2018年．http://www.mlit.go.jp/crd/daisei/telework/docs/29telework_jinko_jittai_gaiyo.pdf，2019年3月14日閲覧．

[162] 小松成美『虹色のチョーク』幻冬舎，2017年．

[163] Kondo, D., *Crafting Selves: Power, Gender and Discourses of Identity in a Japanese Workplace*, University of Chicago Press, 1990.

[164] 今野晴貴『ブラック企業―日本を食いつぶす妖怪』文春新書，2012年．

[165] 厚生労働省「平成29年簡易生命表の概況」https://www.mhlw.go.jp/toukei/saikin/hw/life/life17/dl/life17-02.pdf，2018年8月24日閲覧．

[166] 厚生労働省『平成29年賃金構造基本統計調査 結果の概況』http://www.mhlw.go.jp/toukei/itiran/roudou/chingin/kouzou/z2017/dl/04.pdf，2018年6月11日閲覧．

[167] 厚生労働省「『外国人雇用状況』の届出状況まとめ（平成29年10月末現在）」https://www.mhlw.go.jp/stf/houdou/0000192073.html，2019年3月14日閲覧．

[168] 小山修三・岡田康博『縄文時代の商人たち―日本列島と北東アジアを交易した人びと』洋泉社，2000年．

[169] 久保真人『バーンアウトの心理学―燃え尽き症候群とは』サイエンス社，2004年．

[170] 熊倉功夫「人生と趣味」，宮田登・新谷尚紀編『往生考―日本人の生・老・死』小学館，2000年．

[171] カーツワイル，R.（井上健他訳）『ポスト・ヒューマン誕生：コンピュータが人類の知性を超えるとき』NHK出版，2007年（原著 Kurzweil, R., *The Singularity is Near: when humans transcend biology*, Viking, 2005）．

[172] 楠田喜宏「産業用ロボット技術発展の系統化調査」，国立科学博物館 産業技術史資料情報センター『国立科学博物館 技術の系統化調査報告』第4集，国立科学博物館，2004年，1–46頁．

[173] レイヴ，J.・ウェンガー，E.（佐伯胖訳）『状況に埋め込まれた学習：正統的周辺参加』産業図書，1993年（原著 Lave, J. and Wenger, E., *Situated Learning: legitimate peripheral participation*, Cambridge University Press, 1991）．

[174] レヴィ＝ストロース，C.（山口昌男・渡辺守章訳）『仮面の道』新潮社，1977年（原著 Lévi-Strauss, C., *La voie des masques*, A. Skira, 1975）．

[175] レヴィン，K.（猪股佐登留訳）『社会科学における場の理論』誠信書房，1956年（原著 Lewin, K., *Field Theory in Social Science : selected theoretical papers*, Harper, 1951）．

[176] *L'Expansion*, FRANCE, le 26 mars 2003.

[177] 株式会社LIXIL「TOPICS だれもが安心して快適に利用できるパブリックトイレ空間をめざし 性的マイノリティのトイレ問題に関する意識調査を実施 〜職場や学科公，公共施設などのパブリックトイレの改善に向けた課題が明らかに〜」，『ALIA NEWS』Vol.125，2016年，52–54頁．

[178] 前川啓治・箭内匡・深川宏樹・浜田明範・里見龍樹・木村周平・根本達・三浦敦『21世紀の文化人類学：世界の新しい捉え方』新曜社，2018年．

[179] マーチ, J. G.・サイモン, H. A., (高橋伸夫訳)『オーガニゼーションズ』ダイヤモンド社, 2014 年（原著 March, J. G. and Simon, H. A., *Organizations*, Wiley, 1958）.
[180] マルハニチロホールディングス「ビジネスパーソンのランチと社員食堂に関する調査」2013 年.
[181] マズロー, A. H. (小口忠彦訳)『人間性の心理学：モチベーションとパーソナリティ（改訂新版）』産業能率大学出版部, 1987 年（原著 Maslow, A. H., *Motivation and Personality*, Harper, 1954）.
[182] Mathews, G., "Can 'a real man' Live for His Family?: Ikigai and Masculinity in Today's Japan", Roberson, J. E. and Suzuki, N. (eds.), *Men and Masculinities in Contemporary Japan: Dislocating the Salaryman Doxa*, Routledge Curzon, 2003.
[183] 松原光代「短時間正社員制度の長期利用がキャリアに及ぼす影響」,『日本労働研究雑誌』No.627, 独立法人労働政策研究・研修機構, 2012 年, 22–33 頁.
[184] 松村真宏『仕掛学：人を動かすアイデアのつくり方』東洋経済新報社, 2016 年.
[185] 松永ルエラ「企業のグローバル化とナショナル・アイデンティティー―ヤオハンのイギリス進出」, 中牧弘允・日置弘一郎編著『会社文化のグローバル化―経営人類学的考察』東方出版, 2007 年.
[186] 松尾豊『人工知能は人間を超えるか：ディープラーニングの先にあるもの』KADOKAWA／中経出版, 2015 年.
[187] 松尾豊編著（人工知能学会監修）『人工知能とは』近代科学社, 2016 年.
[188] メイヨー, E. (村本栄一訳)『産業文明における人間問題―ホーソン実験とその展開』〔新訳版〕日本能率協会, 1967 年（原著 Mayo, P. E., *The Human Problems of an Industrial Civilization*, 4th ed., 1960）.
[189] 南博『日本人論：明治から今日まで』岩波現代文庫, 2006 年.
[190] 南和秀・臣永正廣・泉正夫・阿波踊り情報誌「あわだま」編集部編『阿波踊り本.』猿楽社, 2006 年.
[191] 南和秀・阿波踊り情報誌「あわだま」編集部編『流儀伝承』猿楽社, 2012 年.
[192] 南和秀・宮本正裕・阿波踊り情報誌「あわだま」編集部編『阿波踊り本．Ⅱ』猿楽社, 2015 年.
[193] 三隅二不二『リーダーシップ行動の科学（改訂版）』有斐閣, 1984 年.
[194] 三戸浩・池内秀己・勝部伸夫『企業論（第 4 版）』有斐閣, 2018 年.
[195] 三井泉「『組織人間』とマネジメント思想―組織社会の神話―」, 中牧弘允・日置弘一郎編著『経営人類学ことはじめ―会社とサラリーマン―』東方出版, 1997 年.
[196] 三井泉・出口竜也・住原則也「松下幸之助の社葬―保信のこころを形に―」, 中牧弘允編『社葬の経営人類学』東方出版, 1999 年.
[197] 三井泉「日本型ステイクホルダー観に関する考察―松下電器の『恩顧』『保信』思想を中心として」,『産業経営研究』第 30 号, 日本大学経済学部産業経営研究所, 2008 年.
[198] 三井泉「会社における『聖なる空間』―松下幸之助と『根源社』を中心として」,『論叢松下幸之助』第 15 号, PHP 研究所, 2010 年, 34–48 頁.
[199] 三井泉編著『アジア企業の経営理念：生成・伝播・継承のダイナミズム』文眞堂, 2013 年.
[200] 三井泉編著・経営学史学会監修『フォレット』文眞堂, 2013 年.
[201] 三井泉「経営理念とその文化背景に関する考察―『企業と社会』の関係性の観点から―」,『産業経営研究』第 40 号, 日本大学経済学部産業経営研究所, 2018 年.
[202] 宮城まり子『キャリアカウンセリング』駿河台出版社, 2011 年.
[203] モア, T. (澤田昭夫訳)『ユートピア』〔改版〕中公文庫, 1993 年（原著 More, T., *The Complete Works of St. Thomas More*, Vol. 4, Yale University Press, 1965）.
[204] 盛田昭夫『MADE IN JAPAN　わが体験的国際戦略　新版』PHP 研究所, 2012 年.
[205] 諸岡博熊『企業博物館時代』創元社, 1989 年.
[206] 茂戸藤恵「外国人が職場で感じるギャップや抵抗―アジア 5 か国を対象としたグループインタビューから―」,『Works Review』7 号, 2012 年, 150–153 頁.
[207] 村橋勝子『社史の研究』ダイヤモンド社, 2002 年.
[208] 村井純『インターネット新時代』岩波書店, 2010 年.

[209] 村上興匡「社葬とは何か」，中牧弘允編『社葬の経営人類学』東方出版，1999 年．
[210] 村上興匡・山田慎也「社葬はどう展開したか」，中牧弘允編『社葬の経営人類学』東方出版，1999 年．
[211] 村上泰亮・公文俊平・佐藤誠三郎『文明としてのイエ社会』中央公論社，1979 年．
[212] 村山元理「経営理念と掃除」，住原則也・三井泉・渡邊祐介編『経営理念―継承と伝播の経営人類学的研究』ＰＨＰ研究所，2008 年，123–150 頁．
[213] 村山元理「経営理念の継承―経営人類学者の視点 第 7 回 南部塾塾長・熊谷直幸」，『PHP Business Review』第 41 号，2010 年 1・2 月号，34–41 頁．
[214] 永田陽一『東京ジャイアンツ北米大陸遠征記』東方出版，2007 年．
[215] 永積昭『オランダ東インド会社』講談社学術文庫，2000 年．
[216] 内閣府『平成 29 年度版　障害者白書』勝美印刷，2017 年．
[217] 内藤莞爾『日本に宗教と社会』お茶の水書房，1978 年．
[218] 中牧弘允『むかし大名，いま会社―企業と宗教』淡交社，1992 年．
[219] 中牧弘允「高野山と比叡山の会社墓」，『国立歴史民俗博物館研究報告』第 49 集，1993 年．
[220] 中牧弘允・日置弘一郎編『経営人類学ことはじめ』東方出版，1997 年．
[221] 中牧弘允編『社葬の経営人類学』東方出版，1999 年．
[222] 中牧弘允「社葬の経営人類学―顕彰・告別と会社再生の演出」，中牧弘允編『社葬の経営人類学』東方出版，1999 年．
[223] 中牧弘允「会社の掟―現代サラリーマン事情」，岩本通弥編『覚悟と生き方』筑摩書房，1999 年．
[224] 中牧弘允「川柳にみる現代サラリーマンの人生観」，宮田登・新谷尚紀編『往生考―日本人の生・老・死』小学館，2000 年．
[225] 中牧弘允・日置弘一郎・廣山謙介・住原則也・三井泉他『会社じんるい学』東方出版，2001 年．
[226] 中牧弘允・日置弘一郎・廣山謙介・住原則也・三井泉他『会社じんるい学 PART Ⅱ』東方出版，2003 年．
[227] 中牧弘允・セジウィック，M. 編『日本の組織―社縁文化とインフォーマル活動』東方出版，2003 年．
[228] 中牧弘允・日置弘一郎編『企業博物館の経営人類学』東方出版，2003 年．
[229] 中牧弘允「会社の神殿としての企業博物館―序論をかねて」，中牧弘允・日置弘一郎編『企業博物館の経営人類学』東方出版，2003 年．
[230] 中牧弘允『会社のカミ・ホトケ―経営と宗教の人類学』講談社，2006 年．
[231] 中牧弘允・日置弘一郎編『会社文化のグローバル化―経営人類学的考察』東方出版，2007 年．
[232] 中牧弘允・日置弘一郎編『会社のなかの宗教―経営人類学の視点』東方出版，2009 年．
[233] 中牧弘允「企業博物館の視点から」，『社会システム研究』特集号，立命館大学社会システム研究所，2015 年，219–226 頁．
[234] Nakamaki, H., "Enterprise as Cultural Community", Nakamaki, H., Hioki, K., Mitsui, I. and Takeuchi, Y. (eds.) *Enterprise as an Instrument of Civilization: An Anthropological Approach to Business Administration*, Springer Japan, 2016.
[235] 中根千枝『タテ社会の人間関係―単一社会の理論』講談社現代新書，1967 年．
[236] Nakane, C., *Japanese Society*, University of California Press, 1970（原著 [233]）．
[237] 中根千枝『タテ社会の力学』講談社，2009 年．
[238] 中野千秋・高巌編『企業倫理と社会の持続可能性』麗沢大学出版会，2016 年．
[239] 中野卓『商家同族団の研究―暖簾をめぐる家研究』未来社，1964 年．
[240] 中野嘉子・王向華『同じ釜の飯 ナショナル炊飯器は人口 680 万の香港でなぜ 800 万台売れたか』平凡社，2005 年．
[241] 難波功士『「就活」の社会史』2014 年，祥伝社新書．
[242] NHK「無縁社会プロジェクト」取材班『無縁社会』文藝春秋，2012 年．
[243] 日本経済団体連合会『第 61 回福利厚生費調査結果報告』，2017 年．https://www.keidanren.or.jp/policy/2017/106_honbun.pdf，2019 年 2 月 12 日閲覧
[244] 日経ビジネス編『会社の寿命―盛者必衰の理』新潮文庫，1989 年．

[245] 西垣通『AI原論―神の支配と人間の自由』講談社，2018年．
[246] 野口悠紀雄『1940年体制―「さらば戦時経済」』東洋経済新報社，1995年．
[247] 野村進『千年，働いてきました―老舗企業大国ニッポン』新潮文庫，2018年．
[248] Nora, P., "General Introduction: Between Memory and History", Nora, P. (ed.), *Realms of Memory: Rethinking the French Past, Volume I: Conflicts and Divisions*, Columbia University Press, 1996.
[249] 野沢慎司編・監訳『リーディングスネットワーク論―家族・コミュニティ・社会関係資本』勁草書房，2006年．
[250] 小笠原祐子『OLの〈レジスタンス〉サラリーマンとOLのパワーゲーム』中央公論社，1998年．
[251] 小川紘一『オープン＆クローズ戦略―日本企業再興の条件』翔泳社，2014年．
[252] 小倉栄一郎『近江商人の経営』サンブライト出版，1988年．
[253] 小倉昌夫『経営学』日経BP社，1999年．
[254] 大橋昭一・竹林浩志『ホーソン実験の研究―人間尊重的経営の源流を探る』同文館出版，2008年．
[255] 大場昌子・佐川和茂・坂野明子・伊達雅彦『ゴーレムの表象』南雲堂，2013年．
[256] 大森信『そうじ資本主義―日本企業の倫理とトイレ掃除の精神』日経BP社，2015年．
[257] 大村英昭『日本人の心の習慣―鎮めの文化論』NHK出版，1997年．
[258] 大野正和『まなざしに管理される職場』青弓社，2005年．
[259] 大野耐一『トヨタ生産方式―脱規模の経営をめざして』ダイヤモンド社，1978年．
[260] 岡田岳人『心身問題物語―デカルトから認知科学まで』北大路書房，2012年．
[261] 岡崎直温『よさこいはよさこいじゃき』イープレス出版，2006年．
[262] 奥林康司・平野光俊編著『多様な人材のマネジメント』中央経済社，2014年．
[263] 奥野明子『目標管理のコンティンジェンシー・アプローチ』白桃書房，2004年．
[264] 奥野明子「ヤクルトレディの働き方と人事管理」，『甲南経営究』第57号，第3巻，甲南大学経営学会，2016年，105–131頁．
[265] 奥野卓司『人間・動物・機械―テクノ・アニミズム』角川書店，2002年．
[266] オルデンバーグ，R.（忠平美幸訳）『サードプレイス―コミュニティの核になる「とびきり居心地よい場所」』みすず書房，2013年（原著 Oldenburg, R., *The Great Good Place: cafés, coffee shops, bookstores, bars, hair salons and other hangouts at the heart of a community*, 2nd ed., Da Capo Press, 1997).
[267] 小野公一『働く人びとのwell-beingと人的資源管理』白桃書房，2011年．
[268] オットー，R.（久松英二訳）『聖なるもの』岩波文庫，2010年．
[269] パスカル，R. T.・エイソス，A. G.（深田祐介訳）『ジャパニーズ・マネジメント：日本的経営に学ぶ』講談社，1981年（原著 Pascale, R. T., and Athos, A. G., *The Art of Japanese Management*, Simon & Schuster, 1981).
[270] フィリップソン，P.（永井大輔訳）『アダム・スミスとその時代』白水社，2014年（原著 Phillipson, N. T., *Adam Smith: an enlightened life*, Yale University Press, 2010).
[271] ピンク，D.（大前研一訳）『モチベーション3.0―持続する「やる気！」をいかに引き出すか』講談社，2015年（原著 Pink, D. H., *Drive: the surprising truth about what motivates us*, Riverhead Books, 2009年).
[272] Post, L. and Post-Senning, D., *Emily Post's Etiquette,* 19th ed., William Morrow, 2017.
[273] ポスト，P.・ポスト，A.・ポスト，L.・セニング，D. P.（野澤敦子・平林祥訳）『エミリー・ポストのエチケット』宝島社，2013年（原著 Post, P., Post, A., Post, L., and Post-Senning, D., *Emily Post's Etiquette*, 18th Edition: Manners for Today, Harper Collins, 2011).
[274] パットナム，R. D.（河田潤一訳）『哲学する民主主義―伝統と改革の市民的構造』NTT出版，2001年（原著 Putnam, R. D., *Making Democracy Work: civic traditions in modern Italy*, Princeton University Press, 1993).

[275] パットナム，R. D.（柴内康文訳）『孤独なボウリング：米国コミュニティの崩壊と再生』柏書房，2006 年（原著 Putnam, R. D., *Bowling Alone: the collapse and revival of American community*, Simon & Schuster, 2000）．

[276] ラマチャンドラン，V. S.・ブレイクスリー，S.（山下篤子訳）『脳のなかの幽霊』角川文庫，2011 年（原著 Ramachandran, V. S. and Blakeslee, S., *Phantoms in the Brain: probing the mysteries of the human mind*, William Morrow, 1998）．

[277] Raz, A. E., *Emotions at Work: Normative Control, Organizations, and Culture in Japan and America*, Harvard University Asia Center, 2002.

[278] Rholen, T., ""Spiritual Education" in a Japanese Bank", *American Anthropologist*, vol.75, no. 5, 1973.

[279] Roberts, S., "The Pure and the Impure?: Reflections on Applying Anthropology and Doing Ethnography", Pink, S. (ed.), *Applications of Anthropology: Professional Anthropology in the Twenty-first Century*, Berghahn Books, 2006, pp. 72–89.

[280] Roberson, J. E., *Japanese Working Class Lives: An Ethnographic Study of Factory Workers*, Routledge, 1998.

[281] Roberson, J. E., "Japanese Working Class Masculinities: Marginalized Complicity", Roberson, J. E. and Suzuki, N. (eds.), *Men and Masculinities in Contemporary Japan: Dislocating the Salaryman Doxa*, Routledge Curzon, 2003.

[282] Roberson, J. E. and Suzuki, N. (eds.), *Men and Masculinities in Contemporary Japan: Dislocating the Salaryman Doxa*, Routledge Curzon, 2003.

[283] ロバーソン，J.（桑島薫訳）「戦後日本における『仕事』の意味と男性性」，中谷文美・宇田川妙子編『仕事の人類学―労働中心主義の向こうへ』世界思想社，2016 年．

[284] Robertson, J., *Robo Sapiens Japanicus: Robots, Gender, Family, and the Japanese Nation*, University of California Press, 2017.

[285] ロジャーズ，E.（三藤利雄訳）『イノベーションの普及』翔泳社，2007 年（原著 Rogers, E. M., *Diffusion of Innovations*, 5th ed., Free Press, 2003）．

[286] Rohlen, T. P., *For Harmony and Strength, Japanese White-Collar Organization in Anthropological Perspective*, Berkeley: University of California Press, 1974.

[287] Rohlen, T. P., "The Company Work Group", Vogel, E. (ed.), *Modern Japanese Organization and Decision-Making*, University of California Press, 1975.

[288] 労働政策研究・研修機構 (JILPT)『企業における転勤の実態に関するヒアリング調査』JILPT 資料シリーズ No.179，独立行政法人労働政策研究・研修機構，2016 年．

[289] 労働政策研究・研修機構 (JILPT)『データブック国際労働比較 2017』独立行政法人労働政策研究・研修機構，2017 年．

[290] ライル，G.（坂本百大・井上治子・服部裕幸訳）『心の概念』みすず書房，1987 年（原著 Ryle, G., *The Concept of Mind*, Hutchinson's University Library, 1949）．

[291] 堺市社会福祉協議会『堺市子ども食堂ガイドライン―地域における食を通した子どもの居場所の作り方』堺市子ども青少年育成部子ども企画課，2017 年．

[292] 榊博文編『異文化間ビジネス戦略「あらかじめ屈折」の視点』同文館出版，1994 年．

[293] Sale, K., *Rebels Against the Future: The Luddites and Their War on the Industrial Revolution*, Basic Books, 1996.

[294] Samuel, H., "How does the French attitude to lunch compare to others?", *The Telegraph*, UK, 30 Sep 2011.

[295] 佐藤彰男『テレワーク―「未来型労働」の現実』岩波書店，2008 年．

[296] 佐藤博樹・佐藤厚『仕事の社会学（改訂版）』有斐閣，2012 年．

[297] 佐藤信行「イニシエーション」，小口偉一・堀一郎監修『宗教学辞典』東京大学出版会, 1973 年, 29 頁．

[298] 澤野雅彦『企業スポーツの栄光と挫折』青弓社，2004 年．

[299] 澤野雅彦「企業スポーツのいままでとこれから(特集 スポーツの現在を検証する)」,『現代スポーツ評論』第 20 号, 創文企画, 2009 年, 42–54 頁.

[300] 澤野雅彦「『鬼』と『魔女』の会社神話―日紡貝塚バレーボール部」, 日置弘一郎・中牧弘允編『会社神話の経営人類学』東方出版, 2012 年.

[301] シャイン, E. H.(金井壽宏訳)『キャリア・アンカー―自分のほんとうの価値を発見しよう』白桃書房, 2003 年(原著 Schein, E. H., *Career Anchors: discovering your real values*, Pfeiffer & Co., 1993).

[302] シャイン, E. H.(梅津祐良・横山哲夫訳)『組織文化とリーダーシップ』白桃書房, 2012 年(原著 Schein, E. H., *Organizational culture and leadership*, 4th-ed, Jossey-Bass, 2010 年).

[303] Schodt, E. L., *Inside the Robot Kingdom: Japan, Mechatronics and the Coming Robotopia*, Kodansha USA, 1990.

[304] Schoppa, L., *Race for the Exits: The Unraveling of Japan's System of Social Protection*, Cornell University Press, 2008.

[305] シュンペーター, J.(大野一訳)『資本主義・社会主義・民主主義 1, 2』日経 BP クラッシックス, 2016 年(原著 Schumpeter, J. A., *Capitalism, Socialism and Democracy*, 3rd ed., Harper & Brothers, 1950).

[306] シュムペーター, J.(塩野谷祐一・中山伊知郎・東畑精一訳)『経済発展の理論―企業者利潤・資本・信用・利子および景気の回転に関する一研究』〔改訳〕岩波書店, 1980 年(原著 Schumpeter, J. A., *eine Untersuchung über Unternehmergewinn, Kapital, Kredit, Zins und den Konjunkturzyklus*, Duncker & Humblot, 1926).

[307] Searle, J. R., "Minds, Rains, and Programs," *Behavioral and Brain Sciences*, 3 (3), 1980, pp. 417–457.

[308] 芹川博通『宗教的経済倫理の研究』多賀出版, 1987 年.

[309] シェンカー, O.(井上達彦監訳・遠藤真美訳)『コピーキャット』東洋経済新報社, 2013 年(原著 Shenkar, O., *Copycats: how smart companies use imitation to gain a strategic edge*, Harvard Business Press, 2010).

[310] 島本みどり「マナー研修―外国語と同じような学習必要」, 中牧弘允他『会社じんるい学』東方出版, 2001 年.

[311] 四宮俊之「社史(書)編纂の目的と意義をめぐって―それは何故に編纂されるのか」,『人文社会論叢 社会科学篇』4, 弘前大学, 2000 年, 21–32 頁.

[312] 宍戸邦章『高齢期のクオリティ・オブ・ライフ』晃洋書房, 2018 年.

[313] 小学館『デジタル大辞泉』https://kotobank.jp/word/%E5%95%86%E5%B7%A5%E4%BC%9A%E8%AD%B0%E6%89%80-79169, 2018 年 9 月 29 日閲覧.

[314] 商業界編集部他「提言特集:いま脚光を浴びる伝統のビジネスモデル―強い店と商人を育てる『のれん分け』のススメ」,『商業界』第 55 巻, 第 4 号, 2002 年, 192–207 頁.

[315] スミス, A.(大河内一男訳)『国富論』I–IV, 中央公論新社, 2010 年(原著 Smith, A., *An Inquiry into the Nature and Causes of the Wealth of Nations*, 5th ed., A.Strahan and T.Cadell, 1789).

[316] スミス, A.(高哲男訳)『道徳感情論』講談社学術文庫, 2013 年(原著 Smith, A., *The Theory of Moral Sentiments; or, an essay towards an analysis of the principles by which men naturally judge concerning the conduct and character, first of their neighbours, and afterwards of themselves*, 6th ed., A.Strahan and T.Cadell, 1790).

[317] 末永國紀『近江商人学入門―CSR の源流「三方よし」』サンライズ出版, 2004 年.

[318] 菅山真次『「就社」社会の誕生』名古屋大学出版会, 2011 年.

[319] スゴウ, A. I.,(中牧弘允・平田恵津子訳)「ブラジルの企業管理職―企業内の儀礼的行動―」, 中牧弘允・日置弘一郎編著『経営人類学ことはじめ―会社とサラリーマン―』東方出版, 1997 年.

[320] Sumi, A., *Japanese Industrial Transplants in the United States: Organizational Practices and Relations of Power*, Routledge, 1998.

[321] 鷲見淳「キッコーマンとアメリカ進出―雇用・労働・地域から」，安部悦生編著『グローバル企業―国際化・グローバル化の歴史的展望』文眞堂，2016．

[322] 鷲見淳「ローレン：和と力―日本のホワイトカラー企業組織を人類学的視点から考える」，『日本労働研究雑誌』（特集）労働研究のターニング・ポイントとなった本・論文，No. 669，労働政策研究・研修機構（JILPT），2016 年，28–31 頁．

[323] Sumi, A., "Globalization and the Establishment of Manufacturing Bases Overseas: A Case Study of the "J Automobile Company", Nakamaki, H., Hioki, K., Mitsui, I. and Takeuchi Y. (eds.), *Enterprise as an Instrument of Civilization: An Anthropological Approach to Business Administration*, Chapter 13, Springer Japan, 2016, pp. 187–206.

[324] 住原則也「米国のオフィス―上司の配慮に性差別」，中牧弘允他『会社じんるい学』東方出版，2001 年，163–165 頁．

[325] 住原則也「俳句の会―ファーストネームで呼び合うハレの場」，中牧弘允他『会社じんるい学 PART Ⅱ』東方出版，2003 年．

[326] 住原則也・三井泉・渡邊祐介編，経営理念継承研究会著『経営理念―継承と伝播の経営人類学的研究』PHP 研究所，2008 年．

[327] 住原則也編『経営と宗教―メタ理念の諸相』東方出版，2014 年．

[328] 鈴木良隆「企業組織―近代企業の成長―」，佐々木聡・中林真幸編『講座・日本経営史 3 組織と戦略の時代 1914 〜 1937』ミネルヴァ書房，2010 年．

[329] Świtek, B., *Reluctant Intimacies: Japanese Eldercare in Indonesian Hands,* Berghahn Books, 2016.

[330] 橘木俊詔『無縁社会の正体―血縁・地縁・社縁はいかに崩壊したか』PHP 研究所，2010 年．

[331] 高田公理「『前近代ノスタルジー』の精神安定装置―日本とアメリカにおける大衆社会化と共同体」，中牧弘允編著『共同体の二〇世紀』ドメス出版，1998 年．

[332] 高野陽太郎『「集団主義」という錯覚―日本人論の思い違いとその由来』新曜社，2008 年．

[333] 高尾義明・王英燕『経営理念の浸透―アイデンティティ・プロセスからの実証分析』有斐閣，2012 年．

[334] 武石恵美子「短時間勤務制度の現状と課題」，『生涯学習とキャリアデザイン』第 10 巻，法政大学キャリアデザイン学会，2013 年，67–84 頁．

[335] 竹内洋「サラリーマン型人間像の誕生と終焉」，中牧弘允・日置弘一郎編『会社人類学ことはじめ』東方出版，1997 年．

[336] 竹内靖雄『チームの研究―成功と失敗の人間学』講談社，1999 年．

[337] 玉置半兵衛『あんなぁ よぉうききや』京都新聞出版センター，2003 年．

[338] 田中雅子『経営理念浸透のメカニズム』中央経済社，2016 年．

[339] テイラー，F. W.（有賀裕子訳）『〔新訳〕科学的管理法』ダイヤモンド社，2009 年（原著 Taylor, F. W., *The Principles of Scientific Management*, Harper & Brothers, 1911）．

[340] 帝国データバンク史料館・産業調査部編『百年続く企業の条件―老舗は変化を恐れない』朝日新聞出版，2009 年．

[341] テット，G.（土方奈美訳）『サイロ・エフェクト』文藝春秋，2016 年（原著 Tett, G., *The Silo Effect : The peril of expertise and the promise of breaking down barriers*, Simon & Shuster, 2015）．

[342] 飛田昭夫・白間直人「コロボによるモノづくり」，『METI Journal（経済産業ジャーナル）』経済産業省，10・11 月号，2014 年，6–7 頁．

[343] テンニース，F.，（杉之原寿一訳）『ゲマインシャフトとゲゼルシャフト―純粋社会学の基本概念〈上〉〈下〉』岩波文庫，1957 年（原著 Tönnies, F., *Gemeinschaft und gesellschaft*, East Lansing, 1957）．

[344] 土佐昌樹『インターネットと宗教―カルト・原理主義・サイバー宗教の現在』岩波書店，1998 年．

[345] 坪井善明・長谷川岳『YOSAKOI ソーラン祭り―街づくり NPO の経営学』岩波アクティブ新書，2002 年．

[346] 土屋喬雄『日本経営理念史』麗澤大学出版会，2002 年．

[347] 津田眞澂『日本的経営の論理』中央経済社，1977 年．

[348] 対馬路人・西山茂・島薗進・白水寛子「日本の新宗教における生命主義的救済観―近代の宗教意識の一側面」,『CISR 東京会議紀要』CISR 東京会議紀要組織委員会, 1979 年, 73–90 頁.

[349] ターナー, V. W., (冨倉光雄訳)『儀礼の過程』新思索社, 1996 年（原著 Turner, V. W., *The Ritual Process: the structure and anti-structure*, Aldine, 1969）.

[350] 内田隆三『消費社会と権力』, 1987 年, 岩波書店.

[351] 植村修一『"社風"の正体』日本経済新聞出版社, 2018 年.

[352] 上野千鶴子「選べる縁・選べない縁」, 栗田靖之編『現代日本文化における伝統と変容③ 日本人の人間関係』ドメス出版, 1989 年.

[353] 梅田望夫『ウェブ進化論』筑摩書房, 2006 年.

[354] 宇野善康《普及学》講義―イノベーション時代の最新科学』有斐閣, 1990 年.

[355] 宇佐美英樹「近江商人研究と『三方よし』論」,『滋賀大学経済学部附属史料館研究紀要』第 48 号, 2015 年, 31–45 頁.

[356] 米国商務省編（大原進・吉田豊明訳）『株式会社日本：政府と産業界の親密な関係』サイマル出版会, 1972 年.

[357] Vogel, E., *Japan's New Middle Class*, University of California Press, 1971.

[358] ヴォーゲル, E. F., (弘中和歌子・木本彰子訳)『ジャパンアズナンバーワン―アメリカへの教訓』TBS ブリタニカ, 1979 年（原著 Vogel, E. F., *Japan as Number One: lessons for America*, Harvard University Press, 1979）.

[359] ヴォヴェル, M., (谷川稔他訳)『フランス革命と教会』人文書院, 1992 年（原著 Vovelle, M., *La révolution contre l'église: de la raison à l'être supreme*, Editions Complexe, 1988）.

[360] ヴォックス, V., (池田武志訳)『唇が動くのがわかるよ―腹話術の歴史と芸術』アイシーメディックス, 2002 年（原著 Vox, V., *I Can See Your Lips Moving,* Kaye and Ward, 1981）.

[361] 和田一夫『ものづくりの寓話―フォードからトヨタへ』名古屋大学出版局, 2009 年.

[362] ワグナー, R., (山崎美恵・谷口佳子訳)『文化のインベンション』玉川大学出版部, 2000 年（原著 Wagner, R., *The Invention of Culture*, Rev. and expanded ed., University of Chicago Press, 1981）.

[363] Walker, T., "The "Lump-of-Labor" Case against Work-Sharing: Populist Fallacy or Marginalist Throwback?", Figart, D. M. and Golden, L. M. (eds.), *Working Time: International Trends, Theory and Policy Perspectives*, Routledge, 2000.

[364] 王向華「非保守的文化とグローバル化―ヤオハンの事例から」, 中牧弘允・日置弘一郎編著『会社文化のグローバル化―経営人類学的考察』東方出版, 2007 年.

[365] 渡辺英幸『会社行事の運営マニュアル―年中行事から特別行事までの段取りと演出』PHP 研究所, 1990 年.

[366] 渡邉泉『歴史から学ぶ会計』同文館出版, 2008 年.

[367] 渡邉泉『会計学の誕生―複式簿記が変えた世界』岩波新書, 2017 年.

[368] ウェーバー, M., (大塚久雄訳)『プロテスタンティズムの倫理と資本主義の精神（改訳）』岩波文庫, 1989 年（原著 Weber, M., "Die Protestantische Ethik und der Geist des Kapitalismus," *Gesammelte Aufsätze zur Religionssoziologie*, Bd. 1, J.C.B. Mohr, 1920, pp.17–206）.

[369] ウェーバー, M., (濱嶋朗訳)『権力と支配』講談社学術文庫, 2012 年（原著 Weber, M., "Die Typen der Herrschaft" und "Stände und Klassen," *Wirtschaft und Gesellschaft*, J.C.B. Mohr, 1922, pp.122–180）.

[370] ウェーバー, M., (中山元訳)『世界宗教の経済倫理：比較宗教社会学の試み：序論・中間考察』日経 BP 社, 2017 年（原著 Weber, M., "Die Wirtschaftsethik der Weltreligionen," *Gesammelte Aufsätze zur Religionssoziologie*, Bd. 1, J.C.B. Mohr, 1920, pp.237–573）.

[371] ホワイト, W., (岡部慶三・藤永保訳)『組織のなかの人間―オーガニゼーション・マン 新版 上下』東京創元社, 1971 年（原著 Whyte, W.H. Jr., *The Organization Man*, Jonathan Cape, 1957）.

[372] Witz, A., *Professions and Patriarchy*, Routledge, 1992.

[373] World Economic Forum (ed.), "The Future of Jobs: Employment, Skills and Workforce Strategy for the Fourth Industrial Revolution", World Economic Forum, 2016. http://www3.weforum.org/docs/WEF_Future_of_Jobs.pdf, 2019 年 3 月 14 日閲覧.
[374] 矢島妙子『「よさこい系」祭りの都市民俗学』岩田書院，2015 年.
[375] 山田直樹『ルポ企業墓―高度経済成長の「戦死者」たち』イースト・プレス，2018 年.
[376] 山田慎也「社葬はいつ成立したか―新聞の死亡広告を中心にして」，中牧弘允編『社葬の経営人類学』東方出版，1999 年.
[377] 山田慎也『現代日本の死と葬儀―葬祭業の展開と死生観の変容』東京大学出版会，2007 年.
[378] 山田雄一『稟議と根回し』講談社，1985 年.
[379] 山藤章二・尾藤三柳・第一生命選『平成サラリーマン川柳傑作選』講談社，1991 年から毎年 1 冊継続中.
[380] 山岸俊男『安心社会から信頼社会へ―日本型システムの行方』中公新書，1999 年.
[381] 八巻惠子『国際線客室乗務員の仕事―サービスの経営人類学』東方出版，2013 年.
[382] 山本長次『武藤山治―日本的経営の祖』日本経済評論社，2013 年.
[383] 山本七平『日本人と組織』角川書店，2007 年.
[384] 山倉健嗣『組織間関係―企業間ネットワークの変革に向けて』有斐閣，1993 年.
[385] 山崎富治『ほうれんそうが会社を強くする』ごま書房，1989 年.
[386] 矢澤澄子・岡村清子編著『女性とライフキャリア』勁草書房，2013 年.
[387] 横澤利昌編著『老舗企業の研究―100 年企業に学ぶ革新と創造の連続〔改訂新版〕』生産性出版，2012 年.
[388] 与那覇潤『知性は死なない』2018 年，文藝春秋
[389] 米司隆明『チームの一体感を高める"社内運動会"の仕掛け』クロスメディア・パブリッシング，2017 年.
[390] 米山俊直『集団の生態（NHK 現代科学講座〈4〉）』日本放送出版協会，1966 年.
[391] 米山俊直『祇園祭 都市人類学ことはじめ』中公新書，1974 年.
[392] 米山俊直・河内厚郎編著『天神祭 水の都・千年の祭』東方出版，1994 年.
[393] 米山俊直「社縁との縁―序論へのコメント」，中牧弘允・セジウィック, M. 編『日本の組織―社縁文化とインフォーマル活動』東方出版，2003 年，20 頁.
[394] 吉原英樹『国際経営〔第 4 版〕』有斐閣アルマ，2015 年.
[395] 吉原正彦編著・経営学史学会監修『メイヨー＝レスリスバーガー―人間関係論』文眞堂，2013 年.
[396] 吉岡政徳「ビッグ・マン」，石川栄吉他編『文化人類学事典』弘文堂，1987 年，627–628 頁.
[397] 弓狩匡純『社歌』文藝春秋，2006 年.
[398] Zhu, Y., ""Implementation" of Management Philosophy Overseas: Case Study of a Japanese Retailer in Hong Kong",『経営哲学』第 12 巻 1 号，2015 年，114–122 頁.

索　引

(x–yは第 x 章 y 節であることを示す)

(数字)

15％ルール　8-3
20％ルール　8-3

(あ)

挨拶　2-2
アイデンティティ　9-3, 12-4, 12-5
アイボ（AIBO）　11-2
商い　5-3
アシモ（ASHIMO）　11-2
アソシエーション　2-6
アニミズム　11-2
天下り　8-3
あらかじめ屈折　序 -4
アルハラ　3-6
阿波おどり　10-6
アンケート調査　8-5
安心社会　1-4
アントレプレナーシップ　5-4

(い)

イエ　1-4
イエモト組織　7-6
域内食　3-3
育児・介護休業法　12-2
意思決定　6-2, 6-3, 8-4, 8-5
一斉入社　序 -1
一体感　10-6
　社内の——　3-3
一燈園　2-5
一般職　12-4
稲盛 和夫　3-6
イニシエーション　2-1, 2-4, 2-5, 2-6, 9-1
イノベーション　序 -4, 序 -5, 5-4
居場所　9-2, 9-3
伊庭 保　5-4
異文化　5-3
　——間屈折　序 -4
　——の壁　6-1
印象管理　2-2
インターンシップ　2-3

インターネット　5-2
　——元年　11-6
インディペンデントコントラクター　4-2
陰徳善事　1-1
インバウンド企業　6-1
インフォーマル集団　9-2

(う)

ウェスタン・エレクトリック社　序 -4
ウォークマン　5-4
うつ病　8-6
運動会　3-1, 3-5
運命共同体　2-4, 9-4

(え)

AI（人工知能）　11-4
営業秘密　序 -5, 1-1
永続性　序 -4, 1-1, 1-5, 10-3
ADR　5-4
英霊　10-5
エキスパートシステム　11-4
SDGs　→　持続可能な開発目標
エスノグラフィ　6- コラム
ＮＴＴ西日本　2-4
エノキアン協会　1-5
M&A　序 -4, 1-6
LGBT　12-6
宴会　8-2
　——芸　3-6
遠距離通勤　8-6
エントリーシート　2-1, 2-3, 5-4

(お)

王権　7-2, 7-6
近江商人　序 -5, 1-1, 9-4
大阪印刷関連団体協議会　10-2
大阪企業家ミュージアム　10-4
オーセンティシティ　9- コラム
オートマタ　11-1
オープン＆クローズ戦略　序 -5
大部屋　12-3

Oリングの原理　11-5
女将　12- コラム
長仲間　9-5
オフ・タイム　3-3
親会社　序 -4
オラクルマシン　11-3
オランダ東インド会社　1-1, 1-5

(か)

海外子会社　6-2
海外進出　6-2, 6-3
　——企業　6-1
海外駐在員　6-3
階級　12-5
会計　1-1, 1-5
外国人　6-6, 12-6
　——社員　6-6
会社　4-5, 4-6, 5-1, 8-1, 10-6
　——共同体　10-1
　——主義　10-2
　——神社　10-5
　——世間　5-6
　——人間　3-1, 4-5
　——墓（企業墓）　序 -1, 1-3, 10-2
カイシャ人類学　7- コラム
階層構造　4-2
外発的動機づけ　4-3
外部生産　序 -2
科学的管理法　11-1
課業　11-1
家業　5-2
学縁　序 -1
学習　序 -5
革新　7-1
家訓　1-6
仮想現実　11-4
家族　10-1
型　2-2
カップヌードルミュージアム　10-4
家庭　12-4
　——内生産　序 -2
　——の能力喪失　序 -2

過渡期　2-1
加入儀礼　→　イニシエーション
ガバナンス機構　序-3
株式会社　序-3, 1-1, 1-5
家父長　序-1, 3-4
株主　1-1, 1-2
貨幣　5-3
神　11-4
仮面　2-6
からくり人形　11-1
ガラスの里　10-4
カリスマ　1-3, 7-2, 7-6
　　——支配　7-2
カルチャーショック　2-6
カルテジアン劇場　11-3
過労死　4-5, 8-6
関係資源　3-コラム
観光　10-6
間人主義　序-4
間接雇用　3-4
完全所有子会社　6-3
官僚制　4-6

(き)
記憶　3-2
機械　11-1
　　——学習　11-4
　　——の中の神　11-3
　　——の中の幽霊　11-3
起業　5-1
企業家精神　7-1
企業系列（企業集団）　4-6
企業スポーツ　3-4
企業戦士　序-1, 3-1
企業内組合　2-1
企業内サークル　3-コラム
企業内補習学校　3-4
企業内労働組合　6-2
企業年金　3-3
企業の社会的責任（CSR）　序-1, 1-2, 1-6
企業博物館　序-4, 1-2, 10-4
企業秘密　序-5
企業墓　→　会社墓
企業倫理　8-4
企業連　10-6
記号化　10-6
疑似官僚制　7-6
儀式　1-4

技術開発　7-1
技術的失業　11-5
擬人化　11-2
帰属意識　3-2
北一ガラス　10-4
機能別組織（職能別組織）　4-5
規範　9-1, 9-2
キャッシュフロー　5-4
キャリア　2-1, 12-4
　　——アンカー　2-1
　　——ウーマン　12-4
　　——センター　2-1
　　——デザイン　2-1
　　——発達　12-4
休暇　3-1
旧制中学　3-4
給湯室　8-3
教育訓練　6-2
業縁　序-1
業界団体　序-1
協賛事業　10-6
業績　7-2
　　——評価　4-3
協働　4-1
共同性　1-4, 6-2, 6-3
虚偽報告　8-5
巨人軍　7-コラム
キリスト教　11-2
儀礼　1-4, 2-2

(く)
グーグル (Google)　8-3
クニッゲ, A.F.V.　2-2
供養塔　10-2
クラウドファンディング　5-4
クラウド・ワーカー　12-3
グループダイナミックス　7-3
クレジットカード　5-4
クレド　序-5
グローバル化　6-4
クロネコヤマト　序-5

(け)
ケ（褻）　2-6, 3-3
ケア　12-4
経営（マネジメント）　6-5
　　——家族主義　1-4, 3-3, 3-4
　　——管理　5-4
　　——資源　1-1

　　——者　1-1
　　——の現地化　6-2
　　——プロセス（サイクル）　5-1
　　——理念　序-4, 序-5, 1-1, 1-3, 4-5, 9-1
　　日本語による——　6-3
経験　12-4
経済活性化　10-6
経済人　4-3
継続企業　1-5
ゲゼルシャフト　2-6
血縁　11-6
欠陥製品　8-5
決裁権限　8-4
決済サービス　5-4
権威　3-2
減価償却　5-4
現金　5-4
権限　4-4
顕彰　10-3
現地経営　6-3
現地文化　6-5
現場主義的リーダー　7-5
権力　3-2, 4-4

(こ)
公園　8-3
公害　8-4
攻殻機動隊　11-3
工業化社会　5-2
公共性　序-4, 1-2
貢献　4-1
広告宣伝　10-6
合コン　3-6
合資会社　序-3
公式組織　4-1
工場制機械工業　11-1
工場制手工業　11-1
工場立ち上げ　6-3
高知よさこい祭り　10-6
交通系ICカード　5-4
合同会社　序-3
高度経済成長期　1-2, 2-1
合名会社　序-3
高野山　10-2
合理的合法的支配　7-2
コース別雇用管理　12-2
コーポレート・シチズン　3-3
ゴーレム　11-1

198　索引

子会社　序-4
互換部品生産　11-1
国葬　10-3
『国富論』　1-1
告別　10-3
心意気　10-6
心構え　6-5
腰巾着　8-2
コスモロジー(世界観)　10-5
国家　12-4
固定縁　9-1
言葉遣い　2-2
子ども食堂　3-3
小林 逸翁（一三）　3-5
コボット　11-2
ゴマをする　8-2
コミュニケーション　3-3, 4-1
コミュニタス　2-2, 2-6
コミュニティ　11-6
雇用の安定　6-2
雇用労働　4-2
ご利益　1-1
コロボ　11-2
金剛組　1-5
コンパ　3-6, 4-コラム
コンピュータ　5-5
コンプライアンス　1-2
コンペ　3-6

(さ)
サードプレイス　11-6
サービス残業　8-6
サービスロボット　11-2
祭祀　10-2, 10-6
再統合　2-2
財務会計　5-4
財務諸表　1-1
採用試験（選考）　2-3
座順　2-6
差別出来高給制　11-1
作法　2-2
サボタージュ　8-3
サボり　8-3
サムスン　序-5
サラリーマン　3-2, 12-5
残業　6-2, 6-3
産業革命　5-2, 11-1
産業用ロボット　11-1, 11-2
三傑論　7-5

「三種の神器」　2-1
サントリー　序-1
三品産業　11-2
三方よし　序-5, 1-1

(し)
CSR → 企業の社会的責任
支援　10-6
ジェンダー　12-1, 12-5
時間外労働　8-6
事業（ビジネス）　5-1
　——承継　序-4, 1-1, 1-6
　——展示　10-4
　——部制　4-5
資金　1-1
　——調達　5-4
自己実現人　4-3
仕事　3-1, 3-2, 8-2, 12-2, 12-5
　——観　6-6
自己保身　8-5
自殺　8-6
自然人　序-3
持続可能な開発目標(SDGs)　1-2
実験社会科学　7-3
実験社会心理学　7-3
執行役員　5-4
実践　1-4
　——理論　12-5
老舗企業　序-1, 序-4, 1-5, 1-6, 9-4
支払手段　5-4
市民社会　5-6
事務処理　8-4
シャーマン　1-3
社員　1-1, 9-6
　——食堂　3-3
　　寮　序-1
　——旅行　3-5, 8-2
社縁　序-1, 序-4, 2-6, 3-3, 7-コラム, 9-4, 10-2, 11-6
　——共同体　9-1, 9-2, 9-5
社歌　2-5
社外効果　3-3
社会貢献　序-4, 1-2
社会人類学　11-コラム
社会正義　8-5
社会的連帯　3-3
社格　10-6
社訓　序-1, 序-5, 1-3, 2-5
社史　1-2, 1-3, 1-5

社食　3-3
社是　序-1, 序-5, 1-3, 2-5
社葬　序-1, 1-4, 10-1, 10-3
　準——　10-1
社宅　序-1, 3-3
社畜　4-5
社内運動会　序-1, 1-4
社内結婚　序-1
社内効果　3-3
社内通報窓口　8-5
社内同好会　3-5
社内閥　3-5
社内福利厚生制度　3-3
社内旅行　序-1, 1-4, 3-1
社風　序-1, 4-5
収穫加速の法則　11-4
就活ポータルサイト　2-1
従業員スポーツクラブ　3-3
宗教観　11-2
宗教思想　1-3
宗教性　1-3
就業規則　8-3
就業時間　8-3
就社　8-1
就職活動　2-1
終身雇用　序-1, 2-1, 4-5, 4-6, 6-2, 6-5, 8-1, 10-1, 10-2, 12-3
集団圧力　4-5
集団主義　1-4
儒教　7-4
首長制　7-2
出世　3-1
守秘義務違反　8-5
趣味活動　3-5, 12-4
殉職　10-3
障害者　12-6
　——雇用促進法　12-6
昇格　12-2
商家同族団　9-4
蒸気機関　11-1
商業者　5-3
上司　8-2
昇進　12-4
商品　5-3
情報化社会　5-2, 5-5
消滅社史　1-5
職業　12-1, 12-4
　——体験　2-3
職人労働　4-2

職能資格制度　12-2
職能別職長制度　11-1
職場　3-3, 4-2, 6-4
　　——内教育訓練　4-6
　　——の健康診断　8-5
職務　12-1
　　——記述書　4-2, 8-2
　　——規定　8-2
　　——満足　4-3
女性活躍推進施策　12-4
女性活躍推進法　12-3
女性活用　12-1
助成金　5-4
職階制　3-3
ジョブ型　12-3
ジョブ・ディスクリプション (job description)　→　職務記述書
所有と経営の分離　序-3
自利利他　1-1
仁　7-4
人格　7-4, 7-6
新型うつ　8-6
シンギュラリティ（技術的特異点）　11-4
新結合　7-1
人工知能　→　AI
人事異動　6-3
人事評価　12-2
新・社会的同志愛　3-3
人種差別　8-4
真珠博物館　10-4
人種問題　8-4
人身事故　8-6
心身二元論　11-3
新人類　2-4, 3-1
神聖王権　7-6
人生行路　9-1
人造人間　11-1
新卒採用　2-1, 2-3, 4-1
身体表象　2-2
神託　11-3
人的・経済的支援　10-6
神殿　10-4
新入社員研修　1-2, 2-5
信任関係　8-4
信頼社会　1-4

(す)
数寄者　3-5
すき間労働　11-5
ステークホルダー　序-4, 1-2, 1-5, 5-6, 10-5
ストーリーテリング　1-3
ストックホルダー　→　株主
ストレス　8-6
スミス, A.　1-1
住友　序-1
3M社　8-3
SUWAガラスの里　10-4

(せ)
成員性　4-6
性格適性　2-3
成果主義　4-3, 12-2
生活共同体　1-4
生活満足　4-3
正義　12-4
聖空間　10-5
性差別　6-4
生産設備　6-3
正社員　6-3
　　限定——　12-3
精神疾患　8-6
聖性　11-4
生命主義　10-5
責任　12-4
石門心学　1-6
セクショナリズム　4-6
接待　3-5, 3-6
先義後利　1-6
選択縁　9-1
洗面所　8-3
川柳　3-1
洗礼　2-6

(そ)
創業　10-5
　　——者　7-2
早期離職率　2-1
総合職　12-4
創造的破壊　7-1
贈与ー互酬　5-6
ソーシャル・キャピタル　11-6
属性　7-2
組織　4-1
　　——共同体　2-2
　　——人格　4-6
　　——人類学　6-コラム
　　——図　4-2
　　——文化　4-5, 6-2
卒業　9-5, 9-6
ソニー　2-3, 2-4, 5-4, 8-4
ソフトウェア　1-4, 5-2
ソフトなマネジメント　12-6

(た)
大黒柱　12-5
第3次産業革命　3-4
退社　9-2, 9-3
　　——式　1-4
第二キャリア　8-1
第2次産業革命　3-4
第二創業　1-6
大量消費　11-1
大量生産　11-1
大量流通　11-1
高橋箒庵（義雄）　3-5
タキナミグラスファクトリー　10-4
竹中大工道具館　10-4
他者　6-5
ダスキン　2-4, 2-5
たそがれ研修　8-1
立居振舞　2-2
タテ社会　序-4
多文化共生　6-1, 6-4
多様性（ダイバーシティ）　12-6
多様な働き方　2-1
足ることなしの原理　11-5
タレント連　10-6
男女雇用機会均等法　12-3
男性性　12-5

(ち)
地位　12-4
地域縁　9-1
地域活動　12-4
地域共同体　10-3, 12-4
チーフ（首長）　7-コラム
地縁　11-6
知識労働者　4-6
秩父セメント　10-5
知的資産　1-1
チャペック, K.　11-1
中小企業　1-6, 3-2, 12-5
昼食風景　3-3
チューリング, A.M.　11-3
長時間勤務（労働）　8-6

直接雇用　3-4
著作権　1-1

(つ)
通過儀礼　1-4, 2-2, 2-4, 2-6
通勤地獄　8-6
勤め人　3-3

(て)
ディープラーニング　11-4
定期採用　2-1
抵抗　3-2
定年　3-1
　　——退職　序-1, 9-1
テイラー, F.W.　11-1
デウス・エクス・マキナ　11-3
デカルト劇場　11-3
適性検査　2-3
テクノ・アニミズム　11-2
デジタル化　5-5
手抜き工事　8-5
テレワーカー　12-3
テレワーク　11-6, 12-3
電縁　11-6
電子マネー　5-4
転職　9-2
伝統支配　7-2

(と)
トイレ掃除　8-コラム
同期　序-1, 9-1, 9-6
道具　11-1
統合　2-2
当座企業　1-5
堂食　3-3
道徳発達　12-4
徳治　7-4
独立　9-2, 9-4
特例子会社　12-6
特許権　1-1
徒弟性　4-6
飛び杯　11-1
トヨタ王国　7-コラム
トヨタ生産方式　序-5
ドラッカー, P.F.　1-1, 4-6
取締役　序-3

(な)
内定　2-1

　　——報告書　2-3
内発的動機づけ　4-3
内部監査　8-5
内部告発　8-5
内部通報制度　8-5
内部保留　5-4
仲間意識　3-3

(に)
二重の減額問題　12-2
日系企業　6-1, 6-2
日本型雇用システム　6-2
日本株式会社　序-1
日本経済の高度成長　6-2, 6-3
日本人論　1-4
日本的経営（日本型経営）　序-1,
　　1-4, 4-1, 4-5, 6-2
日本的雇用慣行（日本型雇用慣行）
　　2-1, 12-1, 12-2, 12-3
日本的生産システム（方式）　6-2,
　　6-3
日本文化論　1-4
入社式　1-4, 2-4, 4-6, 7-コラム
ニューラルネットワーク　11-4
人間関係論　序-4
人間性　12-4

(ね)
ネオ・ラッダイト運動　11-5
根津 青山（嘉一郎）　3-5
ネットビジネス　5-5
根回し　4-2
年功序列　2-1, 6-5, 12-2, 12-3
　　——型賃金制度　6-2
年齢階梯制　序-1, 2-4, 7-コラム

(の)
農耕社会　5-2
脳の中の幽霊　11-3
ノウハウ　1-1
能力適性　2-3
ノー・レイオフ・ポリシー　6-2
ノマドワーカー　11-6, 12-3
飲みニケーション　3-6
野村 徳七（得庵）　3-5
のれん　9-4
　　——分け　9-1, 9-4

(は)

「場」　3-2
バーサトラン　11-2
ハードウェア　1-4, 5-2
配置転換　4-6
ハイランドパーク工場　11-1
はえぬき　9-5
働き方　6-3
バッファ　序-1
パナソニック　10-5
派閥　4-2
原 三溪　3-5
ハレ（晴れ、霽れ）　2-6, 3-3, 3-5,
　　10-6
バロメーター機能　3-3
パワーハラスメント　4-5
阪神・淡路大震災　11-6
判断業務　8-4
パンドラ　11-1

(ひ)
ピアプレッシャー　4-2
PM 理論　1-3, 7-3
比叡山　10-2
東日本大震災　11-6
非公式組織　4-1
ビジネス人類学　6-コラム
ビジネスマナー　2-1, 2-2
秘書　10-コラム
ビジョン　序-4, 1-1, 1-3
ビッグデータ　11-4
ビッグマン　序-2, 7-コラム
人型ロボット　11-2
秘密　序-4, 序-5
ヒューマノイド　11-2
平等　12-4
ピラミッド型組織　8-1
ヒラメ社員　8-2
昼休み　3-3

(ふ)
ファミリー企業　1-6
不安定　3-2, 12-5
ファン・ヘネップ, A.　2-2, 2-4, 2-5
フィールドワーク　3-2
フィランソロピー　1-2
フィンテック　5-4
フォード　11-1
フォード・ピント事件　1-2
武器製造　8-4

福利厚生　　3-5, 10-1
藤田 香雪（伝三郎）　　3-5
不祥事　　序-5, 8-5
不正競争防止法　　序-5
不満　　6-2
プライベート・コントラクター　　12-3
ブラック企業　　序-1, 8-6
フリーアドレス　　11-6, 12-3
フリーコメント　　8-5
プリースト　　1-3
ブリオディ, E.　　6-コラム
ブルー・オーシャン戦略　　1-1
ブルーカラー（工員）　　序-1
触れ合いの時空間　　3-3
無礼講　　3-6
プレイステーション　　5-4
フロー状態　　4-3
文化共同体　　序-1, 1-3, 3-3
文化社会的空間　　3-2
文化人類学者　　6-コラム
粉飾決算　　8-5
文明　　序-2
分離・過渡・統合　　2-2, 2-4

（へ）
平成大不況　　3-4
ベーシックインカム　　11-5
ヘゲモニー　　12-5
別家　　9-4
Pepper　　11-2
便所掃除　　2-5
変なホテル　　11-2

（ほ）
ポイント　　5-4
法人　　序-3, 4-4
ほうれんそう（報告・連絡・相談）　　8-2
ホーソン工場（研究）　　序-4, 4-5
ボーナス　　序-1
簿記　　1-5
補助金　　5-4
ポスト・イット®　　8-3
ホスト／ゲスト　　2-6
ボス・マネジメント　　8-2
ホムンクルス　　11-3
ボランティアワーク　　12-4
ホロン　　11-3
ホワイトカラー（職員）　　序-1
本葬　　10-3

ホンダコレクションホール　　10-4
ボン・マルシェ　　3-3

（ま）
マーケティング　　5-3
マージナル　　12-5
マイル　　5-4
益田 鈍翁（孝）　　3-5
松下電器　　10-5
　　——物故者墓　　10-2
松永 耳庵（安左衛門）　　3-5
窓際族　　8-3
マナー研修　　2-5
マネジメント　→　経営
マミートラック　　12-4
マリノフスキー, B.　　11-コラム
満員電車　　8-6

（み）
見えざる手　　1-1
見えない資産　　1-1
ミスタードーナツ　　2-5
ミッション　　序-4, 1-1, 1-3
密葬　　10-3

（む）
無縁社会　　11-6
無限責任　　序-3
村山 玄庵（龍平）　　3-5

（め）
名刺　　9-3, 9-5
明治神宮大会　　3-4
メイヨー, G.E.　　序-4
命令の受容　　4-4
メインバンク　　5-4
メセナ　　1-2
面接　　2-3
メンター　　9-2
メンタルヘルス　　8-6
メンバーシップ型　　12-3

（も）
燃え尽き症候群　　4-3, 4-5
モーレツ社員　　序-1, 3-1, 4-5
模擬面接　　2-3
持分会社　　序-3
モチベーション　　6-2
ものづくり　　序-5, 5-2, 6-1

模倣　　序-5
盛田 昭夫　　8-4

（や）
役職　　12-2
役割　　12-4
やる気　　4-3
柔らかい視点　　5-3

（ゆ）
誘因　　4-1
有縁社会　　11-6
有給労働　　12-4
有限責任　　序-3
融合　　10-6
ユーザビリティ調査　　6-コラム
UCCコーヒー博物館　　10-4
友情　　3-2
雪印乳業史料館　　10-4
ユニメート　　11-2

（よ）
余暇　　3-1
ヨコメシ　　6-4
よさこい（YOSAKOI）　　10-6
吉野家　　序-5
四大公害事件　　1-2

（ら）
ライフキャリア　　12-4
ライフコース　　3-2, 12-5
ラッダイト運動　　11-1, 11-5
ランチ　　3-6

（り）
リーダー　　7-2
　　——とフォロワー　　4-4
　　東アジアの——　　7-4
リーダーシップ　　1-3, 7-3
利益　　1-1
利害関係者　　1-2
利己主義　　1-1
リスク・マネジメント　　9-4
リストラ　　序-1
利他（主義）　　序-5, 1-1, 3-6
理念継承　　1-6, 9-2
利は余沢　　1-1
リビング・カンパニー　　1-5
離別　　9-1

寮食　3-3
両立支援制度　12-3
リラックス・タイム　3-3
履歴書　2-3
稟議　4-2
倫理綱領　8-4

(れ)
歴史展示　10-4
レジャー　3-4
レスリスバーガー, F.　序-4

(ろ)
労使協調　6-2
労働契約　2-3
労働時間　6-3
労務管理政策　3-3
ローカリゼーション　9-コラム
ローレン, T.　2-5
六大企業集団　4-6
ロボット　11-1, 11-2
　——課税　11-5
　——供養　11-2

(わ)
ワークライフバランス　12-4
ワグナー法　3-4
WABOT-1　11-2
1day（ワンデイ）　2-3

編者・執筆者一覧

(五十音順、＊印は編者)

氏　名	所　属	専門分野
市川　文彦	フランス国立社会科学高等研究院 (EHESS)	社会経済史学、近代フランス経済史論
伊藤　泰信	北陸先端科学技術大学院大学 (JAIST)	文化人類学、ビジネスエスノグラフィ
岩井　洋＊	帝塚山大学	宗教社会学、経営人類学
宇野　斉	法政大学	社会ネットワーク論、組織行動科学
奥野　明子＊	甲南大学	人事労務管理、女性労働研究
河口　充勇	帝塚山大学	比較社会学、華人社会研究
河田　祐也	旭川大学	流通論、マーケティング論
姜　聖淑	帝塚山大学	ホスピタリティマネジメント、観光学
北村　正仁	日本大学（大学院博士後期課程）	経営学、CSR論
木本　喜美子	一橋大学（名誉教授）	労働と家族の社会学、女性労働研究
河野　憲嗣＊	大分大学	経営学、決済システム研究
澤木　聖子	滋賀大学	人的資源管理、異文化間マネジメント
澤野　雅彦	北海学園大学	経営学、企業とスポーツ
塩路　有子	阪南大学	観光人類学、ヨーロッパ研究
朱　藝	筑波大学	異文化経営、ビジネス・エスノグラフィ
鷲見　淳	明治大学	経営学、文化人類学
住原　則也＊	天理大学	経営人類学、仕事の人類学
髙橋　哲也	東京富士大学	経営学、人的資源管理論
竹内　惠行＊	大阪大学	応用統計学、統計学史
出口　竜也	和歌山大学	経営組織論、観光経営論
出口　正之	国立民族学博物館	政策の人類学
中畑　充弘	明治大学・了徳寺大学（非常勤講師）	文化人類学、経営人類学
中牧　弘允＊	国立民族学博物館（名誉教授）	宗教人類学、経営人類学
日置　弘一郎＊	京都大学（名誉教授）、就実大学	経営人類学、組織論
廣山　謙介＊	甲南大学	日本経営史、塩業史
藤本　昌代＊	同志社大学	仕事の社会学、組織社会学
前川　啓治	筑波大学	文化人類学、観光地域づくり
三井　泉＊	日本大学	経営学、経営思想
村山　元理	常磐大学	企業家史、経営倫理
八巻　惠子＊	就実大学	文化人類学、経営人類学
山田　慎也＊	国立歴史民俗博物館	民俗学、文化人類学
マリア・ヨトヴァ	立命館大学	食文化、文化人類学
李　超	近畿大学	組織行動論、人的資源管理
ジェームス・ロバーソン	金沢星稜大学	文化人類学、日本研究
渡辺　泰宏	東京富士大学	経営管理論、組織文化論

テキスト経営人類学

2019年7月8日　　初版第1刷發行

編者代表	中牧弘允　日置弘一郎　竹内惠行
発行者	稲川博久
発行所	東方出版(株) 〒543-0062　大阪市天王寺区逢阪2-3-2 Tel.06-6779-9571 Fax.06-6779-9573
装　幀	森本良成
印刷所	亜細亜印刷(株)

乱丁・落丁はおとりかえいたします。　　©2019 printed in Japan　ISBN978-4-86249-366-8

会社神話の経営人類学	日置弘一郎・中牧弘允編	3800円
グローバル化するアジア系宗教　経営とマーケティング	中牧弘允ほか編	4000円
会社のなかの宗教　経営人類学の視点	中牧弘允・日置弘一郎編	3800円
会社文化のグローバル化　経営人類学的考察	中牧弘允・日置弘一郎編	3800円
日本の組織　社縁文化とインフォーマル活動	中牧弘允ほか編	3800円
企業博物館の経営人類学	中牧弘允・日置弘一郎編	3800円
社葬の経営人類学	中牧弘允編	2800円
経営人類学ことはじめ　会社とサラリーマン	中牧弘允・日置弘一郎編	3000円
会社じんるい学	中牧弘允・日置弘一郎・住原則也・三井泉ほか	1800円
会社じんるい学　PART Ⅱ	中牧弘允・日置弘一郎・住原則也・三井泉ほか	1700円
経営と宗教　メタ理念の諸相	住原則也編	5000円
国際線客室乗務員の仕事　サービスの経営人類学	八巻恵子	5000円
ヨーグルトとブルガリア　生成された言説とその展開	マリア　ヨトヴァ	5000円

＊表示の値段は消費税を含まない本体価格です。